Gerhard Spitzer

DAS NEUE ENTSPANNT ERZIEHEN

GERHARD SPITZER

DAS NEUE ENTSPANNT ERZIEHEN

UND WIE MAN MIT SEINEN AUFGABEN WÄCHST

ueberreuter

1. Auflage 2015

ISBN 978-3-8000-7616-1

Covergestaltung: s-stern.com
Coverfoto: Gandee Vasan / Getty Images
Satz: Strobl, Satz·Grafik·Design, Neunkirchen
Druck und Bindung: Finidr s.r.o.

www.ueberreuter-sachbuch.at

Vorwort

Meine Gattin Tünde als Erziehungspsychologin und ich haben schon für viele Bücher das Vorwort verfasst. Jedes Werk ist in irgendeiner Weise spezifisch und wir haben das in den Vorworten gewürdigt. Das gilt auch für das vorliegende Werk von Gerhard Spitzer, das in der sechsten Auflage erscheint.

Dieses Buch hat neben der hohen Spezifität noch etwas ganz anderes anzubieten: Kurzweil und die Kunst, Geschichten mehr als plastisch zu erzählen, so als ginge der Autor direkt neben den Protagonisten, Kindern, Eltern, Großeltern und Lehrern, einher. Wir haben das Werk mit großer (Ent-)Spannung gelesen. Dabei ist es uns immer schwerer gefallen, dieses spannende Buch auch mal zu unterbrechen. Die zahlreichen Beispiele aus der langjährigen und reflektierten Praxis von Gerhard Spitzer sind beeindruckend, äußerst anschaulich, hochkreativ und mit tiefgründigem Humor vorgetragen. Die Exempel sind erfrischend und wohl intelligent – nicht nur für die Erziehung der »Normalkinder«, sondern auch für besonders »Verhaltenskreative«. Die Beispiele fordern zum unmittelbaren Handeln heraus – inklusive Perspektivenwechsel: Sehen mit den Augen Ihres Kindes/Ihrer Kinder!

Der polnische Autor Stanisław Lec hat einmal gemeint: *»Es genügt nicht, zur Sache zu reden, man muss zu den Menschen reden.«* Spitzer gelingt dies auf vortreffliche Weise. Die »Sache Erziehung« ist durch mögliche Perspektivenvielfalt sachgerecht aufgearbeitet. »Man muss zu den Menschen reden«, mit Verständnis, Eingehen-Wollen, Vertrauen und Liebe! Das gelingt dem Autor nicht nur wegen der hoch entwickelten Prägnanz und ausgereiften Anschaulichkeit, sondern auch aufgrund des liebevollen und vor allem authentischen Stils.

Die gewählten Problemlöseansätze (»Szenarienansatz«) erscheinen uns voll sachgerecht. Ein »Falsch« oder »Richtig« gibt es in Erziehungsfragen ohnehin nicht. Sie selbst entscheiden mit Ihrem Kind/Ihren Kindern, was als (Problem-)Lösung für Sie ins Kalkül kommt.

Der Salzburger Erziehungspsychologe Hans-Jörg Herber hat erst unlängst – mit einem gewissen Schuss Ironie – die Meinung vertreten: *»Wer immer selbstlos ist, ist bald das Selbst los!«* Die Aussagen des Buches »Entspannt erziehen« erscheinen unendlich wichtig und problemangemessen. Es sollte allerdings auch eine wohlbegründete Basis für partnerschaftliche Erziehung und Begegnung sein – für die Kinder selbst und für das Selbst der Eltern!

Wir wünschen, dass Sie viel Freude mit diesem Buch haben und dass Sie das Problemlösen mit Ihrem Kind/Ihren Kindern – gemeinsam – lernen. Wir hoffen, ge- wie entspannt, dass sowohl »Entspannt erziehen« als auch das Gesamtwerk von Gerhard Spitzer jene Verbreitung finden mögen, die sie unserer bescheidenen Auffassung nach zu Recht verdienen.

Prof. Dr. Friedrich Buchberger
Pädagogische Hochschule Linz

Prof. Dr. Tünde Kovacs-Cerovic
Erziehungspsychologin, Universität Belgrad

Inhalt

Liebe entspannte Leserinnen und Leser!
Liebe Eltern und Großeltern!
Liebe Bezugspersonen in Schule und Freizeit!

Drei Dinge sind uns aus dem Paradies geblieben: die Sterne der Nacht, die Blumen des Tages und die Augen der Kinder.
Dante Alighieri

Unbescheiden?
Schön, dass Sie mein Buch erworben haben!
Gratuliere! Ein guter Anfang! *Und eine gute Wahl!* ... Wenn ich so unbescheiden sein darf. Ich bin mir aber sicher, dass Sie mir diese kleine Unbescheidenheit alsbald verzeihen werden.

Es ist schließlich kein Zufall, dass Sie hier eine völlig neue Bearbeitung von »Entspannt erziehen«, meinem Erstlingswerk, vor sich haben: Das vorliegende Buch war nämlich schon in seiner ersten Version eigentlich viel weniger ein klassischer Erziehungs-Ratgeber als in erster Linie ein *Motivationstrainer*. Es sollte Eltern wie auch alle anderen Bezugspersonen von Kindern und Jugendlichen gleichermaßen motivieren, vieles in ihrer häuslichen oder schulischen »Erziehungsarbeit« aus einem deutlich entspannteren Blickwinkel zu sehen: aus dem Blickwinkel ihres Kindes oder ihrer Kinder.

Sie werden erstaunt sein, wie einfach und klar diese Sichtweise zuweilen ist, wenn man sie nur zulässt. Genau zu diesem Zulassen möchte ich Sie motivieren und ich gehe aus gutem Grund davon aus, dass mir dies auch gelingen wird.
Schon wieder ein Anflug von Unbescheidenheit?
Diesmal nicht! Ich habe es nämlich schriftlich ...

Rückmeldungen
Klar war es schon von Anfang an mein Anliegen, dass »Entspannt erziehen« allen Eltern, Großeltern wie auch Lehrern und Betreuern nicht nur Mut, sondern auch Spaß machen sollte. Doch dass dieser ehrgeizige Plan auch tatsächlich aufgegangen ist, habe ich mittlerweile durch viele begeisterte Leserzuschriften bestätigt erhalten, ebenso natürlich durch noch mehr mündliche

Rückmeldungen anlässlich meiner zahlreichen Eltern-, Lehrer- und Management-Seminare.

Gabriele T., Mutter zweier regelrechter Wirbelwinde, sieben und elf Jahre jung, bekommt hier als beispielhafte Stimme für viele ganz ähnlich klingende Lesermeinungen ihren Auftritt: »Ich habe vor allem bei jenen Textpassagen unwillkürlich schmunzeln müssen, bei denen ich mich in Fallbeispielen oder sogar Lösungsansätzen selber wiedererkannt habe!«
Auf ganz ähnliche Weise hat sich Eva S., eine Grundschullehrerin nach einer dreitägigen Fortbildung, die ich zum Thema »Körpersprache« gehalten habe, bei mir verabschiedet: »Ich habe es beim Lesen total spannend gefunden, mich zwar nur allzu deutlich wiederzuerkennen, jedoch ohne dabei das Gefühl zu haben, dass Sie als Autor ständig einen mahnenden Zeigefinger gegen mich erheben, noch dazu, wo ich sowohl Elternteil als auch Lehrerin bin.«
Das hat mich damals klarerweise besonders gefreut, weil ich mit meinen Werken trotz tiefer verhaltenspädagogischer Einblicke meine Leserinnen und Leser weder schulmeistern noch ermahnen möchte. Es macht ohnehin sowohl beim Schreiben als auch beim Lesen viel mehr Spaß, Menschen zu ermutigen, als sie zu belehren.

Entspannend?

Klingt das alles für Sie schon jetzt nach einem spannenden ... Verzeihung, einem *entspannenden* Buch?

»Ja, schon irgendwie entspannend! So weit, so gut!«, meint die zweifache Mutter Susanne E. ganz spontan, als ich ihr anlässlich einer Beratung, wie jeder gewissenhafte Autor das täte, auch mein Buch ans Herz lege. »Aber läuft so ein Ratgeber nicht immer darauf hinaus, dass schon wieder bloß vor allem *wir* Eltern und dann auch noch die Lehrer an allem schuld sein sollen? Wie geht das denn, wenn man keine Fehler machen darf? Sollen wir denn immer perfekt sein?«

»Nein, liebe Susanne, sollen Sie nicht! Perfekt zu sein und dabei gleichzeitig auch noch entspannt erziehen zu wollen, *kann* nämlich gemeinsam gar nicht funktionieren!«

Es gibt keine perfekten Menschen, nur perfekte Absichten.
George Bernard Shaw

So weit ist das sicher klar: Man ist eben nie wirklich entspannt, wenn einem der Wunsch nach Perfektion andauernd im Genick sitzt.
Aber wie ist das dann mit den Erziehungsfehlern?, mag manch einer spontan denken. Nun, das ist leicht zu beantworten: Fehler in der Interaktion mit Ihren Kindern zu machen, ist nicht nur erlaubt, sondern ein Gebot. Machen Sie ruhig Fehler, beglückwünschen Sie sich eventuell sogar zuweilen dafür: Etwas falsch gemacht zu haben, ist nämlich das absolut Menschliche an uns. Wir sind eben nicht fehlerfrei. Der Punkt ist vielmehr, wie man mit dem gemachten Fehler umgeht. *Dazu* ist »Entspannt erziehen« unter anderem geschrieben worden.

Wer einen Fehler begeht und ihn nicht korrigiert, begeht einen zweiten.
Konfuzius

Das vorstehende wunderbare Zitat des berühmten chinesischen Philosophen ruft uns deutlich in Erinnerung, dass wir im Leben niemals aus jenen Ereignissen etwas hinzulernen, welche wir ohnehin leichtfüßig und problemlos durchschritten haben. Stets ziehen wir den wahren Nutzen für unsere Weiterentwicklung aus den unerwarteten Hindernissen, über die wir gerade, vielleicht sogar schmerzhaft, gestolpert sind.

Um jetzt einige Voraussetzungen für die von mir gewünschte Entspannung noch komplett zu machen und damit den Kreis zu schließen, darf ich nun noch auf die vorhin von Susanne E. stellvertretend für viele Eltern gestellte »Schuldfrage« eingehen. Sie erinnern sich? *»Sollen bloß wieder wir Eltern an allem schuld sein ...?«*

Behutsam beruhigt habe ich die besorgte Mutter damals mit folgenden Worten: Nein, keinesfalls! Außerdem bin ich von Herzen Verhaltenspädagoge, kein Richter. Ich verwende nicht einmal in meinen Elternberatungen je das Wort »Schuld«, schon allein deshalb, weil ich Begrifflichkeiten wie »schuldig« und »unschuldig«, im gleichen Atemzug mit einer Eltern-Kind-Beziehung genannt, überhaupt nicht leiden mag. Eher gefällt mir eben jener entspannte Blickwinkel, der uns über manch ein wundersames »erzieherisches Verhaltensmuster« milde lächeln lässt – und damit hoffentlich zuweilen auch über uns selbst.
Mit einem Lächeln auf den Lippen, so viel ist klar, stehen Sie sowieso alle Arten von erzieherischen Herausforderungen weit besser durch als beispielsweise in verärgertem Zustand.

Diese Aussage können Sie sogar schon jetzt ganz leicht überprüfen ...
Würden Sie allein nach Lektüre *dieser* Einleitung bereits ein Lächeln zustande bringen, wenn Ihr kleiner Sonnenschein in diesem Moment vor Ihnen stünde und gerade sein professionelles *Ich-mach'-jetzt-sicher-nicht-was-du-willst-Gesicht* aufgesetzt hätte? Wie jetzt? Dafür sind Sie *noch* nicht entspannt genug? Dann freuen Sie sich nun auf rund 200 gleichermaßen hilfreiche wie entspannende Seiten.

Lehrreich?
Weil ich aber notorisch ungeduldig bin und schon jetzt zur Sache kommen will, bekommen jene, bei denen zuweilen daheim so etwas wie erzieherischer Anarchiezustand herrschen mag, quasi als »Starthilfe« gleich einen ersten, überaus nützlichen Tipp:
Ein wahrer Hattrick zum Erreichen erzieherischer Entspannung ist nämlich allein schon das Trainieren der Fähigkeit, sich selbst nicht immer allzu ernst zu nehmen, anstatt beispielsweise kraftraubendem Ärger Platz zu geben. Sobald Ihnen das sogar bei besonders kniffeligen erzieherischen Situationen gelingt, finden Sie danach ganz sicher viel leichter und rascher Kraft zu einem neuen, eventuell besseren Weg zum Erfolg.

Ärgern wollen wir uns ja sowieso nicht, das brächte auch keinerlei *Lerneffekt*. Schließlich soll und wird ebendieser am Ende des Buches auch noch »zu Buche schlagen«.

Und das wird er! *Versprochen!*

Ich pflege übrigens meine Versprechen konsequent zu halten. Oder, wenn ich spüre, dass ich es nicht kann, verspreche ich konsequent einfach nichts.
Das ist natürlich ein unabdingbares Grundprinzip in meiner Beratungspraxis und in der damit verbundenen Arbeit mit verhaltensoriginellen Kindern und Jugendlichen sowie mit deren – verhaltenskreativen – Eltern, Lehrern und Betreuern.

Autsch!
»Verhaltenskreativ«? Wir Eltern? Lehrer?
So 'ne Unverschämtheit!

Ein erster Missgriff des Autors?

Keine Sorge! War nicht so ernst gemeint!
Aber die bangen Fragen, die Ihnen mit diesem verbalen »Ausrutscher« vielleicht in den Sinn gekommen sein mögen, sollen und werden noch für interessante und hoffentlich auch amüsante Lesestunden sorgen ...

Ansprechend?

Klassisch *ansprechend* soll die Lektüre übrigens nicht nur für jene Eltern sein, die schon durch zahlreiche »erzieherische Besonderheiten« hindurchgegangen sein mögen. Auch für junge Menschen, die vielleicht *jetzt* erst ein Kind »planen«, wird deren künftige häusliche Welt mithilfe dieses Buches nun womöglich ganz entspannt durch die Augen eines Kindes betrachtet werden können. Zu guter Letzt möchte ich mit »Entspannt erziehen« auch meine geschätzten Kolleginnen und Kollegen im Lehrbetrieb ansprechen. Das ist Ihnen sicherlich nicht verborgen geblieben. Schließlich tragen auch sie oft »von außen« einen ganz wichtigen Teil zur familiären Erziehungsarbeit bei.

Viel Spaß und gutes Gelingen beim Erhalten des harmonischen häuslichen Familien- oder vielleicht sogar des »Schulklassen-Lebens«! Manchmal aber auch beim notwendigen Wiederherstellen desselben

wünscht Ihnen

Ihr
Gerhard Spitzer

Ein Kind ist eine sichtbar gewordene Liebe.
Novalis

Infos für Kreuz- und Querleser

Ich selbst bezeichne mein Buch »Entspannt erziehen« gerne als *»Nachschlagewerk mit Unterhaltungswert für viele erzieherische Herausforderungen«*.

So ist es jedenfalls konzipiert.

Deshalb dürfen und sollen Sie es bald nach dem ersten Durchlesen auch buchstäblich als Nachschlagewerk benützen. Bitte tun Sie das jedoch nicht erst dann, wenn gerade schier unlösbare erzieherische Herausforderungen anstehen oder, etwas mutiger formuliert, vielleicht schon der »pädagogische Anarchiezustand« eingekehrt ist.

Frühzeitig lesen – rechtzeitig entspannen!
So könnte Ihre Devise für die Arbeit mit meinem Buch lauten.

Von zahlreichen Leserinnen und Lesern habe ich übrigens erfahren, dass sie bei Sachbüchern eher zum »Querlesen« neigen, also nicht zum kontinuierlichen Durcharbeiten vom Anfang bis zum Schluss.
Auch gut!
»*Entspannt erziehen*« eignet sich sowieso auch *dafür* hervorragend.

Genau deswegen habe ich einige Hervorhebungen eingebaut, die Sie sicher sehr nützlich finden werden. Darum gibt es, noch bevor Sie so richtig einsteigen, jetzt einen kurzen Überblick zur leichteren Anwendung.

Passagen zum Nachschlagen und Wiederfinden

Alle Fallbeispiele sind zum Wiederfinden durchnummeriert und haben gleichermaßen einprägsame wie unverwechselbare Titel, beispielsweise **Fall 1: *»Tobermann«***.

Zahlreiche Fallbeispiele werden durch gleichermaßen praxisgerechte wie pädagogisch wertvolle Lösungsansätze abgerundet. Sie können unter dem Symbol der Glühbirne daher ganz gezielt nach diesen Lösungsansätzen suchen.

Auch nach diesen jeweils in aller Kürze zusammengefassten theoretischen Grundlagen oder besonders spannenden pädagogischen Ansätzen lohnt es sich, zu suchen. Wenn Sie nach Beendigung von »Entspannt erziehen« ein Gutteil dieser **Merksätze** gesammelt haben, steht Ihnen bereits ein reichlich gepackter Rucksack voller nützlicher und vor allem entspannender Erkenntnisse sowie Praxis-Tools zur Verfügung. Stöbern Sie im Fall der Fälle einfach in Ihrer persönlichen Sammlung oder nochmals im Buch. Sie finden sicher etwas Brauchbares zur sofortigen Anwendung.

Doch es kann nicht schaden, trotz all der nützlichen pädagogischen Werkzeuge, über die Sie bald verfügen werden, Folgendes zu bedenken:

Ich habe euch nur die Werkzeuge gegeben. Die Handwerker seid Ihr selber.
Albert Einstein

In diesem Sinne!

Noch eine Kleinigkeit:

Damit Sie mein Buch und meine Herangehensweise gleich von Anfang an richtig einzuschätzen wissen, darf ich noch darauf hinweisen, dass nicht alle Formulierungen hundertprozentig wörtlich oder kompromisslos ernst gemeint sind. Deshalb stehen auch ungewohnt viele Begriffe und Umschreibungen unter behutsam augenzwinkernden »Anführungszeichen«!

Alles klar so weit?

Dann auf ins entspannte Kinderzimmer …

TEIL 1

VOM VERSTEHEN UND VERZEIHEN

Im ersten Teil des Buches befassen wir uns schwerpunktmäßig mit besserem Verständnis für die besonderen Sicht- und Denkweisen von Kindern, die man zumeist eigentlich nicht anders als »pfiffig« bezeichnen könnte. Während wir uns unter diesem Blickwinkel bereits an erste Praxistipps herantasten, werden wir wahrscheinlich schon bald herausfinden, wie einfach es zuweilen sein kann, unsere kleinen Pfiffikusse von Herzen zu *verstehen*, womit es ganz automatisch leichter wird, vieles zu *verzeihen*. Der erste Teil von »Das Neue Entspannt erziehen« soll also einen behutsamen Bogen zwischen Erklärung und Einsicht spannen, dessen lustvolle Erkundung Sie allerdings schon ein wenig Ihrer wertvollen Zeit kosten darf …

Bei der Erziehung von Kindern sollten wir lernen,
Zeit zu verlieren, um Zeit zu gewinnen.
Célestin Freinet

Ins rechte Licht gerückt

Ehe wir uns überhaupt mit entspanntem Erziehen befassen, fühle ich mich verpflichtet, erst einmal das Wort »Erziehung« als solches zu entspannen! Das könnte schon ganz zu Anfang spannend werden.

Als Familienberater lasse ich, unverschämt, wie ich nun mal bin, Worte wie »erziehen« oder gar »Erzieher« natürlich des Öfteren fallen und spüre dabei manchmal fast körperlich eine aufkommende Spannung, zuweilen fast Abwehrhaltung bei meinem Gegenüber. Wahrscheinlich waren frühere umgangssprachliche Begriffe wie »Erziehungsheim« oder »schwer erziehbar« maßgeblich an der negativen Besetzung beteiligt. Daher bleibt mir gar nichts anderes übrig, als die Ehre dieses Wortes zu retten, damit wir es überhaupt entspannt anwenden können.

Wundersame Leute

In einer Stadtchronik im fränkischen Nürnberg aus dem Jahr 742 bin ich fündig geworden:
Das Wort erziehen hat offenbar seine Wurzeln in der althochdeutschen Sprache. Klangvoll heißt es hier »irziohan« und bedeutet nichts anderes als »herausziehen«.
Spannend, nicht?
Und so gut nachvollziehbar!

Ein paar ganz offensichtlich wundersame Leute im achten Jahrhundert haben also bereits mit einem einzigen Wort klar formuliert, dass sie lieber etwas aus ihren Kids *herausholen* möchten, als ständig etwas in sie *hineinzustopfen*. Dieser Gedanke schreit förmlich danach, weitergedacht zu werden: Was genau tun wir heutzutage mit unseren lieben Kleinen?

»Ziehen« wir voller Neugier konsequent etwas *heraus*, das ohnehin schon in ihnen steckt?
Fördern wir ganz entspannt ausschließlich die Stärken, anstatt die Schwächen wegzuerziehen?
Nehmen wir freudig hauptsächlich das positive Verhalten wahr, anstatt das Fehlverhalten zu bekämpfen?

Das ist zu schwierig?
Mitnichten ...

Moderne Ansätze, unmoderne Begriffe

In zahlreichen Einrichtungen, aber auch seitens vieler Eltern werden bereits gleichermaßen moderne wie auch schon lange Zeit bekannte kindgerechte Ansätze angewendet. Dazu gehören unter anderem pädagogische Vorgehensweisen, die ich in diesem Buch übrigens noch mit meinem eigenen Begriff »positive Steuerung« beschreiben möchte.

Bei der Erziehung von Kindern sollten wir lernen, stets das Positive zu fördern, anstatt das Negative auszutreiben.
Johann Heinrich Pestalozzi

In diesem Sinne darf es wohl auch erlaubt sein, zu hinterfragen, warum uns Eltern, Lehrern und überhaupt allen Bezugspersonen von Kindern und Jugendlichen trotz all der modernen Ansätze ausgerechnet Worte wie die folgenden so sehr geläufig sind: schimpfen, maßregeln, bestrafen, sanktionieren, strafpredigen, zutexten, niederreden, belehren, unterweisen, einweisen, einschärfen, drängen, eintrichtern, zurechtstutzen, disziplinieren und ähnliche.

Bei unseren schulischen »Stopfarbeiten« gibt es als fleißige Helfer sogar besonders häufig strapazierte Worte wie Diktat, Test, Schularbeiten, Prüfung, Mahnung, Ermahnung, Gefährdung und dergleichen mehr.

Wenn wir manch eines dieser Worte kritisch hinterfragen, tun sich plötzlich viele Blickwinkel für eine behutsame Nachdenkarbeit auf.

Lust auf noch mehr Denksport?
Bitte sehr!
Worte wie *Standpauke*, Konsequenzen, Zurechtweisung, Anpassung, Konditionierung und auch den neudeutschen Begriff *Overprotection* hören wir nur allzu oft im Kontext Erziehung.
Bitte seien Sie nachsichtig mit mir: Diese »ketzerischen« Gedanken sind nicht mein ureigenes Gut. Schon weit bedeutendere Denker haben sich dieser heiklen Frage angenommen.
Zum Beispiel dieser hier:

Bei der Erziehung muss man etwas aus dem Menschen herausbringen und nicht in ihn hinein.
Friedrich Wilhelm August Fröbel

Der deutsche Pädagoge Fröbel, ein Schüler Pestalozzis, hat übrigens 1837 den ersten durchgehend kindgerecht konzipierten Kindergarten begründet und gehört wie auch sein berühmter Lehrmeister zu jenen Menschen, die ich in meinen Veröffentlichungen und Seminaren gerne die »intuitiv Wissenden« nenne.

Moderne Fachleute umschreiben den Begriff Erziehung natürlich mit noch viel »wissender« klingenden Sätzen. So steht zum Beispiel in einem österreichischen Gesetzestext: »Erziehen heißt, den Geist und Charakter eines Kindes zu bilden und sich auf die Förderung von dessen gesunder Entwicklung zu konzentrieren, mit Schwerpunkt auf die seelischen, körperlichen und geistigen Kräfte.«

Gut! Klingt auch nicht so schlecht. Sogar ziemlich schlüssig für meine Ohren, wahrscheinlich aber für manch einen zu geschraubt, zu verspannt ...

Wir hingegen wollen uns ja bei der Erziehung so richtig entspannen. Also dürfen wir es auch genauso entspannt sehen wie wohl die Leut' in Nürnberg anno dazumal: »Erziehen« soll für uns somit ab heute exakt das Gegenteil dessen bedeuten, was diesem armen Wort den schlechten Ruf eingebracht hat!

Betrachten Sie also das Wort Erziehung ab jetzt bitte nicht mehr als ein vielleicht überholtes Negativwort, sondern schlicht als durchaus modernen und in sich stimmigen Begriff. Schon fühlen Sie sich – hoffentlich – in Ihrer derzeitigen »Haut« als Elternteil oder vielleicht sogar als professionelle »Erzieherin« oder professioneller »Erzieher« entschieden wohler.

Alle Erziehung ist nur Handreichung zur Selbsterziehung.
Eduard Spranger

So gesehen muss es doch einfach sein, Ihrem Kind bloß die Hand zu reichen und sanft etwas »herauszuziehen«! Oder?

Horchen Sie bitte jetzt in sich hinein. Was hat allein dieser erste neue Blickwinkel in Ihnen bewirkt?

Reden oder handeln?

Sind Sie startbereit für einen ganz besonderen Einblick in die kindliche Lebenswelt? Eigentlich sollte ich sagen »Handlungswelt«, auch wenn das bloß ein Kunstwort wäre. Erst mal erfahren wir, dass es eigentlich nur zweierlei Dinge gibt, die Kinder überhaupt zu selbstständigen Handlungen bewegen. Danach dürfen wir uns bewusst machen, dass gerade das Handeln den größten Teil der kindlichen Erlebenswelt ausmacht und nicht das Reden. Im selben Aufwaschen muss ich dann leider eine unbequeme Wahrheit aufdecken: Gerade in anspruchsvollen erzieherischen Situationen handeln die allermeisten genervten Eltern nicht wirklich, sie »labern« lieber! Genau dieser Selbsterkenntnis müssen wir uns in diesem Kapitel behutsam, aber trotzdem selbstkritisch nähern, ob wir wollen oder nicht. Die beiden aufsässigen Töchter Sarah und Melanie sowie die beiden Wüteriche Tommy und Harry helfen uns freundlicherweise dabei, indem sie uns mit kindlich-genialer Handlungsorientierung in eine ganz neue Richtung schubsen.

Dass wir wieder werden wie die Kinder, ist eine unerfüllbare Forderung.
Aber wir können zu verhüten versuchen, dass die Kinder werden wie wir.
Erich Kästner

Genial oder fatal?

Zunächst stelle ich einmal zwei gleichermaßen kurze wie wichtige Behauptungen auf:

- Ein Kind *redet* nicht gern, es *handelt* lieber!
- Ein Kind tut von sich aus nur das, was es *gerne* tut und was ihm *leicht*fällt!

Behauptungen dieser Art müssen Sie natürlich nicht einfach so glauben. Sie können und sollten es durch Beobachtung Ihrer lieben Kleinen einfach selbst feststellen. Schauen Sie also ab heute genau zu, was Ihr Kind an einem langen Tag so von sich gibt und unter welchen Bedingungen es irgendetwas von sich aus macht. Schwerpunktmäßig sollten sich Ihre »geheimen Beobachtungen« allerdings weniger auf verbale Äußerungen als eher auf die bewussten und unbewussten Handlungen Ihres Kindes richten. Sie werden staunen, was sich daraus alles ablesen lässt.

Lasst uns doch die Wege der Kinder beobachten.
Vielleicht lernen wir etwas daraus.
Maria Montessori

Handlungen, Reaktionen, Stimmungen und Körpersprache Ihres Kindes sagen Ihnen nämlich eine ganze Menge mehr als alle Worte.
Zum einen können Sie von Folgendem ausgehen: »Auch oder gerade *wenn* mein Kind schlimm ist, sagt es damit etwas Bestimmtes zu mir!«
Kaum ein Kind zeigt ein klassisches Fehlverhalten ohne einen ganz konkreten Grund.
Zum anderen wissen Sie nun: »Mein Kind tut das, was es gerade von selbst tut, offenbar *gerne* und es muss ihm somit wohl auch eher *leicht* fallen. Sonst würde es dies oder jenes von sich aus einfach nicht machen!«

Behalten Sie Letzteres bitte gut im Gedächtnis: Die beiden Begriffe werden immer wieder im Buch auftauchen. Ihr grundlegendes Verständnis dafür birgt schon ein immens großes Potenzial für totale Entspannung bei Ihren erzieherischen Bemühungen.
Ermutigt Sie diese Sichtweise?
Dann lassen Sie uns mutig mitten hineinstarten in die Praxis ...

⏭ **Fall 1: »Tobermann«**

Im Einkaufszentrum: Der sechsjährige Tommy nimmt seine Mutter, wenn Sie »Nein!« sagt, schon lange nicht mehr ernst. Das teilt er ihr aber nicht mit blumenreichen Worten mit. Er beginnt einfach sofort zu handeln, als Mami auf seinen ersten »Befehl« hin das erwünschte Spielzeuggeschäft nicht augenblicklich ansteuert. Rasch setzt er auf lautstarkes Toben und liefert gleich auch ein paar kunstvolle Tränen mit. Er weiß nämlich mit absoluter Sicherheit: »Meine Mom gibt schließlich sowieso nach, vor all den Leuten.« Er hat zielbewusst gehandelt. Nicht darüber geredet, was er ernst nimmt und was nicht. Das Handeln ist ihm entschieden leichter gefallen. Und klar war es erfolgreich. Wie immer in letzter Zeit! Schon sind sie in dem bunten Laden. Tommy strahlt jetzt übers ganze Gesicht. Allerdings weniger wegen der sowieso total überfordernden Vielfalt der Angebote. Vielmehr weil er weiß, dass er den kurzen Fight ganz klar nach Punkten gewonnen hat. Nicht mit Argumenten, sondern eben handlungsorientiert.

> **!** Fachleute nennen jene eigentlich kindlich-geniale Grundorientierung, die in der Hauptsache durch Körpersprache, Gestik, Tonfall und einen Handlungsbogen, weniger aber durch sprachlichen Inhalt zum Ausdruck kommt, *Handlungsorientierung.*

Gleich mit dem zweiten Praxisbeispiel, authentisch aus einem trauten Heim erzählt, mute ich einem verblüfften Vater eine schockierende Therapie zu. Trautes Heim, Schock muss sein ...

Fall 2: »Schocktherapie«

Vor ein paar Wochen

Mario E., Vater der 13-jährigen Melanie, kommt nicht so richtig mit dem neuesten, sehr knappen Hip-Hop-Outfit seines Töchterchens klar. Welchen Vater einer Tochter wird das wohl überraschen? Doch was für ein böser Fehler: Paps bringt sein Missfallen auch noch ziemlich heftig zum Ausdruck. Beinahe jeden Tag in letzter Zeit. Melanie ist deswegen genervt. Auch keine Überraschung ... Aber auf eine Diskussion lässt sie sich gar nicht ein. Stattdessen zieht die junge Prinzessin heute Morgen das absolut schrillste Outfit an, das Papi je gesehen hat. Der Streit ist vorprogrammiert. Melanie weiß das. Deshalb setzt sie auf wortlose Taktik: Sie »flutscht« an diesem Morgen einem Streit einfach davon. Ziemlich spät kommt sie aus ihrem Zimmer die Treppe heruntergehetzt. Schon von oben hat sie laut ausgerufen: »Mein Gott, bin ich spät dran!« Sie rennt quer durchs Wohnzimmer, steuert in Richtung ihres Vaters, der vor Entsetzen kaum den Mund zukriegt, und drückt ihm den feuchtesten Kuss auf die Wange, den der geschlagene Mann je gefühlt hat. Mit einem zuckersüßen *»Tschüss, Papi!«* ist sie zur Tür draußen! Sie weiß: So wird Vati entweder nachgeben oder es wird endlich einmal zwischen ihm und Mama ausdiskutiert. Denn die Mutter sieht das mit dem Outfit ohnehin ganz anders. Auch das weiß die kluge Melanie genau. Indessen sitzt der geschockte Vater noch immer fassungslos daheim und jammert vor sich hin: »Ach, was hab' ich nur für eine schlimme, aufsässige Tochter!«

Mitnichten, lieber Papa! Sie haben eine geniale Tochter! Melanie hat ohne viele Worte, dafür aber mit einer einfachen und überaus wirksamen Strategie auf Ihr stressiges und sicher belastendes Verhalten und vielleicht auf Ihre Kompromisslosigkeit reagiert. Handlungsorientiert! Nichts weiter.

Vor einer Woche
Das pfiffige Vorgehen war sehr erfolgreich: Es hat natürlich den erwarteten Disput zwischen den Eltern gegeben. Heftig, aber befreiend. Und Mama hat gewonnen! Dauerhaft, wie es scheint. Melanie hat sich jetzt auf ihr eigentliches Wunsch-Outfit eingependelt, das so schrill gar nicht ist.

Heute
Der Vater hat seit einer Woche kein Wort mehr über die Sache verloren, scheint aber trotzdem keineswegs schlechter Laune zu sein. Alles scheint so zu passen, wie es jetzt ist. Ihm ist es offenbar um etwas ganz anderes gegangen. Vielleicht darum, sein »kleines Mädchen« noch ein wenig länger zu behalten? *Wer weiß!* Auch solch ein Gefühl wird wohl kaum einem Vater auf diesem Planeten fremd sein. Oder?

Das sicherste Mittel, Kinder zu verlieren, ist, sie immer behalten zu wollen.
Adolf Sommerauer

Aber war Melanies Aktion nun schlimm oder gar »aufsässig«? Keines von beidem! Sie hat sich einfach klassisch *kindgerecht* verhalten. Auf jeden Fall war ihre Lösung leichter, als vielleicht selbst auf Konfrontationskurs mit ihrem Vater zu gehen. Eine persönliche Diskussion mit ihrem Vater hätte sie glatt verloren. Mutter aber hat sie für Melanie gewonnen. *Bingo!* Geniale Kids!

Auch wenn damit sicher schon klarer ist, worauf das hier hinauslaufen wird, sollten Sie jetzt noch Harry kennenlernen …

Fall 3: »Nachbarschaftshilfe«
Im Supermarkt: Der sechsjährige Harry quengelt sofort los, als seine Mama vor dem Gummibärchenregal nicht augenblicklich einer größeren Anschaffung zustimmt. Die Mutter ist zwar klar dagegen, drückt sich aber etwas unklar aus: »Hast du nicht schon genug von dem Zeug gegessen in den letzten Tagen?« Sie interveniert also mithilfe einer Frage und nicht durch ein klares »Nein!«. Was wird der Kleine darauf wohl antworten? Was erwartet man sich von so einer Frage? Mami denkt sicher rational: »Der Junge muss doch auch der gleichen Ansicht sein!«

Nein, Mami! Der süße Kleine sieht das eher nicht so! Deswegen zeigt er das auch postwendend: Statt einer Antwort lässt er sich auf den Boden fallen und trommelt das ewige Lied eines zornigen Kindes auf den nicht ganz so sauberen Boden zwischen den Regalen. Dazu wird sein Gejammer so laut, dass es nur noch einen Weg geben kann: Schnell legt Mami die riesige Packung des klebrig-roten Zeugs in den Wagen. Denn zu allem Überfluss ist gerade jetzt Frau Pfeffer, die »liebste« aller Nachbarinnen, um die Ecke just dieses Ganges gekommen, um sich mit ihrer typischen Säuselstimme bei Harrys Mami bemerkbar zu machen. Was für ein allerliebstes Zusammentreffen! Das in die erzieherische Enge getriebene Mutterherz hat natürlich unverzüglich auf den Bloß-keine-üble-Nachrede-Modus umgeschaltet, welcher den meisten Müttern wahrscheinlich nur allzu gut bekannt sein dürfte.

Harry hat jedenfalls gewonnen. Aber nicht etwa mit charmanten Argumenten! Nein, er hat zielsicher und ohne Wortwechsel gehandelt. Schön, der Sieg war durch die gute Frau Pfeffer irgendwie aufgelegt und für den Hosenmatz nur allzu leicht errungen. Aber der Junge hat sich gemerkt, wie leicht es gehen kann, und sein erfolgreiches Vorgehen mit dem heutigen Supermarktevent schon fix und fertig verknüpft. Insgeheim hofft der Pfiffikus wahrscheinlich darauf, das nächste Mal möge Nachbarin Pfefferschote wieder erscheinen und alles für ihn klarmachen. Klein Harry findet die alte scheinheilige Dame übrigens nun schon viel sympathischer als vorher.

Nun gilt es aber für Harrys Mutter, zu spüren, *was* ihr Sonnenschein mit dieser Handlung wirklich gezeigt hat. Was er damit sagen will. Erraten Sie es bereits? Vielleicht denken Sie jetzt einfach: »Ist ja klar! Er wollte Gummizeug und hat es auf diese Art bekommen, ohne zu betteln.«
Das ist nicht der Punkt. Mit seiner Handlung hat Harry etwas viel Wichtigeres kundgetan: »Mami! Ich nehme dich nicht ernst. Ich habe meine Methoden. Und es sind solche, gegen die du absolut machtlos bist: Ich habe dich in der Hand! Immer wieder!«

Der Kreis hat sich geschlossen: Tommy aus unserem ersten Fallbeispiel denkt nämlich ganz genauso. Alles klar?

Die drastischen Fallbeispiele sind für Sie nun hoffentlich nicht gleich Anlass für gequältes Aufstöhnen: »Na Mahlzeit! Auf *all* das muss ich in Zukunft aufpassen? Unmöglich! Da hab' ich ja keine Zeit mehr zum Luftholen!«
Ganz im Gegenteil. Sie werden künftig viel mehr Zeit zum Luftholen haben. Schließlich soll alles, was ich Ihnen hier an neuen Blickwinkeln näherzubringen versuche, Ihre Erziehungsarbeit um vieles leichter und somit deutlich entspannter machen. Außerdem müssen Sie ja nicht gleich auf *alles* gleichzeitig aufpassen. Immer schön langsam. Step by step, wie die Amis sagen würden.
Sie, liebe Leserinnen und Leser, wissen aber immerhin nun einmal um die ziemlich strikte Handlungsorientierung der Kinder Bescheid. Damit haben Sie schon einen entscheidenden Vorteil gegenüber anderen, die daheim Programme mit Megaspannung und »Einsatz am Limit« fahren.
Damit das so bleibt, packe ich Ihnen jetzt noch rasch ein wenig theoretisches Wissen in Ihren Rucksack mit dazu, womit Sie ab heute das nötige Werkzeug zum »Handlungsprofi« griffbereit haben.

Erkenntnistheorien
Sicher ist Ihnen längst klar geworden, dass ich persönlich diese Grundorientierung der Kids geradezu genial finde. Aber das ist nur mein eigener, bescheidener Standpunkt, gespickt mit über 30 Jahren Berufserfahrung und somit aktiver »Feldforschung«. Mein Tipp: Werden Sie wie ich zum Erkenntnistheoretiker und lernen Sie von Ihren genialen Kids stets neue Lektionen über deren wundervoll konsequente Handlungsorientierung! So, wie Maria Montessori es gesagt hat: Kinder geben uns ihre Lektionen sogar gratis, aber sicher nicht umsonst. Sie verlangen keinen Cent dafür! Meistens jedenfalls ...

Während Sie aber jetzt vielleicht auf die nächste »Gratis-Lektion« Ihres Kindes warten, können Sie sich viel entspannter zurücklehnen. Wahrscheinlich müssen Sie künftig nur noch still beobachten, um zu wissen, wie Ihre eigene Intervention vielleicht hätte besser laufen können. Diesen Vorgang nennen Fachleute dann »Selbstreflexion«. Ein überaus nützliches Werkzeug, wenn man entspannt erziehen möchte. Beobachten Sie also zunächst Ihr Kind, danach aber gleich auch ein wenig sich selbst und hinterfragen Sie selbstkritisch Ihr eigenes Tun. Schon kann manch eine Situation, in der Sie sich zuvor annähernd hilflos gefühlt haben mögen, viel besser gelöst werden.

Es gibt keine schwierigen Kinder, nur schwierige Umstände.
Herman Nohl

»Gelaber« im Brennpunkt
Genau jetzt ist nämlich der richtige Zeitpunkt gekommen, sich folgende Frage zu stellen:
Bin ich als Elternteil oder Lehrperson ein »Macher« oder eher ein »Redner«?

Es scheint ein universelles Gesetz zu sein, dass wir Erwachsene in nahezu jedem »Härtefall« lieber *reden* als handeln. Genau genommen texten wir Kinder exakt dann besonders eifrig zu, wenn die lieben kleinen Anarchisten für sich schon längst auf Handlungsorientierung umgeschaltet haben.

Bedarf es noch einer aufwendigen Antwort auf die Frage, was wir in diesem Akut-Modus bei Prinzesschen oder Sohnemann dann mit Gelaber noch erreichen? Richtig! Gar nichts!

! Ausgerechnet der Versuch, eine Spannungssituation durch Zutexten auflösen zu wollen, ist einer der wichtigsten Gründe, warum wir uns in erzieherisch herausfordernden Situationen nicht immer auf der gleichen Ebene mit unseren Kindern treffen: Sie wollen *handeln*, wir hingegen möchten *reden*. Erfolg verspricht aber nur ein Agieren auf gleicher »Augenhöhe« …

Wenn du zum Kinde gehst, lasse dich auf es herab.
Johann Heinrich Pestalozzi

Rücken wir doch jetzt mal mutig das Thema »Gelaber« in den Brennpunkt, jetzt, wo wir mit den Begrifflichkeiten »Zutexten« und »auf gleicher Augenhöhe sein« schon etwas anfangen können.

Textangst
Dazu darf ich zunächst mal vorausschicken, dass Kinder generell eine ganze Menge aushalten. Dafür sind sie im Normalfall genetisch prädisponiert. Es ist ein wichtiges Überlebensprogramm. Kinder *müssen* einfach hart im Nehmen sein, wenn sie in die »seltsame« und oft unbegreifliche Welt der Erwachsenen hineinwachsen und nicht gramvoll gebeugt oder vielleicht sogar völlig unterlegen ihre Kindheit beenden wollen.
Was Kinder aber, mal ganz abgesehen von Liebesverlust, absolut nicht aushalten können, was ihnen sogar richtig Angst machen kann, das ist *»zugetextet« zu werden.*

Dabei dürfen zwei Situationen strikt auseinandergehalten werden: die *gespannte* und die *entspannte*!

Spannung

In einer angespannten Situation, beispielsweise unter Zeitstress, während einer Meinungsverschiedenheit oder bei einem klassischen Fehlverhalten, wirkt so ziemlich *alles*, was Sie Ihrem Kind jetzt noch mitteilen wollen, als »Belabern«. Es stresst und belastet Ihr Kind ganz unvermeidbar. Durch jede Art von Standpauke, strengeren Ermahnungen oder Zurechtweisungen wird ein bestimmtes archaisches Verhaltensmuster ausgelöst: die innere Abwehr. Archaisch bedeutet übrigens wörtlich »zur Frühzeit gehörend«. Die innere Abwehr ist so ein uraltes Muster, welches schon unsere frühesten Vorfahren zum adäquaten Umgang mit allen gefährlichen oder einfach bloß mit unangenehmen Situationen erworben und perfektioniert haben. Wir alle tragen diesen starken Urinstinkt noch in uns: Wir wehren uns, wenn wir von irgendjemandem zugetextet werden. Keinem von uns geht es da anders. Warum aber wundern oder ärgern wir uns dann so sehr bei unseren Kids, wenn sie beinhart auf Durchzug schalten, nicht mehr reagieren, blockieren oder vielleicht am liebsten wegrennen würden?

»Ja, jedes Mal wegrennen, wenn Mom mich belabert, wäre cool!«, mag manch ein kleiner Haustyrann da denken. »Aber gerade *das* dürfen wir Kinder ja während einer anstehenden Moralpredigt nicht! Voll gemein!«

Und weil sie das nicht dürfen, gibt es postwendend eben kostenlos irgendeine andere handlungsorientierte Abwehrlektion für uns Erwachsene. Unverzüglich hört man dann lautes Aufstöhnen seitens der geplagten Eltern: »Ach, was *haben* wir doch für ein aufsässiges Kind! Womit sind wir bloß gestraft? Mein Gott, was ziehe ich da für ein Früchtchen groß?« Und so weiter …

Wenn Sie all das aber mit den Augen Ihres Kindes sehen, wird das »Früchtchen« mit einem Mal vielleicht doch wieder ein wenig bekömmlicher. Womöglich signalisiert das kindliche Unterbewusstsein ja so etwas in der Art: »Ich bin gar nicht schlimm! Ich halte es bloß nicht aus, zugetextet zu werden! Punktum!« Daran gibt es mit unserem neuen Blickwinkel wohl nichts zu rütteln.

Du, ich bin eigentlich ganz anders! Ich komme nur so selten dazu.
Ödön von Horváth

So weit zum Thema Spannungssituationen.

Entspannung

In einer weitgehend *entspannten* Situation jedoch, beispielsweise nach Spaß, Spiel, Kuscheln, im Familiengespräch, in einem Umfeld momentaner Harmonie ganz allgemein, kann sogar ein längerer »Vortrag« durchaus als konstruktives, sogar angenehmes Gespräch empfunden werden. Es kommt dann bloß noch auf den Tonfall an ...

Die gute Nachricht

Entspannte Momente stellen sich auch beim ärgsten Wüterich von ganz allein ein. Immer wieder! Kein Kind bleibt endlos im Anarchiemodus. Wenn es Ihnen aber dennoch zu lange dauert, helfen Sie doch ein klein wenig dabei nach: Gemütlich, vielleicht auf dem Boden sitzend, was Kinder ganz besonders lieben, kann man dann auch mit geduldigem Zureden einiges erreichen. »Aber bitte nicht wieder sooo lang wie gestern. Kurz, bündig, klar verständlich! Weniger ist mehr!«, denkt vielleicht Melanie aus unserem »Schock-Beispiel« von vorhin. Am leichtesten reagieren Kinder aber, wenn man auf ein Fehlverhalten hin selbst eher *handlungsorientiert* eingreift, die Situation also weitestgehend wortlos, aber »tatkräftig« zu entspannen versucht.

Wenn dies nun irgendjemand verstanden hat,
dann habe ich mich nicht unklar genug ausgedrückt.
George Bernard Shaw

Alles noch zu theoretisch? Durch das nächste anschauliche Fallbeispiel aus meiner Praxis wird es sicher gleich verständlicher ...

⏭ Fall 4: »Bandsalat«

Vor zwei Wochen

Die zwölfjährige Sarah bindet nie die Schnürsenkel auf, wenn sie ein- und aussteigt. Und das bei den ziemlich teuren Schuhen, die sie sich so lange gewünscht hatte. Martina S., ihre fürsorgliche Großmutter, schmerzt das gehörig. Sie ist mächtig sauer und hält ihr auch einen ebenso mächtigen Vortrag zu dem Thema: »Schon wieder machst du ... ich hab' dir doch gesagt ... und so teuer ... wie die hinten schon aussehen ... ich kauf' dir nie mehr ... blabla!«

Das Mädchen ist nur noch gestresst. Es hat schon nach dem ersten Satz die Ohren »zugeklappt« und Oma labern lassen. Keine Spur von Lerneffekt! Das Ganze hört Sarah jetzt wohl schon zum sechsten Mal und ist deshalb sicherheitshalber schon mal auf die »blöden Schuhe« sauer. Eine klassische Fehlverknüpfung übrigens. Darüber gibt es später im Buch noch Interessantes zu lesen. »Außerdem hat's eh keinen Sinn, Omi zu erklären«, denkt Sarah resigniert, »dass diese blöden glatten Schuhbänder dauernd von allein aufgehen, wenn man sie nicht ein für alle Mal fix verknotet!«

Nach Ende der großmütterlichen Standpauke zum Thema Wertschätzung reagiert Sarah aber schon mal handlungsorientiert: Sie schleudert die wertvollen Schuhe in eine Ecke, schlägt die Zimmertüre vor Omas schon laufender Nase zu ... dreht voll die Anlage auf ... und schmollt!
Genau wie ihre Großmutter übrigens, die Sarahs Aufsässigkeit gerade nicht mehr packt: »Die Kleine hört mir ja gar nicht mehr zu! Sie scheint gar nicht zu begreifen, was ich von ihr will!«
Falsch gedacht, liebe Omi: Das Mädchen begreift *sehr* gut. Aber nach dem Gelaber wird sie schon zum Trotz sicher keinen Schuhriemen mehr aufmachen. Sie geht lieber wortlos auf Abwehrposition. *Handlungsorientiert eben!*

Lösungsansatz:
Heute

Nach einem Beratungsgespräch »handelt« Sarahs Oma erstmals, anstatt zu »predigen«: Sie wird Sarahs tollen Mode-Schuhe wortlos gegen die schrottreifen alten Latschen austauschen, die immer noch existieren. Aber einen wichtigen pädagogischen Schritt darf sie zuvor noch machen: ihr Vorhaben *ankündigen.* Es ist zutiefst kindgerecht, wenn die Sprösslinge klar darauf vorbereitet werden, was sie zu erwarten haben.
Als die Großmutter diese Vorankündigung mit nur wenigen Worten erledigt, schweigt ihre Enkelin zwar trotzig, aber hellhörig ist sie immerhin geworden. Das erklärt sich allein schon aus der Tatsache, dass Sarah ihre Oma bisher hauptsächlich »labernd« kennt und nicht handelnd. Genau deswegen hat sie diese bisher auch nicht sonderlich ernst genommen.

Doch diesmal läuft es eben anders: Ohne ein weiteres Wort zu verlieren, tauscht Oma wie angekündigt die Schuhe aus. Sarah kann es gar nicht glau-

ben. Als sie zum Nachmittagsunterricht gehen will, gibt es bloß die alten Galoschen zur Wahl. *Gott, wie peinlich!* Sarah hat plötzlich kleinlaut ein Anliegen an ihre Oma.
Was jetzt passiert, ist rührend mit anzusehen. Ich habe es jedenfalls live erleben dürfen:

Obwohl für Sarah völlig ungewohnt, versteht sie das wortlose Kopfnicken ihrer Großmutter in Richtung Tür sofort: Sie springt auf, läuft ins Nebenzimmer. Tatsächlich stehen dort wieder ihre geliebten, tollen Schuhe. Nur zwei Handgriffe und der »Bandsalat« ist Geschichte: Schnürsenkel auf und wieder zu. Großartig! Kein Protest, keine Tür, die zuschlägt. Sie hat nach Omas konsequenter Handlung natürlich nicht mehr mit archaischer Abwehr reagiert. Jetzt ist es auch plötzlich kein Problem mehr, der Großmutter von den so dämlich rutschigen Schnüren zu erzählen. Na klar! Schuhbänder wechseln ist angesagt. Ist doch kein Problem!

Entspannt, gelöst!
Handlungsorientiert!

! Wenn Sie in Spannungssituationen eindeutige, zuvor klar transportierte Handlungen setzen, erreichen Sie um ein Vielfaches mehr bei Ihrem Kind, als wenn Sie auf es einreden. Nach Einsatz vieler, vielleicht auch noch gereizt klingender Worte dürfen Sie eher das Gegenteil des eingeforderten Verhaltens erwarten.

Mit »Durchziehen« erfolgreich

Mit aktiv praktizierter Handlungsorientierung sind Sie wahrscheinlich bald genauso erfolgreich wie Ihr Kind. Erreicht Ihr süßer Sonnenschein nicht auch bei *Ihnen* fast alles, indem er einfach irgendetwas *tut*, statt es Ihnen lang und breit zu erklären? Warum machen Sie es dann nicht ebenso?

Haben Sie den Mut dazu, öfter mal, ohne jeden Kommentar, etwas »einzuziehen« oder einfach abzuschalten. Keine langen Drohungen – dafür aber konsequent! Jedoch ist es überaus hilfreich, wenn Sie Ihr Kind *vorher* darüber informieren. Schon ist alles klar. Die spätere Handlung ist jetzt gerechtfertigt. Aber Achtung! Wenn Sie etwas angekündigt haben, ziehen Sie es dann auch bitte *wirklich* durch! Daran scheitern nämlich unzählige pädagogische Interventionen. Werden Ankündigungen nicht durchgezogen, sind die zuvor vielleicht ernst gemeinten Worte ja wieder nur zum »Gelaber« degradiert.

Doch wer will schon degradiert werden?

Nehmen wir die Sache also ab heute wieder behutsam in unsere eigenen Hände. Im wahrsten Sinne des Wortes: in die *Hände*, nicht in den Mund! Richten Sie sich doch nach der Handlungsorientierung Ihres Kindes und verhalten Sie sich einfach ganz genauso.

Eine gute Erziehung muss die Kinder respektieren.
Jean-Jacques Rousseau

Hilfe! Mein Kind kopiert mich!

Da uns ausgerechnet unsere Kinder täglich einen Spiegel vorhalten, was wohl kaum ein Elternteil bestreiten wird, darf ich selbst nun ebenfalls einen solchen für Sie frisch auspacken und kräftig polieren, Selbstreflexion inklusive. Ganz unkompliziert lernen Sie Worte wie »Dubbing«, »Mirroring« und »Sequelling« kennen und verstehen. Die Erkenntnis daraus wird es Ihnen ganz leicht ermöglichen, vieles im Verhalten Ihres Kindes entspannter zu sehen und damit manches zu verzeihen, was bisher unverzeihlich erschienen sein mag. Das dürfen sogar die Eltern von Julia oder die Mama des kleinen Wonneproppens Jonas nun endgültig einsehen.

Man kann seine Kinder noch so gut erziehen,
sie machen einem doch alles nach.

»Kontingenz«, ein schmerzloser Augenblick

Damit es gleich zu Anfang dieses wichtigen Kapitels richtig spektakulär werden kann, möchte ich Ihnen gnadenlos vor Augen führen, wie stark die Lebenswelt jedes Kindes durch das bloße Kopieren unserer eigenen Verhaltensmuster bestimmt wird. Am besten bringe ich Ihnen diese wahrlich einschneidende Erkenntnis anhand eines schon hundertfach beobachteten Praxisbeispiels näher. Diesmal inklusive einer spannenden verhaltenspädagogischen Quizfrage …

⏭ **Fall 5: »Schreihals«**

Vor Kurzem, auf einem Spielplatz für Minis. Kein Kletterturm, bloß eine Babyrutsche, dafür aber zwei Sandkästen und einige lustige Reittierchen aus Hartgummi. Heute aber stört ausgerechnet der dreijährige Jonas die geradezu perfekte Idylle, weil der Hosenmatz gerade die Absicht hat, seiner Mutter irgendeinen selbst gebackenen Sandkuchen zu zeigen, und deswegen mit seinen Stummelbeinchen hektisch in Richtung Parkbank losstelzt.

Doch das ehrgeizige Vorhaben des Kleinen misslingt: Das Zusammenspiel der Feinmotorik funktioniert halt noch nicht so, wie sich der Wonneproppen das vorgestellt hat. Ein Füßchen behindert das andere, ein Sturzereignis nimmt seinen Lauf. Rumms! Jonas kippt nach vorne, knallt mit dem Oberkörper auf dem rindengemulchten Spielplatzboden auf.

Jetzt ist der Zeitpunkt für meine angekündigte Quizfrage gekommen: Was, denken Sie, wird das Kind in diesem Augenblick als Allererstes tun?

Haben Sie sich ein wenig Zeit gelassen, um nachzudenken?

Allen, die jetzt gedacht haben, das Kind brülle augenblicklich sowohl erschrocken als auch vor Schmerz auf, darf ich nun von Herzen gratulieren: Diese Annahme ist *nicht* ganz richtig, dafür aber *völlig* falsch.

Andere Test-Nachdenker werden wohl Folgendes ersonnen haben: »Völlig klar! Der kleine Bub hebt zuerst seinen Kopf, sucht dann den Blick seiner Mutter, sieht also zuallererst mal nach, wie *sie* auf das Hoppala reagiert!« Jetzt darf ich ernsthaft gratulieren: Dieser Gedanke trifft exakt ins Schwarze! Genau das wird Jonas nämlich machen: Er wird nicht sofort losschreien, wird nicht augenblicklich seine sicherlich schon bewährte Katastrophensirene einschalten, noch ganz automatisch in bodenlose Verzweiflung ausbrechen. Die allererste und somit wichtigste Handlung für Kinder, die sich in einer Ausnahmesituation befinden, ist die Prüfung des *Kontingenz-Verhältnisses* mit der Mutter. Stopp: Da ist jetzt unvermutet ein neues und kompliziert klingendes Fachwort aufgetaucht, das aber schnell erklärt ist: Psychologen beschreiben mit dem Begriff Kontingenz die *Verbundenheit zweier Ereignisse*. Der Sturz und die damit verknüpfte unmittelbare Reaktion seiner Mutter: *Das* interessiert den Knaben jetzt, nichts sonst!
Allen Eltern, Großeltern und Bezugspersonen, die dieses besondere Verhalten bei ihren Sprösslingen noch nie wahrgenommen haben, rate ich ab nun zu genauen Beobachtungen. Um das alles für Sie, liebe Leserinnen und Leser, nun aber so richtig verständlich zu machen, teile ich unser Fallbeispiel jetzt einfach mal in zwei mögliche Abläufe auf.

⏭ Fall 5a: »gelassen«

Nehmen wir an, Jonas' Mutter wüsste das mit der Kontingenz bereits und wartet gelassen auf den Blickkontakt mit ihrem kleinen Sonnenschein. Der kommt auch wie erwartet und Mami hat jetzt Gelegenheit, mit prüfenden Blicken abzuklären, ob Jonas sich sichtbar ernsthaft verletzt hat. Das scheint aber diesmal keineswegs der Fall zu sein. Ganz abgesehen von der Langsamkeit des Sturzes hat der so wunderbar konzipierte Kleinkinderkörper perfekt reagiert: Instinktiv haben die Ärmchen den Fall abgestützt, ebenso unbewusst hat der Kleine blitzartig seinen Kopf hochgehalten. Spannend, dass im Fall des Falles *nur* Kinder mit so einer erstaunlichen Reaktion verlässlich aufwarten können. Uns Erwachsenen sind solche tollen Körperreflexe zumeist irgendwie schon abhandengekommen. *Eine* Besonderheit ist uns Menschen aber durchgängig gegeben: In den Sekunden unmittelbar nach einem Schock-Ereignis verspüren wir keinerlei Schmerz. Das können sicher all jene bestätigen, die schon mal ein gröberes Hoppala erlebt haben. Selbst nach einem tiefen Schnitt in den Finger erleben wir einen erstaunlich langen schmerzlosen Augenblick. Daher gibt es für Kinder eigentlich *keinen* realen Grund zum sofortigen Losbrüllen. Außer dem Schreck klarerweise ...

Aber schauen wir Jonas' Mutter weiterhin zu, die ihren kleinen Schatz jetzt in sanftem Tonfall und mit liebevoll kindlicher Wortwahl anspricht: »Na?«, fragt sie, »hattu hoppala gemacht? Ist es eh nicht schlimm? Kannst du auch ganz alleine aufstehen? Das wär' ja toll!« Dabei hat sie von Satz zu Satz ihr Gesicht mehr und mehr entspannt, zuletzt bereits den Anflug eines Lächelns aufgesetzt. Dieses Lächeln nimmt das Kind nun deutlich wahr und verknüpft es mit dem soeben Erlebten. Was nun geschieht, ist sogar für jene, die das Phänomen schon gut kennen, immer noch wie ein Wunder, und dennoch spielt es sich so oder ähnlich täglich Tausende Male auf unserem Planeten ab: Im Blickkontakt mit der völlig ruhig gebliebenen Mutter entspannt sich jetzt auch das zuletzt schon leicht verknittert wirkende Gesichtchen des Kindes. Zögernd beginnt der Bub auch schon seine Beinchen unter dem Körper hervorzuziehen. Ein erstes Signal, dass er bereit ist, ohne Beistand aufzustehen. Dieses deutliche Zeichen lässt nun die Mutter endgültig strahlen und bekräftigend nicken. Damit bestätigt sie das begonnene Handeln des Kindes, wodurch sich augenblicklich das Gesichtchen von Jonas vollständig entspannt und sogar schon zu einem ersten zaghaften Lächeln ansetzt. Dieser wunderbar natürliche Vorgang, der ja nichts anderes als einen vertrauensvollen Dialog zwischen der liebenden Mutter und ihrem Kind darstellt, ist berührend mit anzusehen. Da steht der Junge auch schon wacker auf. Nicht allzu rasch, aber dennoch zielsicher setzt er jetzt seinen begonnenen Weg in Richtung Mami fort. Deren Arme strecken sich jetzt freudig ihrem Sohnemann entgegen und das strahlende Lachen auf ihrem Gesicht setzt noch je eine Portion Bestätigung und Festigung oben drauf. Kein Schniefen, kein Losheulen, sondern, man glaubt es kaum, ein zunächst zwar verknautschtes, dann aber fast ebenso strahlendes Lachen ist Jonas' Lohn für seine Mom. Schon zeigt der Kleine wieder Selbstbewusstsein, indem er bedächtig seine Hosen abklopft. Freilich nur ein symbolischer Akt, denn Hosen auf einem Kleinkinderspielplatz *müssen* immer völlig verdreckt sein. Das gehört sich so bei kleinen Jungs. Ehrensache!

Fall 5b: »entsetzt«

Jonas, die Zweite! Derselbe Spielplatz, dasselbe Hoppala. Jonas schreit wieder nicht los, wendet stattdessen erneut sofort seinen Kopf in Richtung Mutter und prüft ihre Reaktion. Diese fällt nun anders aus: Entsetzt schlägt die junge Mama ihre Hände vors Gesicht. Unmittelbar oberhalb dieser »Hände des Schreckens« sind nun auch die Augen weit aufgerissen und ihrer Kehle entkommt ein gequältes »Aaaah! Uuuhh!«, zuletzt noch ein ziemlich hilflos klingendes »Neeein!«. Schon springt sie gehetzt auf, um ihrem armen Kind in dieser extrem schweren Minute beizustehen. Doch Wonneproppen Jonas hat an dieser Art Beistand schon gar kein Interesse mehr. Jetzt hat sein inneres »Kopierprogramm« das Kommando übernommen: Hätte die Mutter jetzt ganz genau hingehört, wäre ihr aufgefallen, dass ihr süßer Sohnemann nun knapp vor Beginn des unvermeidlichen Schreikonzerts annähernd die gleichen Laute verwendet hat wie seine Mami knapp zuvor: »Aaaah! Uuuh! Neei-Wäääääh!« Die neue Heulboje auf dem Kinderspielplatz geht unter Volllast in Betrieb und wird sich wohl die nächsten zehn Minuten kaum einkriegen können. Da ist es übrigens ziemlich egal, was Mami jetzt noch unternimmt. Das Kontingenz-Verhältnis mit Reaktion und Verstärkung und allem, was dazugehört, weist diesmal eben eine negative Bilanz aus.

So weit, so klar?

So tief und nachhaltig finden also schon bei den Allerjüngsten die von den Bezugspersonen abgekupferten Verhaltensmuster in die Lebenswelt von Kleinkindern Eingang.
Spannend, nicht wahr?

Doch das war jetzt bloß der Anfang. Kinder kopieren nämlich nicht bloß einzelne Verhaltensmuster, sondern praktisch unser ganzes erwachsenes »vorbildliches« Leben ...

»Dubbing«, ein endloser Speicher

Das Wort »Dubbing« stammt natürlich aus dem Englischen und heißt so viel wie »exakt kopieren«. Ich habe für die folgende, auf das Vorige aufbauende Erkenntnis gerade *dieses* Wort gewählt, weil es mich an meine Jugendzeit erinnert: Mein Doppel-Kassettendeck war damals das Kernstück meiner HiFi-Anlage. In ihm habe ich Audiokassetten »eins zu eins« während des Abspielens kopieren können. Band B hat immer exakt das aufgezeichnet, was ihm von Band A aus vorgespielt worden ist.
Viele kennen so etwas sicher noch.

»Aber was hat das alles mit Kindererziehung zu tun?«, wird sich wohl manch ein Leser fragen. Ich sage es Ihnen: Alles! Denn das Folgende sollten Sie sich ganz klar vor Augen führen: Ihre Kinder auf der einen und Sie oder Ihr Partner auf der anderen Seite funktionieren genau wie eine solche Dubbing-Maschine. Bei dieser Metapher sind Sie jenes Band A. Sie spielen Ihr »Ding« ab, während Ihr Kind Band B darstellt. Ist das Maschinchen gut geölt und in Betrieb, nimmt es exakt auf, was ihm von Band A vorgespielt wird, und hat dabei nicht die geringsten Probleme mit dem verfügbaren »Speicherplatz«.

Ich führe Ihnen das deshalb so bildlich vor Augen, weil es, genau wie das Verständnis für die Kontingenz, zu den wichtigsten Erkenntnissen im Umgang mit unseren Kleinen zählt: Ihr Kind kopiert Sie und/oder Ihren Partner so, wie Sie es ihm Tag für Tag vorleben. Viel intensiver noch, als Sie vielleicht denken. Bei jeder Handlung, jedem Minenspiel und jeder Äußerung kopiert Ihr Kind Sie zuverlässig und ziemlich fehlerfrei, besonders bei jenen ungeplanten Ausrutschern der »eskalierenden Art«. Von all dem kann und wird Ihr Kind in seinem Endlosspeicher ein »Back-up« erstellen und später damit zu arbeiten beginnen. Ganz so wie ein gutes Computersystem oder eben eines der oben beschriebenen Tonbandgeräte.

Dieses permanente Kopieren ist völlig normal und gehört zum Weg des Kindes auf seiner eigenen »Freitreppe«, die es nach oben erklimmt: Kinder brauchen dies für ihre Entwicklung unbedingt. Es ist ihr Halt und persönlicher Anker sowie schlichtweg eine Überlebensstrategie. Hauptsächlich fällt dabei jener Elternteil ins Gewicht, der zur jeweiligen Zeit die »Bezugsperson Nummer eins« im Fühlen des Kindes darstellt. Einer der Elternteile ist schließlich immer gerade das größere Vorbild, der stärkere Anker, der wichtigere Halt bei seelischer Unsicherheit und oft natürlich der »Topstar« im Freundeskreis des

Kindes. Es ist also ganz normal, dass ein Kind einem der beiden Elternteile mehr Aufmerksamkeit widmet als dem anderen. »Der Junge ist aber ein richtiges Abziehbild seines Vaters«, sagen dann die Nachbarn, weil Junior sich auffallend ähnlich verhält wie sein »Erzeuger«.
Die Forscher nennen das Phänomen übrigens *Synchronverhalten*.

»Mirroring«, ein gnadenloser Spiegel

The Mirror – der Spiegel. Nachdem wir bereits Fremdworte wie das Dubbing eingeführt haben, können wir auch ungeniert einen neuen Begriff wie »Mirroring« verwenden. Außerdem klingt er gut. Aber lesen Sie selbst im folgenden Abschnitt einfach nach, was ich damit meine und ob dieser Ausdruck wirklich passend ist.

Gehen wir einmal davon aus, dass an den beiden bisher erklärten Phänomenen, dem *Kontingenz-Verhältnis* und dem *Dubbing*, nicht zu rütteln ist. Schon erschließen sich uns ganz neue Blickwinkel auf manch ein »schwieriges« Verhalten, das ein Kind so an den Tag legen mag. Für Sie als Eltern eröffnen sich ganz wertfreie Fragen: »Zeigt mir mein Kind mit seinem momentanen Verhalten möglicherweise mein bisheriges *eigenes* Verhaltensmuster oder das meines Partners?« – »Muss ich mich also darüber wundern oder sollte ich besser zuerst mein eigenes Handeln hinterfragen?«

Die Antwort darauf ist leicht: Mit all unseren neuen Betrachtungsweisen, auch aus den vorigen Kapiteln, sind wir ja schon auf dem besten Weg zur gelegentlichen Selbstreflexion. Vielleicht fällt es Ihnen daher in Zukunft sogar leichter, in den gnadenlosen Spiegel zu schauen, den Ihr Kind Ihnen vorhält, anstatt sich andauernd über dessen »schlimmes Verhalten« zu wundern oder sich gar darüber zu ärgern.

Ein Beispiel: Wenn Ihr Kind mal wieder unglaublich »stur« ist, wundern Sie sich nicht, wenn Sie darin, mit heutiger, neuer Erkenntnis, plötzlich jenen »Sturkopf« entdecken, der Sie eigentlich selbst manchmal sind.

Sie erinnern sich vielleicht an den pfiffigen »Tobermann« aus unserem ersten Fall? Sollte Klein Tommy mal wieder heftig und aufbrausend auf eine Ermahnung oder Ablehnung reagiert haben und seine Mama verständnislos und tief verletzt den Kopf schütteln, dann darf sie sich nun erstmal Fragen wie diese stellen: »Habe ich *selbst* nicht erst gestern auf Tommys drängende Frage, ob wir endlich schwimmen gehen, ohne echten Grund heftig und aufbrausend reagiert?« Oder: »Bin ich nach anstrengenden Tagen in meinem Büro nicht öfter ziemlich gereizt? Kann mein Kind meine unterschwellige Gereiztheit überhaupt nachvollziehen?«

Gut gedacht, liebe Mama: Wenn Tommy auffallend oft den Wüterich raushängen lässt, kann das durchaus ein bloßes Spiegelbild Ihres eigenen wiederholten Verhaltens darstellen.
Darf man dem kleinen Haustyrannen dann eigentlich noch böse sein?

Werden diese perfekt nachgeahmten Muster zur Dauereinrichtung, sprechen Fachleute schließlich vom »Modellverhalten«.

Erziehung ist nichts anderes, als Vorbild zu sein. Alles andere ist bloß Dressur.
Oswald Bumke

⏭ Fall 6: »Lügenprinzessin«

Die achtjährige Jana lügt ihrer Mama schon wieder glatt ins Gesicht. Das macht sie aber so offensichtlich, dass es schon fast wieder lieb ist. Trotzdem ist Janas Mutter im Grunde ihres Herzens ziemlich getroffen. Bald schlägt das Gefühl in Ärger um: »Himmel! Was wird meine Tochter wohl für ein unehrliches Persönchen? Was für ein Unglück!« Gleich darauf hadert sie schon ein wenig mit ihrem Schicksal: »Warum gerade *unsere* Tochter?« Und: »Warum lügt mich mein Kind überhaupt an? Hat es mich etwa nicht mehr lieb?« Fragen, die in die falsche Richtung gehen. Jana betreibt in ihrer handlungsorientierten Kindlichkeit einfach »Mirroring«. Sie hält Ihrer Mutter schlicht und einfach einen Spiegel vor die Nase.
Die richtigen Fragen wären hier vielleicht: »Wie oft habe(n) ich (wir) unsere Jana schon angelogen oder schlicht versucht, sie mit kleinen Unwahrheiten zu überlisten?« Manchmal ist es vielleicht bloß die berühmte Notlüge zum »eigenen Besten« des Kindes gewesen. Ein andermal wieder ist es völlig unbewusst geschehen. Oder aber es war einfach ein Versuch, das Kind auszutricksen. Aber natürlich immer im »pädagogisch vertretbaren Rahmen«.

Sehen wir uns am Beispiel Janas also noch einmal die Eigendynamik von Dubbing und Mirroring an und ziehen damit eine

Zwischensumme

Nach dem Wahrnehmen von Unwahrheiten hat die kluge Jana diese erst mal abgespeichert. Wir wissen ja schon: Der Speicherplatz für solche Wahrnehmungen ist nahezu unbegrenzt. Nach und nach hat Jana sich dieses abgespeicherte Verhalten angeeignet und führt es schlussendlich standardmäßig vor. Das von ihren Eltern vorgelebte »Anlügen« ist für Jana schon zur fixen Gegebenheit in ihrer Lebenswelt und somit in ihrem eigenen Denken und Fühlen geworden. Jana macht nun einfach ebenso leichtfertig unpräzise und unwahre Aussagen. Jana *lügt* eben. Ein klassisches Fehlverhalten. Aber ihre Eltern haben ihr selbst gezeigt, wie es geht.

Sie erinnern sich an die Metapher mit dem Doppel-Kassettendeck?

> **!** Jede negative Aktion Ihres Kindes, und sei sie auch noch so unverständlich, belastend oder gar verletzend, könnte schließlich bloß eine Reaktion auf etwas sein, das Sie selbst ihm schon länger vorgelebt haben.

Vielleicht sollte ich dazu noch klarstellen, dass ein Kind erst *dann* wirklich verletzende Muster an den Tag legt, wenn es bestimmte vorgelebte Verhaltensmuster *selbst* als verletzend empfunden hat. Als Verhaltenspädagoge erkläre ich das dann immer mit einer *»noch nicht aufgearbeiteten Belastung«*.

Die gute Nachricht

Wenn das nun eventuell ein zu harter Brocken war, habe ich gleich zur Entspannung eine absolut positive Seite des Mirrorings für Sie: Denn Ihr Kind spiegelt auch alles wider, das mit Ihrer eigenen *Entspanntheit* zusammenhängt, sofern diese ihm oft genug vorgelebt worden ist. Ihr Kind verhält sich dann eben »lieb«, indem es immer wieder ganz von selbst zu einem entspannten Umgang mit Ihnen findet. Das kann Ihr Kind aber nur, wenn auch Ihnen diese Umgangsweise schon öfter gelungen ist. Besonders in Momenten, in denen man eigentlich nicht so gut drauf ist, fühlt sich so eine liebe »Rückzahlung« durch das eigene Kind für Eltern geradezu wunderbar an.

So einfach ist das! Und so schön!

Es gibt keine andere vernünftige Erziehung, als Vorbild zu sein, wenn es nicht anders geht, ein abschreckendes.
Albert Einstein

Doch wir sind noch nicht ganz fertig mit diesem harten, aber herzlichen Kapitel.

»Sequelling«, ein kompromissloser Nachfolger

Das »Sequel« – die Fortsetzung. Bevor wir uns mit netten Fortsetzungsgeschichten befassen, sollten wir nochmals die bisherigen Modelle Revue passieren lassen: Das Phänomen mit der Kontingenz passiert stets im unmittelbaren Zusammenhang mit einem unerwarteten und plötzlichen Ereignis. Als Dubbing möchte ich jenen Vorgang verstanden wissen, auf den alle Kinder fix programmiert zu sein scheinen: das permanente, endlose Abspeichern von sich wiederholenden Verhaltensmustern der Bezugspersonen. Mit Mirroring schließlich bezeichne ich das Sich-Äußern, das Wiedergeben des Speicherinhalts, kurzum das gnadenlose Vorhalten eines frisch polierten Spiegels.
Alles klar?
Mit dem pädagogischen Kunstwort »Sequel« bezeichne ich jene ebenso gnadenlosen Spiegelungen, die unsere Kids zumeist erst *viel später* zu bieten haben. Meist heben sie sich diese Nettigkeiten für die augenscheinlich »unerträglichste« Lebensphase eines Kinderlebens auf: für die Zeit der Pubertät.

Unerträgliche Pubertät

Die Entwicklungsstufe der Pubertät ist im Leben eines jungen Menschen in jeder Beziehung einschneidend. In ihr beginnt die noch stark verletzbare Seele zu sich selbst zu finden. Genau dann, wenn der junge Mensch durch all die unglaublich belastenden Selbstfindungsphasen geht, die für alle Eltern so immens »stressig«, für viele sogar kaum auszuhalten sind, vollzieht sich etwas Erstaunliches: In diesem Lebensabschnitt beginnt Ihr Kind nach und nach vieles, das Sie ihm früher einmal vorgelebt haben, hemmungslos aus- bzw. nachzuleben. Ein junger Mensch setzt also, ganz so wie in einem Sequel, das Verhalten der Eltern um und damit sichtbar fort, legt damit aber in dieser Phase gleichzeitig seinen eigenen Stellenwert im Leben fest.

Viele Handlungsmuster aus frühkindlichen Phasen und andere, tief im Unterbewusstsein abgespeicherte schöne, aber auch traumatische Erlebnisse kommen erst in diesem Entwicklungsfenster ans Tageslicht und werden jetzt Bestandteil der Persönlichkeit. Viele von den Eltern vorgelebte Tugenden oder Untugenden werden nun erst mal so richtig ausprobiert und eben manchmal mit gleicher Münze heimgezahlt.
Happy Sequelling!

⏭ **Fall 7: »Trickbetrüger«**

Peter ist, vor allem bis zu seinem siebten Lebensjahr, immer wieder mit beliebten Kleinkindertricks überlistet worden. Heute, mit 17, ist er Meister im »Hereinlegen«. Er wendet diese Technik permanent an und erfindet stets neue Dinge, um seinen Eltern die Wahrheit vorzuenthalten oder diese kunstvoll zu verdrehen.

⏭ **Fall 8: »Glaubenssache«**

Auch die 15-jährige Julia hat früher im täglichen Sprachgebrauch ihrer Eltern permanent Ungenauigkeiten gehört, Dinge wie »Gleich komm' ich, dir vorlesen …« oder »Wir gehen bald in den Zoo …«. Dass ein »Ich komme gleich …« bei ihrer Mutter fast immer zumindest eine halbe Stunde Verzögerung bedeutet hat und Julia heute noch auf den vor Jahren versprochenen Zoobesuch wartet, hat sich im Unterbewusstsein des Mädchens stark eingeprägt. Besonders gut erinnert sich Julia jetzt daran, dass ihr Vater freitags immer schon vergessen hatte, was er ihr für das Wochenende versprochen gehabt hatte. Aber geglaubt hat sie ihm seine Zusagen trotzdem immer wieder. Die Eltern können nun aber absolut nicht verstehen, warum sie gerade jetzt mit absoluter Hingabe Formulierungen wie diese anwendet: »Ja, ja! Ich komme eh gleich!« oder »Ja! Morgen mach' ich dann …!« Wenn Julia »gleich herkommen wird«, braucht man dann eben in der nächsten halben Stunde nicht mit ihr zu rechnen. Genau wie vorgelebt. Wie gesagt, für die unglücklichen Eltern ist die Pubertierende wegen dieses besonderen Verhaltensmusters *»kaum zu ertragen«*.

Die Natur ist gnädig: Wer viel verspricht,
dem schenkt sie zum Ausgleich ein schlechtes Gedächtnis.
Bob Hope

Doch nun genug der »düsteren« Voraussagen. Es gibt auch eine andere, viel schönere Seite des »Sequellings«.

Die gute Nachricht

Natürlich werden auch die guten Beispiele Ihres »Vorlebens« bald dankbar und ganz automatisch für das spätere Leben angewendet. Auf diesem Zweig des Sequellings wollen wir eigentlich am liebsten alle sitzen. Die meisten von uns tun es übrigens auch! Schön, wenn Sie es geschafft haben, viel Positives vorzuleben und mitzugeben. Liebe, Hingabe, Ruhe, Humor, Pünktlichkeit, Verlässlichkeit, Einverständnis mit dem Partner und anderes mehr sind solche wunderbaren Eigenschaften, die oft erst in der Pubertät oder kurz danach so richtig Platz greifen und sich in späteren Verhaltensmustern Ihres geliebten Sprösslings wiederfinden.

Selbstreflexion

Es kann also gerade in der Zeit der Pubertät Ihres Kindes ungemein hilfreich für Sie sein, zu reflektieren, wie Sie sich selbst bisher verhalten haben. Auch moderne Pädagogen tun das stets, wenn sie mit Kindern gearbeitet haben: Sie reflektieren. Allein oder im Gespräch. Es kann Ihnen auf Ihrem Weg zum entspannten Erziehen nur helfen, sich die kleinen oder gröberen »Schnitzer« im eigenen Verhalten selbst einzugestehen. Vielleicht sogar mal im Dialog mit Ihrem Kind. Wenn Sie das authentisch machen, geht auch ein noch so verstockter Jugendlicher ganz sicher darauf ein. Vielleicht ist es ja an der Zeit, aber sicherlich nicht zu spät, sich gemeinsam neue und tauglichere Verhaltensmuster zu erarbeiten.

Natürlich haben Sie nach dem Reflektieren auch Gelegenheit, die selbst erkannten *guten* Vorbildhandlungen zu verstärken und ganz bewusst einem neuerlichen, vielleicht »besseren Dubbing« auszusetzen. Dann haben Sie auf jeden Fall schon mal einen entspannten Ansatz gefunden, gemeinsam mit Ihrem Kind oder Jugendlichen daheim, aber auch als Lehrer oder Betreuer im Klassenzimmer ganz neu anzufangen und die kopierten Fehler auszumerzen. Dass dieses neue Anfangen natürlich etwas mühsamer ist, als gewisse »Fallen« schon im Kleinkinderalter zu meiden, ist hier unbestritten.

Mitzuerleben, wie Kinder heranwachsen, ist eine große Freude.
Man erkennt an ihnen seine eigenen Fehler und die Tugenden seiner Frau.
Peter Ustinov

Na toll! Mein Kind ist verhaltenskreativ!

Mit diesem Kapitel stellen wir uns die Frage, ab wann man überhaupt von einem »schwierigen Kind« sprechen kann. Gibt es wirklich so viele »verhaltenskreative« Kinder, wie es zuweilen den Anschein hat? Nach Lektüre dieses Abschnitts werden jedenfalls differenziertere Blickwinkel auf manch ein Fehlverhalten nicht ausbleiben. Dass ich mit diesem Vorstoß einige Menschen ganz schön nachdenklich machen werde, nehme ich demütig in Kauf.
Nachdenklichkeit kann uns schließlich manchmal zur einfachsten aller Sichtweisen führen: der kindlichen. Der kleine Tobias wird uns klipp und klar sagen, wie das geht.

Man kann keine neuen Ufer erreichen,
ohne alte Küsten aus den Augen zu verlieren.
André Gide

Wie hätten Sie's denn gerne?

Ich gehe davon aus, dass einige sich dieses Buch gerade deswegen vorgenommen haben, weil zu Hause oder in der Schule hie und da einige »herausfordernde Situationen« mit Ihrem/n Kind/ern aufkommen. Gut, ich neige zu Untertreibungen: Manche haben vielleicht *mehr* Streit und Querelen mit ihrer kleinen Prinzessin, ihrem Sohnemann oder ihren Schülern, als sie gerade verkraften können.
Gratuliere!

Dann haben Sie ja wahrscheinlich so etwas wie ein »verhaltensoriginelles« Kind daheim.
Wie jetzt, von diesem Wort haben Sie noch nie gehört? Bleiben Sie entspannt! Damit sind Sie keineswegs allein. Begriffe wie verhaltensoriginell, verhaltenskreativ und, ganz aktuell, »Kind mit besonderen Bedürfnissen« definieren derzeit so etwas wie den Goldstandard der politisch super-korrekten Ausdrucksnormen und werden von vielen Insidern in praktisch jedem pädagogischen Kontext rigoros eingefordert.
Na gut, sei's drum! Ich beuge mich natürlich auch diesen hoffentlich gut durchdachten Forderungen, halte mich brav daran und verwende freudig allüberall diese neudeutschen Pädagogik-Fachidiome.

Allerdings … Wenn ich mir erlaube, behutsam ein wenig tiefer zu graben und obendrein ehrlich zu mir selbst zu sein, muss ich zugeben, dass ich das eigentlich doch nicht so richtig von Herzen *freudig* mache.
Zeit also für einen Perspektivenwechsel …

Wortklaubereien

Irgendwie kann mein fast schon krankhaftes Pädagogenherz nicht anders: Es muss andauernd hinterfragen, reflektieren und manch einem Ding fast schon zwanghaft nachspüren, ob die Sache auch so richtig kindgerecht ist. Mit dieser »etwas anderen« Perspektive fühlen sich jedenfalls manche neuen Wortschöpfungen für mich schon nicht mehr ganz so stimmig an.

Andauernd neue Verniedlichungen für augenscheinlich altes und damit wahrscheinlich auch »böses« Wortgut zu finden und mit aller Macht zwangsweise durchzusetzen, hat gleich im Ansatz zwei Haken: Erstens ändert auch das »allerkorrekteste« Schönreden zunächst mal nichts an Gegebenheiten, wie beispielsweise, dass klein Maxe sich gerade ziemlich *auffällig* verhält, als er mitten im Unterricht plötzlich pfeifend unter seinem Tisch verschwindet … und dabei die restliche Klasse offenkundig auch noch gründlich *stört*. Zweitens sind sprachliche *Zwangs*verordnungen schon aus zwischenmenschlicher Sicht ein Grund für ein kurzes Innehalten: Wollen wir *das* wirklich als neues Weltbild an unsere Jugend weitergeben?

Also denken wir doch ein wenig nach:
Wie in anderen Bereichen ist also auch in der pädagogischen Sprachlandschaft ein offenbar überaus aktiver Begriffskiller unterwegs, der immer mehr alte und böse Ausdrücke strafweise kaltmacht. Das wird so dermaßen bereitwillig überall angenommen, dass ich mir zuweilen wünsche, auch so einen hippen Begriff kreieren zu dürfen. Hier *ist* schon mein zukunftsweisender Vorschlag für das neueste, korrekte Schlimme-Kinder-Schlagwort: »verhaltenseinfallsreich«.
Gefällt Ihnen das? Mir auch …
War nur so eine Idee …

Genug der Wortschöpfungen. Viel wichtiger ist mir ohnehin die Frage, ob wir ältere Begriffe wie beispielsweise »verhaltensauffällig« oder »verhaltensgestört« nicht zu Unrecht böse geredet haben, nur um vermeintliche Gemütsverletzungen zu vermeiden. Wenn ich also heutzutage von einem verhaltens-

kreativen Kind rede, meine ich damit eigentlich *immer noch*, dass es grade jetzt in irgendeiner Form *auffällt*? Warum *sage* ich das dann nicht geradeheraus? Die kunstvolle Umschreibung eines Wortes könnte man doch einfach als Verdrehung einer Tatsache sehen.
Ist es etwa das, was wir unseren Kindern mit auf den Lebensweg geben wollen? Wie man kunstvoll Tatsachen verdreht, um nicht – wie hieß noch jenes nette, altehrwürdige jiddische Wort? – »Tacheles« reden zu müssen?

Hilfreich?

Wenn wir unsere Suche nach verordneten Wortverdrehungen auch auf andere Bereiche ausweiten, darf folgerichtig die Frage erlaubt sein, ob es unseren Kindern aus verhaltenspädagogischer Sicht wirklich beim Start ins Leben hilft, wenn wir etwa »Langstrümpfe« aus traditionellen Kinderbüchern wegradieren? Wird es ihre vielleicht durch ganz andere Ereignisse wunden kleinen Seelen heilen, wenn es keinerlei »Hexen« mehr geben darf und dafür »zauberische Wesen« denselben hanebüchenen Unfug wie vorher anstellen dürfen? Werden Ausdrücke wie *verhaltenskreativ* auf Dauer unterstützend wirken, wenn ein Kind oder ein munterer Jugendlicher mal tatsächlich massiv auf dem falschen gesellschaftlichen Ast herumturnt, sich also wortwörtlich »auffällig« verhält? Werden gemütlichere Begrifflichkeiten auch tatsächlich die Gemüter unserer Kinder resilienter machen, was so viel heißt wie »widerstandsfähiger« gegenüber auftretenden realen Krisenfällen? Wäre unsere Aufgabe als Erziehende nicht viel eher, die Kinder fit dafür zu machen, wie sie mit Enttäuschungen und Verletzungen entspannt *umgehen*, anstatt diese fast zwanghaft von ihnen fernzuhalten? Ich jedenfalls glaube nicht so ganz an die pädagogische Sinnhaftigkeit dieser nebenbei ziemlich aufwendigen Bemühungen.

Wer die Lebenslaufbahn seiner Kinder zu verpfuschen gedenkt,
der räume ihnen alle Hindernisse weg.
Emil Oesch

Meine vielleicht provokanteste Frage zu diesem Thema darf jetzt mit der Unterstützung durch Emil Oesch wohl auch noch erlaubt sein: Werden schönere, handverlesene Worte in den Büchern und Redewendungen dieser Welt unseren Kindern und Jugendlichen auch ein lastenfreieres, eigenkompetenteres, kurzum ein *besseres* Leben garantieren können?
Nein? Wozu dann der ganze Mummenschanz?

Gestört?

Was jetzt aber abschließend zu dem Thema Wortklaubereien noch kommen muss, ist ein erneuter liebevoller Versuch zu einem Denkanstoß, der allerdings ausschließlich mit dem lieblosen, alten und deshalb bösen Wort »verhaltensgestört« funktioniert.

Selbstverständlich wird niemand, der modern denkt, einem Kind noch an den Kopf werfen, es sei verhaltensgestört. *Schon klar!* Aber der Begriff selbst ist nicht annähernd so böse, wenn man über ihn ganz wertfrei nachdenkt. Genauso, wie wir es über den Begriff »Erziehung« erfahren haben. Der Terminus verhaltensgestört erlaubt uns nämlich einen viel weiteren Blickwinkel als jenen vereinfachten, der zu seiner Auslöschung geführt hat. Ich sehe es so: Kinder, die sich eine Zeit lang außerhalb der normativen Erwartungen »störend« verhalten, *sind* nicht einfach gestört, sondern sie *werden* oder *wurden* vielleicht von außen in ihrem normalen Verhalten gestört. Irgendein Einfluss, mit dem sie auf normativ-kindlichem Wege nicht umzugehen wissen, hat sie zumindest in bestimmten Situationen zu verhaltensgestörten Kindern oder Jugendlichen werden lassen.

Auch hierzu haben sich übrigens schon weitaus bedeutendere Denker geäußert, als ich es bin ...

> *Wir dürfen niemals von den Schwierigkeiten ausgehen, die ein Kind macht, sondern immer nur von denen, die es hat.*
> Herman Nohl

Doch jetzt soll bitte nicht gleich wieder die berühmte Frage nach *erzieherischer Schuld* oder *Unschuld* zum Thema werden. Wir haben es ohnehin sofort viel leichter, sobald wir alles aus kindlicher Perspektive sehen. Dazu ist »Entspannt erziehen« hauptsächlich geschrieben worden.

Unser nächster Fall hilft uns jedenfalls schon mal dabei, festzustellen, ob die kindliche Wahrnehmung überhaupt immer von einem Fehlverhalten ausgeht ...

Fall 9: »Vernunftbegabung«

Wie spannend es sein kann, hinter die genial einfache Denkweise von »schwierigen« Kindern zu schauen, hat mir vor einiger Zeit der sechsjährige Tobias, ein überaus smarter Bub, klargemacht, der als klassisch verhaltensauffällig gegolten hat, na gut: »als verhaltenskreativ«.

Tobias wird mir jedenfalls noch vor der ersten Beratung wörtlich als »schwer verhaltensgestört« beschrieben. Kaum eine Bezugsperson lässt ein gutes Haar an dem Jungen. Auch die Eltern nicht: Bei nahezu jeder Aufforderung mache der Schlingel in bösartiger Absicht das genaue Gegenteil des Verlangten. Man müsse sowieso alles dreimal wiederholen, bis es endlich klappe. In der Schule ließe der Störenfried sich immer neuen fiesen Schabernack einfallen, vernünftige Antworten seien von dem Lausebengel sowieso nicht zu bekommen usw. Als sich unsere Blicke kreuzen, sehe ich direkt in vor sprühender Intelligenz und verhaltener Pfiffigkeit blitzende Augen, die weitab von Bösartigkeit, jedoch voller überbordender Neugierde stecken. So fühle ich mich ganz spontan zu einer für einen Sechsjährigen nicht ganz so einfachen Gewissensfrage hingerissen: »Sag mal, du Held, was ist deiner Meinung nach eigentlich vernünftig?« Nur kurz hält Tobias seinen Kopf schief, um augenscheinlich scharf nachzudenken. Dabei spüre ich förmlich, wie ernst der Bub meine schwierige Frage nimmt. Dann kommt es wie aus einer geladenen Spritzpistole: »Also ich finde, es ist *alles* vernünftig, was man will, aber nicht *darf*!«
Geht's noch genialer?

! Ein Kind empfindet sein eigenes Fehlverhalten zumeist gar nicht als solches. Es ist immer bloß ein reaktives Muster, also eine direkte Antwort auf äußere Gegebenheiten, mit denen das Kind nicht adäquat umgehen kann.

Das »Böse« im Kind?

Mit diesem Wissen in unserem Rucksack fällt es sicherlich schon schwerer, Kindern »bösartige Absichten« zu unterstellen, wenn sie verhaltenskreativ sind. Das geschieht aber leider nur allzu oft ...
Jedenfalls können *wir* nun schon mal um vieles entspannter auf manch eine kindlich-genial ausgeklügelte Sauerei blicken und gleichzeitig darüber nachdenken, ob wirklich Bösartigkeit oder gar planvolle »Provokation« dahinter gestanden haben mag. Unter dem Strich bleiben in den allermeisten Fällen sowieso nur zwei Komponenten für kindliches Fehlverhalten übrig: erstens das *Austesten von Grenzen* oder zweitens, wie im vorigen Merksatz schon erwähnt, »reaktive Muster«.

Kinder reagieren sehr gesund auf kranke Verhältnisse.
Herman Nohl

⏭ Fall 10: »Schulschreck«

Vor einem Monat

Brigitta S. bittet mich um einen Coaching-Termin: »Mein zwölfjähriger Sohn Benjamin zeigt schwere Verhaltensauffälligkeiten in der Schule. Er verhält sich dort richtig bösartig, was aber nicht an uns liegen kann, denn bei uns daheim ist er folgsam, höflich und eher still. In der Schule hingegen ist er anderen gegenüber aggressiv, lügt, schlägt um sich und vor allem beschimpft er oft Lehrpersonen auf das Übelste. Unlängst war er zu einem sehr netten Lehrer besonders unflätig: ›Was Sie reden, ist totale Sch...!‹ Wie stehe ich als Mutter jetzt da? Ich bin verzweifelt«, klagt Brigitta S.

Nach kurzer Bestandsaufnahme ist klar, dass ich mal wieder die unangenehme Seite meines Jobs ins Spiel bringen muss: »Liebe Frau S., ich habe wahrgenommen, dass in Ihrem Fall die Sache wohl doch eher *hausgemacht* zu sein scheint: Ihr Benjamin unterliegt daheim einem immensen Druck aus Einschränkungen und Verhaltensmaßregeln, die erstens schwer durchschaubar sind, zweitens von Ihnen und Ihrem Mann nur allzu oft mit lauten Stimmen durchgesetzt werden, was häufig auch in Anschreien mündet. Obendrein hat mir Benjamin gestanden, dass es sich für ihn so anfühlt, als ob Sie beide die sowieso immer ›brave‹ kleine Schwester viel lieber hätten als ihn selbst.«

Mama Brigitta hört, sichtlich betroffen, aber gefasst zu. Das ist gut, denn ich muss noch nachlegen: »Aber das Schlimmste für Benjamin ist die Uneinigkeit zwischen Ihnen beiden als Bezugspersonen. Beispielsweise gelten bei Tisch ganz unterschiedliche Regeln, jeweils vom Vater und Ihnen selbst gesondert aufgestellt und deshalb für Benjamin weder ein- noch auszuhalten. Die Stimmung zu den Essenszeiten nehme *ich* jedenfalls als überaus angespannt wahr. Niemand scherzt oder lacht. Wenn gesprochen wird, sind es meistens strenge Ermahnungen. Mal von links, mal von rechts. Alle diese Spannungen lassen Ihren sehr sensiblen Jungen nicht mehr los und müssen schließlich irgendwann und irgendwo hervortreten. Das geschieht dann eben in der Schule, wo man ihn nicht so stark im Griff hat. Für alle Beteiligten eine eindeutige Verhaltens-Kreativität, für mich allerdings ein klares *reaktives Muster*.«

Jetzt brauchen wir *beide* eine kurze Pause, Mama Brigitta und ich.

Vor zwei Wochen:

Die beiden folgenden Termine verlaufen sehr kooperativ. Eine »Neuigkeit« zu Benjamins Charakter überrascht jedenfalls alle: Niemand in seinem Umfeld hat bisher deutlich erkannt, dass Benjamin ein so überaus sensibles, leicht verletzbares Kind ist. Erwartet man so etwas von einem Bösewicht?

Lösungsansatz

Ganz schnell löst sich die Spannung innerhalb Benjamins Familie. Die Eltern geben nun ganz *genaue*, leicht zu erfüllende Regeln aus, halten sich gemeinsam an ihre eigenen Angaben und schreien ihren Buben vor allem kaum noch an. Also schreit auch *er* in der Schule nicht mehr. Nach kurzer Rücksprache mit mir hat sich der Knabe sogar ehrlich bei einem Lehrer entschuldigt. »Ein tolles Erlebnis!«, wie er mir nachher erzählt.

Heute

Benjamin ist kein verhaltensgestörtes Kind mehr! Der Bub war bloß in *seinem* Verhalten »gestört« worden. Von seinen Umständen. Unbeabsichtigt natürlich.
Der Kreis schließt sich.

! Wir nehmen mit »schlimm sein« meist nur ein Symptom wahr und beginnen uns darauf »einzuschießen«! Die Ursache tritt nur allzu leicht in den Hintergrund.

Nachbetrachtungen, Teil 1

»Boxenstopp-Familie«

Es lohnt sich schon, ein wenig Zeit aufzuwenden, um den Schwierigkeiten auf die Spur zu kommen, die das eigene Kind wirklich *hat*. In vielen modernen Familien ist es aber schwer, diese Zeit aufzubringen! Jene wenigen Abendstunden nach heftigem Arbeitsstress oder die kurzen »Meetings« während des Tages geben einfach nicht mehr Zeit her. Durchaus liebevoll möchte ich das angesprochene Phänomen hier »Boxenstopp-Familie« nennen. Oft fehlen hier auch Motivation und Kraft für tiefere Auseinandersetzungen mit den Problemen des Kindes. Eine Suche nach Ursachen und Auswirkungen scheint tatsächlich Kraft zu kosten, die man eben nicht immer gleich aufbringen kann. So gerät man eben in den Zustand der berühmt-berüchtigten »Aufschiebe-ritis«. Mit Worten wie »Wir reden später!«, »Reden wir morgen!« oder »Heute bin ich zu müde!« schicken wir den Sonnenschein jetzt erst mal ins Bett. »Das Wochenende ist ja schließlich auch noch da!«

»Na gut! Inzwischen bleib' ich halt schon mal weiterhin verhaltenskreativ«, denkt Tobias verschmitzt ...

Man hat niemals genügend Zeit für eine bestimmte Tätigkeit.
Man nimmt sie sich, wenn sie wertvoll genug erscheint.
Platon

Nachbetrachtungen, Teil 2

Glieder einer Spannungskette

Meiner Wahrnehmung nach »erkennt« man Kinder oder Jugendliche heutzutage allerdings viel zu leichtfertig als schwierig, einfach weil sie irgendwie nicht ins Ideal- oder Normalbild passen. Zuweilen, so scheint mir, wird nach dem »Warum« zu wenig gefragt. Das allein löst schon die Entstehung einer Spannungskette aus. So nenne ich die im Folgenden beschriebene Abwärtsspirale jedenfalls gerne:

! Ist ein Kind einmal als schwierig »abgeurteilt«, wird es auch allseits wie ein schwieriges Kind behandelt.

Diese »Behandlung« passiert in der Folge natürlich immer intensiver, je öfter das jeweilige Kind sich auffällig verhält, weil man als Erwachsener schlichtweg immer rascher »genervt« ist.
Je mehr der liebe Nachwuchs jedoch als schwieriges Kind behandelt wird, desto mehr Verhaltenskreativitäten tauchen wiederum als direkte Reaktion auf. Der sicherlich unerwünschten Spannungskette werden nun zuerst mal an *einem* Ende immer neue Glieder hinzugefügt. Am *anderen* Ende stehen nun vielleicht Sie als Elternteil, Lehrkraft oder Obsorgepflichtiger und fügen ebenfalls mit jeder entnervten Aktion gegenüber Ihrem Kind ein weiteres »Kettenglied« ein. Der Abstand zwischen Ihnen wächst umso schneller ...
... und damit die Spannung.

Wiederum alles klar?

Doch nach all diesen »Ketten voller schlechter Nachrichten« dürfen Sie natürlich gleich wieder durchatmen ...

Zwischensumme

Nachfragen statt bekämpfen

Im Falle von anhaltenden Verhaltensoriginalitäten vertrete ich daher seit Jahren die Ansicht, eher mal behutsam nachzufragen, anstatt zu intervenieren: »Ist mein/unser Kind wirklich schwierig? Oder hat es in letzter Zeit bloß schwierige Umstände erlebt, mit denen es nicht fertig werden kann? Umstände, die ich/wir vielleicht selbst herbeigeführt habe/n?«

Ein Fehlverhalten, das Sie mit all Ihrer Kraft bekämpfen, wird dadurch sowieso eher verstärkt als verringert. So weit sind wir ja nun schon in die kindliche Erlebenswelt eingedrungen, um dies zu durchschauen.

Für uns Erwachsene erweist sich allerdings eine Öffnung hin zu dieser neuen Sichtweise manchmal nur deswegen als schwierig, weil wir Kleinigkeiten als bedeutungslos erachten. Was wir für »Nichtigkeiten« halten, kann für das Kind aber *die Welt* bedeuten.
Anders formuliert: Augenscheinlich völlig bedeutungslose Ereignisse oder Umgangsweisen können bei Kindern oft große Verhaltensänderungen auslösen.

Widerspruch

»Das ist ja gerade das Allerschwerste«, sagt mir ein Vater kürzlich beim Gesprächstermin, »auf die wirklichen Hintergründe draufzukommen, die mein Kind störrisch machen!«

Ich muss Ihnen widersprechen, lieber Papa! Es geht meist *einfacher*, als man annehmen möchte, die Botschaften zu verstehen, zu belauschen, darauf einzugehen und vielleicht sofort einen »Tigel Balsam« über der wunden Seele auszuleeren. Es kommt meistens bloß auf die Zeit an, die Sie sich dazu nehmen … und ein wenig natürlich auch auf Ihre Einfühlsamkeit.

> *Esel und Ochsen zu kommandieren, das ist nicht schwer, aber Kinder auf eine liberale Art zu erziehen, das ist eine ebenso mühselige wie schöne Aufgabe.*
>
> Erasmus von Rotterdam

Das »Home-Coaching-Modell«

Was ich Ihnen im folgenden Kapitel näherzubringen versuche, ist schlicht und einfach erklärt: eine mögliche totale Entspannung in so manch unentspannter Situation. Mit »Home-Coaching« betreten wir professionelles Terrain. Rebecca und ihre Mutter werden uns aber dabei helfen, trotzdem alles ganz leicht zu verstehen. Vielleicht finden Sie dann bei der Lektüre der nachfolgenden Kapitel Gelegenheit, einige unserer gerade neu erworbenen Perspektiven in Ihre entspannte Erziehung einzubauen.

Profi-Coach?

Ja! Es gibt sie, die Profi- oder Personal-Coaches, wie man sie in unserem Berufszweig nennt. In Problemsituationen sind sie tatsächlich eine gute Wahl. Sie können mit ihren Methoden sehr effizient helfen. Deshalb habe auch ich diesen Job für mich selbst gewählt und meine Tätigkeit als Coach erfüllt mich sehr. Ein wunderbarer Beruf, der nicht nur für mich selbst tiefe Zufriedenheit bedeutet. Auch für die meisten meiner Klienten. Meine Idee war deshalb: Warum sollten nicht auch *Sie* diese Zufriedenheit empfinden können? Warum nicht selbst diese Ansätze erlernen und ein klein wenig zum »Coach Ihres Kindes« werden?

Zunächst einmal muss ich aber klarstellen, dass es bei diesem Ansatz natürlich nicht darum geht, Sie zum professionellen Coach zu machen. Das wäre meinerseits »unprofessionell«. Sie brauchen auch sonst keine Ausbildung zu absolvieren. Aber in Ihrem häuslichen Umfeld und der ohnehin schon sehr persönlichen Beziehung zu Ihrem Kind ist allein der Ansatz zum richtigen Coachen meiner Ansicht nach ein mächtiges Werkzeug zum besseren Umgang miteinander.

Nichts geht mehr

Wie oft suchen Eltern meinen Rat: »Mein Kind hört nicht mehr auf mich!«, »... ist einfach schwierig!«, »... wird immer aufsässiger!«

Die gute Nachricht

Eine erstaunlich oft gestellte Frage klingt in etwa so: »Kann man bei diesem Problem überhaupt noch etwas machen?« *Das* wenigstens ist ganz leicht zu

beantworten: Man kann *immer* etwas tun! Hierbei vertrete ich, genauso wie andere namhafte Pädagogen, die folgende Ansicht:
Gerade »problematische« Kinder sind meiner Wahrnehmung nach oft besonders leicht zu lenken, weil sie sehr oft sehnlichst eine Änderung, eine Lösung ihrer Umstände erwarten und letztendlich dafür auch intuitiv für jeden einfühlsamen Impuls oder »Input« dankbar sind, der es ihnen leichter gemacht hat, sich *anders* zu verhalten.

Sicher ist, dass nichts sicher ist. Selbst das nicht.
Joachim Ringelnatz

Der »Weg nach oben«

Das »Home-Coaching-Modell«, das ich Ihnen hier vorstellen möchte, führt Sie vielleicht zu einem ganz neuen Weg in der häuslichen Erziehungsarbeit. Beschreiten Sie ihn, wann und wobei immer sie möchten. Sicherlich nicht bei jeder Gelegenheit, sondern wann es Ihnen eben passend erscheint. Ziehen Sie dann Ihren gemeinsamen Nutzen aus diesem Ansatz. Die gelegentliche Anwendung des Coaching-Modells verbindet den einfachen Zugang zum kindlichen Gemüt mit einer ungeahnten Entspannung in der Beziehung zu Ihrem Kind.

Zum besseren Verständnis möchte ich Sie zunächst aber zu einem hoffentlich gut vorstellbaren Bilderlebnis einladen. Betreten Sie daher nun gemeinsam mit mir eine ...

Freitreppe

Versuchen Sie jetzt, Ihre Fantasie so »bunt« wie möglich einzusetzen. Nach diesem Ausflug zu einer prächtig gestalteten oder, wenn Sie möchten, nüchtern-funktionellen Freitreppe werden Sie einfach und schnell verstehen, was das »Home-Coaching-Modell« für die häusliche Erziehung bedeuten kann.

Schließen Sie bitte Ihre Augen – der Einfachheit halber natürlich erst, *nachdem* Sie den nachstehenden Text durchgelesen haben – und stellen Sie sich folgendes Bild vor:

Sie treten jetzt durch eine große, schwere Doppeltüre in ein ziemlich geräumiges Stiegenhaus, in dem es offenbar keine oberste Etage zu geben scheint. So hoch ist es! Oder gibt es sie *doch*?
Ihr Kind steht am Fuße der langen, ausladenden, aber sanft gewundenen Freitreppe und schickt sich an, nach oben zu gehen. Irgendwann wird es schließlich auf dem obersten Treppenabsatz den Höhepunkt seiner persönlichen Möglichkeiten vorfinden.
Auf dem Weg zu diesem Ziel jedoch gilt es, nicht auf den Etagen in vielleicht vorhandene Gänge abzubiegen, sei es nun versehentlich oder absichtlich. Es gilt auch, auf etwaigen hohen wie schmalen Stufen nicht abzurutschen, um dann mindestens eine Etage oder noch weiter zurückzufallen.
Nun kommen Sie als Bezugsperson ins Spiel: Sie stehen gemeinsam mit Ihrem Kind am Beginn der Treppe und sehen nach oben. Vor Ihnen liegt diese schier endlose Höhe.
»Verdammt«, denken Sie, »habe *ich selbst* damals auch so eine hohe Treppe vor mir gehabt? Bin ich eigentlich schon oben angekommen oder bin ich etwa bereits viel zu früh in einen falschen Korridor abgebogen? Habe ich mich verlaufen? Passiert das meinem Kind vielleicht auch?«
»Nein!«, geben Sie sich entschlossen, »*das* lasse ich nicht zu!«

»Nachgeher«?

Aufgrund dieser Entschlossenheit kommt Ihnen eine Idee: »Warum gehe ich nicht knapp *hinter* meinem Kind, während es hochsteigt? So kann es niemals abrutschen, da ich es vorher ja auffange. Vor allem: Bevor es irgendwo falsch abbiegen will, werde ich es kräftig von hinten anrempeln und nach vorne stoßen! Dann kann es ja wohl *nur* dem richtigen Verlauf der Treppe folgen!«
»Ja«, denken Sie, »das ist genial! So mache ich's! Dann werden die Fehler, die ich in meinem eigenen Treppenhaus fabriziert habe, auf keinen Fall nochmals passieren!«

Doch plötzlich fallen Ihnen die Worte eines alten Bergführers ein, den Sie einmal getroffen haben: »Niemals würd' ich *hinter* einer geführten Person gehen, weil wenn man hinter jemandem geht, der ausrutscht, wird man im Fallen mitgerissen und kann gar nicht mehr helfen!«
»Dass ich mein Kind hinaufstoßen will, wird ihm wohl auch nicht so besonders gefallen«, denken Sie folgerichtig. »Es wird sich dann wahrscheinlich auch viel zu oft nach mir umdrehen und dabei ebenso oft stolpern. Vielleicht wird es sich dann auch immer öfter und vehementer gegen meine vielen ›Rempler‹

von hinten wehren. Nein, so kann ich es nicht machen!«, beschließen Sie. Sie haben natürlich recht: Das mit dem Nachgehen funktioniert wahrscheinlich nicht. Denken Sie doch, wie oft Sie versucht wären, Ihr Kind in seinem für Ihr Empfinden viel zu wilden Vorwärtsdrang von hinten festzuhalten. Die dadurch ausgelösten Stolperer wären dann sicher noch heftiger und könnten sogar Sie selbst mitreißen.

Werden Kinder in ihrer Entwicklung gehalten,
so schlägt sich das in ihrem Verhalten nieder!
Johann Heinrich Pestalozzi

»Vorgeher«?
»Aha«, sagen Sie sich jetzt vielleicht, »also muss ich wohl exakt *vor* meinem Kind auf der Treppe gehen. *Na klar!* Das ist sicher viel besser, denn dann sehe ich ja schon viel früher, wo man falsch abbiegen könnte.«
Ich muss Sie enttäuschen: So geht es leider auch nicht. *Vor* dem Kind auf der Treppe zu gehen, um es eventuell »hochzuziehen« oder um es über eine oder mehrere Stufen zu tragen, ist fast noch schlimmer. Denn das Zerren und Zupfen halten weder die zierlichen Arme noch die zarte Seele aus. Das Auslassen einer Stufe führt obendrein zu Überforderung und heilloser Verwirrung, auch wenn man den »direkten« Weg nach oben gegangen ist.
Aber noch sind Sie mit Ihrer Fantasie nicht am Ende. Zwei weitere Möglichkeiten in diesem Szenario fallen Ihnen ein.

Beobachter?
Sie könnten ja einfach unten am Fuß der Treppe stehen bleiben, um das Kind aus der sicheren Distanz in Ruhe zu beobachten und gegebenenfalls hinaufzurufen, was es anders oder besser machen könnte. Ein Modell, das leider nur zu oft Anwendung findet.
Doch so zu handeln, könnte nur allzu leicht zum Entgleiten des »Erziehungsfadens« führen. Außerdem ahnen Sie ja sicher schon, dass sich Ihr Kind mit dem Allein-Vorangehen bald maßlos überfordert fühlt. Schließlich fehlt ihm dann ja auch permanent der dringend notwendige Körperkontakt mit Ihnen. Das wird also auch nicht funktionieren!

Vorläufer?
Wie gefällt uns schließlich der Gedanke, weiter vorauszulaufen? Vielleicht wenigstens bis zum nächsten Absatz der Treppe, um das Kind vielleicht durch

Winken in die richtige Position zu dirigieren? Nein, auch das gefällt uns plötzlich nicht mehr so gut. Schließlich wollen wir ja nicht, wie auf einem Flughafen, einen Job als »Winker« einnehmen. Diese armen Leute sehen zwar den Piloten, den sie leiten sollen, aus der Ferne ganz genau, aber sie blicken nie in dessen Augen. *Reden* können sie mit ihm schon gar nicht.

Man sollte es kaum glauben: Viele Eltern verstehen sich dennoch als »Winker«! Sie denken und laufen tatsächlich voraus und meinen, es genüge, sich hin und wieder umzudrehen. Das Kind komme dann schon irgendwie nach. Aber ob es in diesem distanzierten Szenario wirklich jemals so etwas wie Motivation verspürt? Ob es überhaupt mit den vorauseilenden Eltern Schritt zu halten vermag? Haben Sie schon einmal eine Bergwanderung gemacht und waren mit größerem Abstand der letzte Nachzügler? Können Sie sich noch entsinnen, wie unglaublich demotivierend das Gefühl ist? Es gibt nichts, was stärker auf das Gemüt drückt, als andere Menschen – in unserem Fall geliebte Bezugspersonen – weit *vor* sich zu sehen und mitzubekommen, wie der Abstand sich scheinbar vergrößert.

Die beiden letzteren Modelle entpuppen sich vor allem deshalb als nicht brauchbar, weil gar keine Nähe zum Kind entsteht.

»Aber was bleibt mir denn nun?«, denken Sie, nun schon ein wenig entmutigt, »während mein Kind sich auf seinen Weg nach oben begibt? Wo soll ich stehen? Passe *ich* da überhaupt hinein?«

Wegbegleiter

Die Auflösung unserer Freitreppen-Metapher ist erstaunlich einfach: Vor Ihrem geistigen Auge sollte nun ein Bild entstehen, wie Sie bequem und vor allem entspannt *neben* Ihrem Kind auf jeweils derselben Stufe stehen, um es just auf *dieser* zu begleiten. Kein Ziehen, Anstoßen, Halten, Nachlaufen oder Davonrennen. Einfach mitgehen. Das Kind hebt ein Bein, um die nächste Stufe zu erklimmen – Sie heben daraufhin auch Ihres. Sie »wagen« gemeinsam den nächsten Schritt zur nächsthöheren Stufe! Den Impuls hierzu gibt in der Hauptsache Ihr Kind. Nicht Sie! Ihr Kind zögert vielleicht? Zögern Sie ruhig mit. Dazu gehört allerdings auch ein wenig Mut. Beobachten Sie dabei Ihr Kind in aller Ruhe und vor allem ohne die so belastenden »Dauerängste«. Fragen Sie hie und da einmal interessiert, aber entspannt nach, »wie es denn gerade so läuft«.

Das tut nämlich auch ein Profi-Coach! Nichts anderes. Er geht mit und fragt gelegentlich nach. Er hilft auch bisweilen »auf die Sprünge«. Nach diesem Schema könnte nun also auch Ihr persönliches »Home-Coaching-Modell« funktionieren.

Mit dem Begriff »Home-Coaching« habe ich versucht, einen ersten sehr effizienten Ansatz zum entspannten Erziehen in moderne Worte zu kleiden. Werden Sie also immer öfter zum Coach Ihres Kindes, indem Sie es bei seinen eigenen Entscheidungen behutsam begleiten. Gehen Sie mit, wenn Ihr Kind erfolgreich ist, aber auch dann, wenn es gerade ein Problem verursacht hat, und helfen Sie ihm dabei, seine *eigene* Lösung zu finden.

Das lassen wir nun kurz so stehen, denn wir haben das Ende unseres kleinen Bild-Erlebnisses, aus dem Sie viel mitnehmen können, schon erreicht. Vielleicht verweilen Sie noch ein wenig in dem Bild und prägen es sich ein, denn diese friedvolle Szene passt ganz allgemein für eine rundum entspannte und gleichzeitig überaus effiziente Erziehungsmethodik,
Jetzt ist es so weit!
Jetzt dürfen Sie, wenn Sie möchten, die Augen schließen und versuchen, sich das eben Gelesene tatsächlich einprägsam bildhaft vorzustellen.

Alles auf Anfang!
Sind sie wieder offen, Ihre Augen?
Gut! Dann weiter im Text ...

Ich möchte Ihnen die nun wahrscheinlich auftauchende Frage nach dem Sinn dieses Experiments ersparen: Das Erzeugen eines einprägsamen Bildes vor Beginn einer Tätigkeit ist klassisches *mentales Training*. Vielfach erprobt, tausendfach bewährt, wird es derzeit in allen Leistungssportarten angewandt, beim Training von Topmanagern und sogar in der Medizin. Was spricht denn dagegen, dieselbe bewährte Methode auch beim »Elterntraining« anzuwenden? Gar nichts!
Sie werden erstaunt sein, wie effizient die bildhafte Vorstellungskraft beim Erhöhen Ihrer eigenen »Performance« helfen kann.

Kutsche des Lebens

Der Begriff »coachen« oder »Coaching« kommt ursprünglich aus dem Ungarischen. Er bedeutet dort tatsächlich »Wagen« oder »Kutsche«, genauso wie später im Englischen. Umgelegt auf unseren pädagogischen Begriff soll das bedeuten, dass es ein »Vehikel« gibt, das einen von einem Ort zum nächsten bringt, von einer Situation zur nächsten. Vielleicht zu einer besseren? Derjenige, der bloß *fährt*, ist der Coach. Steuern darf und soll der Insasse hingegen selbst. Zum Beispiel eben Ihr Kind.

Es ist viel leichter, ein Kind aus einer aufgetauchten Problemsituation selbst heraussteuern zu lassen, als es zu stoßen, zu halten oder gar an Armen und Beinen in eine gewünschte Richtung zu zerren.

Ich darf Ihnen mit dem Bild der »Lebens-Kutsche« vor Augen gleich zwei Handlungsvarianten vorstellen und gleich nachfragen, welche Ihnen wohl besser gefällt ...

Handlungsvariante eins: Ratschläge

Sie lassen Ihre »Kutsche des Lebens« beim nächsten auftauchenden Problem mit Ihrem Kind einfach stehen. Sie nehmen ihm seine Zügel aus der Hand und zerren Ihr Kind heraus. Dann versuchen Sie es aus dem Problembereich zu bugsieren und geben, als es endlich fest auf den Beinen steht, noch »gute« Ratschläge, wohin es sich wenden soll. Vielleicht wäre es ja hilfreich, das Kind jetzt auch noch mit fester Hand in die von Ihnen gewünschte Richtung zu schubsen?

Handlungsvariante zwei: Coaching

Sie fahren die Kutsche selbst. Das Kind aber hält mit Ihnen gemeinsam die Zügel. Es greift, wann immer es will, in die Lenkung ein. Sie verständigen sich dabei mit Ihrem Kind durch sanfte, vertrauensvolle Zurufe. Das Tolle dabei ist: Sie haben dabei kaum einen Kraftaufwand. Hin und wieder fragen Sie bei Ihrem Kind nach, ob es sich für links oder rechts entscheidet. Dann warten Sie entspannt auf die Antwort oder gleich auf die Richtung, die es einschlägt. Seine Entscheidung in stillen Momenten hin und wieder zu hinterfragen, ist dabei sicher kaum verkehrt. Das alles fühlt sich sicherlich schon jetzt annähernd stressfrei an, oder? Das ist es auch: Es bedeutet eine relaxte Atmosphäre. Obendrein eröffnet es Ihnen die Möglichkeit, auf dem Weg selbst von Ihrem Kind etwas zu lernen, wenn es seine Entscheidungen trifft. Der Weg wird zum Ziel, während das Kind voller Freude und immer öfter die Kutsche allein dirigiert.
Ist das nicht eine fantastische Perspektive?

Ratschläge oder Coaching? Welche Handlungsvariante werden Sie wählen?

»Hilfe zur Selbsthilfe«

Klassische Coaching-Elemente finden heutzutage in der professionellen Jugend- und Erwachsenenpädagogik in Beratungssituationen immer öfter Anwendung. Ein Coach wird dabei zum neutralen Gesprächs- und Interaktionspartner für das Kind oder den Erwachsenen. Die Prämisse hierbei ist: gezieltes

Hinführen und Hilfestellung zum Selbst-Erkennen und Selbst-Helfen. Das Gewicht liegt dabei auf der Stärkung persönlicher Fähigkeiten und dem Erfinden-Lassen neuer Möglichkeiten.
Hierbei gilt: Kein »guter« Ratschlag ist notwendig, keine fixen Vorgaben helfen hier weiter – der »Gecoachte« auch Coachee genannt – in Ihrem häuslichen Umfeld also Ihr Kind, soll auf eigene Lösungen kommen. Sie schaffen nur die Voraussetzungen dafür.
Anlässlich eines Management-Seminars in New York, an dem ich vor vielen Jahren teilgenommen habe, war auf einem riesigen Transparent folgender genialer Spruch gedruckt:

Ein Top-Manager motiviert seine Mitarbeiter nicht selbst.
Er schafft bloß das Umfeld für Selbstmotivation.
Warren Buffett

Dies ist in meinem pädagogischen Wirken zu einem maßgeblichen Leitsatz geworden!

Eine »neue Ära« daheim

Wenn Sie mit diesem Wissen in Ihre »neue Ära« des »Home-Coachings« hineingehen, sollte ab nun für Sie so ziemlich jedes Problem viel leichter zu lösen sein. Wie schlimm die Sache auch ist: Ihr Kind wartet sicher auf einen Impuls von Ihnen, um richtig handeln zu können. Also geben Sie ihm doch den erwarteten Input. Halten Sie sich dabei weitgehend an die nun folgenden Regeln und lassen Sie Ihr Kind anschließend seine »Kutsche« selbst aus dem Matsch heraussteuern.

⏭ Fall 11: »Arbeitsverweigerung«

Vor einigen Wochen

Die elfjährige Rebecca hat eine Lernschwäche in Deutsch. Aber seit Längerem will sie absolut nichts mehr lernen. Mama macht nun schon seit Wochen ihren Job als Mutter »perfekt« und hält sich brav an die Vorgaben des Klassenvorstands ihrer Tochter: »Lernen Sie täglich mit Ihrem Kind mindestens eine Stunde. Ihre Tochter muss Aufsätze und Rechtschreibung üben. Lassen Sie dabei nicht locker!« Doch mittlerweile ist die folgsame Mutter ziemlich verzweifelt: Rebecca bringt einfach nichts weiter. Trotz Mamis Hilfe. Sie verweigert das Durchlesen der Aufsätze, zögert vieles hinaus, wird mürrisch und scheint sich nichts merken zu können. Überdies gibt es immer öfter während der Lernstunden heftigen Streit. Schon wieder ist eine Lernzielkontrolle voll danebengegangen. Ermahnungen, Schimpfen, Bestrafung, alles ohne jeden Erfolg. Stress pur! Laune am Boden.

Vor zehn Tagen

Noch bevor eine »Gefährdung« seitens der Schule ansteht, versuchen wir gemeinsam, Rebecca zu coachen:

Schritt 1: Das »Setting«

Mit diesem englischen Fachbegriff sind sowohl das *richtige Umfeld* als auch der *richtige Moment* gemeint. Mutter nutzt einen sehr entspannten Augenblick: Nachdem sie mal wieder, weitab vom Lernen, viel Spaß gehabt haben, setzt sich die Mutter gemütlich zu Rebecca auf den Boden. Sie hat das richtige Setting gefunden. Die Kleine mag es, auf dem Boden zu hocken, viel lieber als an einem Tisch. Außerdem ist alles cool, weil gerade viel gelacht worden ist. Mutti befindet sich nun auch *auf Augenhöhe* mit ihrem Kind, und das gleich in mehrfacher Hinsicht. Sie hat jetzt schon mal das Umfeld für Selbstmotivation geschaffen.
Guter Anfang! Weiter so!

Schritt 2: Der »Eisbrecher«

Damit ist gemeint, dass man *vor* dem kommenden Gespräch, der Befragung, dem Kind noch ein wenig die Hemmung nimmt. Mami lobt: »Becci!« – so nennt sie ihre Kleine liebevoll – »Heute warst du total brav mit dem Wegräumen und auch mit deiner Aufgabe. Darum hab' ich auch mit dir das lustige Spiel gemacht! Was hat dir gefallen?« Ganz begeistert spult Rebecca noch einmal die Highlights des vergangenen Spiels runter.

Schritt 3: Die Befragung

Dieser Kernpunkt des Coachings ist nichts anderes, als dem Kind die Hand zu reichen, um seinen *Lösungsvorschlag* zu hören und diesen dann auch ernst zu nehmen. Die Mutter fragt also, nachdem sie erklärt hat, worum es geht. »Wie stellst *du* dir das mit dem Lernen für Deutsch vor? Wie würdest *du* das Problem lösen? Wie glaubst *du*, dass du dir viel merken kannst?«

Schritt 4: Das Aha-Erlebnis

In den meisten Fällen kommt nun ein Vorschlag, den man selbst kaum erwartet hätte. Fast immer getraut sich ein Kind ohne entspanntes Setting

und vor allem ohne klaren »Auftrag« dazu gar nicht, eigene Vorschläge zu unterbreiten. Nun aber, in dieser Atmosphäre der tollen Entspannung zwischen Mutter und Tochter, sprudelt es nur so heraus: »Ich möchte am liebsten *ganz alleine* lernen und dich nur fragen, wenn ich was nicht weiß. Ich kann einfach nicht lernen, wenn du dauernd neben mir sitzt. Da glaub' ich immer, dass du mir nichts zutraust.«
Für Mutter ein echtes »Aha- Erlebnis«!
Für *Sie* auch?

Schritt 5: Das Eingehen

Rebeccas Mutter ist bass erstaunt. Das hätte sie nicht erwartet. Noch kann sie ja nicht glauben, dass Rebecca das auch schaffen wird. Aber dennoch hält Sie sich an die Regeln: Was ihr bei der Befragung klargemacht worden ist, soll nun auch wirklich ernst genommen und respektiert werden. Rebeccas Mutter nimmt ihre Tochter ernst und geht vertrauensvoll auf den Deal ein.

Schritt 6: Das Durchhalten

Vielleicht der schwierigste Teil für praktizierende Eltern und Berufserziehende: den vertrauensvoll abgesegneten Deal auch einzuhalten und jetzt nicht wieder in alte Muster zurückzufallen. Rebeccas Mutter tut sich in den ersten Tagen unendlich schwer, nicht trotz aller Vereinbarungen sofort wieder ihre unerlässlichen Lernratschläge zu erteilen. Doch wir haben geklärt: »Auch Ratschläge sind Schläge.« So lautet jedenfalls eine wichtige Richtlinie des Coaching-Prinzips. Schweren Herzens macht sich Rebeccas Mutter klar, dass sie mit ihren geliebten Aussagen wie »Ich meine es ja nur gut mit dir« nun nicht mehr punkten kann! Sie weiß auch: Hilfe ist nur gefragt, wenn sie auch *gefragt* ist.
Klar so weit?

Das Gegenteil von Gut ist nicht Böse, sondern gut gemeint.
Kurt Tucholsky

Schritt 7: Das Einfordern
Vor sieben Tagen

Im Gegenzug dazu hat Rebeccas Mutter jetzt aber nicht nur das Recht, sondern auch die Pflicht, die von ihrem Kind gemachten Vorschläge nicht nur umzusetzen, sondern auch konsequent von ihrer Tochter einzufordern: Sie erinnert ihre Tochter daran, was sie selbst vorgeschlagen hat und dass es somit immerhin ihr *eigener* Wunsch war, ganz allein zu lernen. Fast immer geht Rebecca dann ohne Murren in ihr Zimmer und macht sich über einen neuen Text her.

Schritt 8: Der Erfolg
Vorgestern

Das Home-Coaching war offensichtlich erfolgreich! Rebecca lernt nun allein und hat dabei als zusätzliche, neue Idee ihren pinken MP3-Player als »Ansager« entdeckt. Ganz ohne Ratschlag! Toll! Damit macht ihr das Lernen von Sätzen mittlerweile richtig Spaß. Mit so einem kindlichen »Unfug« hat ja überhaupt niemand gerechnet. Schon gar nicht Rebeccas Mama …

Lösungsansatz
Heute

Rebecca ist jetzt gerade weit entfernt von einer »Lernschwäche«. Das Lernen an sich ist offensichtlich auch nie das eigentliche Problem gewesen, sondern vielmehr die kompromisslose Auslegung des Lernauftrags an die Mutter: »Sie müssen mit Ihrem Kind täglich …«
Was für ein entspannender Auftrag!

Hilfreich

Abschließend beschreibe ich in aller Kürze, was während eines Home-Coachings außerdem noch hilfreich wäre:

Seien Sie ungeniert *neugierig*. Stellen Sie während des Settings in Ruhe viele neugierige *Fragen*, die Ihr Kind jedoch *nicht* bloß mit »Ja« oder »Nein« beantworten kann. Fachleute nennen dies »offene Fragestellung«.
Verhalten Sie sich *wertschätzend*. Nehmen Sie die Antworten Ihres Kindes *ernst* und sehen Sie Ihr Kind als die Person an, die die *größte Lösungskompetenz* in dem anstehenden Problem hat.
Versuchen Sie, die *gleiche Sprache* zu sprechen wie Ihr Kind. Das heißt: Sprechen Sie nicht mit anderen Begriffen. Antworten Sie mit dem *gleichen Wortschatz* wie Ihr Kind.
Diskutieren Sie nicht, sondern *akzeptieren* Sie!

Hat Ihr Kind einen Vorschlag gemacht, also seine *eigene Lösung* gefunden, *wiederholen* Sie diese Lösung in einer kurzen Zusammenfassung. Auch dafür haben Fachleute ein kompliziertes, aber klangvolles Wort gefunden: »paraphrasieren«.

Zwischensumme

Sollten Sie zu Anfang gezweifelt haben, dass diese Sache wirklich funktioniert, dürfen Sie mir im Gegenzug nun einfach glauben: Wenn das Setting passt, kommt in nahezu allen Problemsituationen sicher ein eigener Lösungsvorschlag des Kindes oder des Jugendlichen zurück, sofern Sie die obigen Regeln beachten. Ein ernsthafter Vorschlag kommt vor allem dann, wenn Sie Ihrem Kind klarmachen, dass dieser ab nun auch wirklich *angehört* wird. Wenn Sie Ihrem Kind schon mehrere Male bewiesen haben, dass Sie nicht nur die richtigen Fragen stellen können, sondern auch die Vorschläge tatsächlich ernst nehmen, wird sich der Erfolg des Coachings immer öfter einstellen.
Einen Versuch ist es jedenfalls wert. Was meinen Sie?

! Sobald Ihr Kind Vertrauen gefasst hat, dass Sie sich mit Sicherheit an seine eigenen Vorschläge halten, wird die Anwendung des »Home-Coaching-Modells« immer öfter gelingen.

Kein Dauerzustand

Das bedeutet jedoch keinesfalls, dass Sie jetzt während des gesamten Tagesablaufs alles abfragen sollen: »Was magst du denn anziehen?« – »Wann magst du schlafen gehen?« – »Wann darf ich konsequent sein?« – »Willst du überhaupt noch hier wohnen?«
Scherz beiseite: Das hätte dann wohl nichts mehr mit Coaching zu tun.

Vielleicht probieren Sie den Ansatz gleich in der nächsten herausfordernden Situation aus. Fangen Sie aber erst mal »klein« an. Am besten, wenn es noch lange nicht nach schlimmer »Krise« aussieht, also *noch bevor* sich die Fronten verhärten. Aber es geht natürlich auch noch danach. Wie harmonisch Sie eine solche Situation ab nun bewältigen, hängt von einer Kombination aus Feingefühl, Offenheit, Vertrauen und persönlicher Neugierde ab.
Lesen Sie sich jetzt noch einmal alle acht Schritte durch und los!

Die Jugend soll ihre eigenen Wege gehen,
aber ein paar Wegweiser können nicht schaden.
Pearl S. Buck

Wundersame Denkweisen

Im letzten Kapitel des ersten Teils erfahren wir, dass kaum ein kindlicher Gedankengang für uns Erwachsene so schwer nachvollziehbar ist wie die hier beschriebene »Regel des falschen Ansatzes«. Obendrein müssen wir erkennen, dass aber ausgerechnet dieser wundersame kindliche Gedankengang ziemlich häufig Auslöser für das allseits gefürchtete »Schlimmsein« bei Kindern ist. Der kleine »Stinkefuß« Robert beweist uns das mit angemessener Lässigkeit.

Man muss sich durch die kleinen Gedanken, die einen ärgern, immer wieder hindurchfinden zu den großen Gedanken, die einen stärken.
Dietrich Bonhoeffer

Neuer Begriff

Nicht nur in diesem Kapitel, sondern gleich auch im ganzen nachfolgenden Buchabschnitt scheint sich vieles um ein einziges, typisch kindliches Gedankenmuster zu drehen, das ich ab nun mit dem klangvollen Namen »Regula Falsi« bezeichnen möchte. Schade, dass diese Wortschöpfung gar nicht von mir stammt, sondern eigentlich ein Fachbegriff ist, der in der höheren Mathematik Verwendung findet. Übersetzt bedeuten die beiden Worte so viel wie »Regel des falschen Ansatzes«.

Ich habe mir die Freiheit genommen, diesen prägnanten Ausdruck in einige meiner Erkenntnistheorien rund ums Erziehen mit aufzunehmen, nicht nur, weil er mir gut gefällt, sondern vor allem, weil er so trefflich zu dem wundersamen Phänomen der stets präsenten falschen kindlichen Denkansätze passt. Der Begriff »Regula Falsi« wird uns also ab jetzt eine ganze Weile begleiten und bleibt überdies nicht die letzte spezielle Wortschöpfung in diesem Buch ...

So, und jetzt wird es Zeit, dass ich Ihnen mit leicht verständlichen Worten erkläre, was ich damit ausdrücken will.
Dazu dürfen Sie sich in Erinnerung rufen, wann Sie sich vielleicht zuletzt darüber geärgert haben, dass Ihr Kind exakt das *Gegenteil* von dem getan hat, was Sie erwartet haben. Genau in solchen Situationen bietet sich anstatt Resigna-

tion oder Verzweiflung ab nun eine völlig neue, besondere Fragestellung an: »Mein süßer Fratz tut etwas ganz anderes, als ich verlangt habe? Was für eine wundersame eigene Regel hat sich mein Sonnenschein in seinem undurchschaubaren Köpfchen denn *nun* wieder zurechtgebastelt?«
Von dieser Art Fragestellung ausgehend, werden wir die Sache betrachten.

Die gute Nachricht

Kinder sind zumeist nicht per se einfach bloß »schlimm«. Es könnte sein, dass sie etwas gar nicht so richtig verstanden haben und den Bezugspersonen dann ihre eigene Interpretation des eigentlich von ihnen erwarteten Verhaltens vor Augen führen.
Das kann klarerweise überall passieren. Auch in der Schule ...

⏭ Fall 12: Anstrengungen

Elisabeth L., Klassenlehrerin einer zweiten Grundschulstufe, gibt den Kindern eine wichtige Anweisung: »Morgen, ihr Lieben, kommt hoher Besuch vom Schulamt in unsere Klasse. Da müsst ihr euch besonders anstrengen!« So weit, so gut!
Als jedoch anderntags der ehrenwerte Besuch endlich das Klassenzimmer verlässt, ist nicht nur *dieser*, sondern auch die Klassenlehrerin völlig durch den Wind: Die Kinder haben sich offenbar wirklich angestrengt. Aber vor allem beim Auf-sich-aufmerksam-Machen, beim Lustigsein und beim Herzeigenwollen ihrer wichtigsten Malereien und Spielsachen. Dabei wäre es um eine wichtige didaktische Befragung gegangen. Doch das hat irgendwie überhaupt nicht geklappt. Ruhig und abwartend an ihren Tischen gesessen haben die wenigsten Kinder. Genau das aber hat die nette Kollegin mit der Aufforderung »Da müsst ihr euch anstrengen!« gemeint. Die Kinder haben das auf ihre eigene Art interpretiert und sich somit für diesen Tag auch ihre ganz eigenen Verhaltensregeln zurechtgelegt. Unbewusst natürlich ...

Das war jetzt nur ein einfaches Beispiel, aber ich hoffe, vom Prinzip her jedem klar. Doch das wundersame Phänomen der kindlichen Regula Falsi geht natürlich noch tiefer ...

Ihr Liebling im Oppositions-Modus?

Ihr Wonneproppen macht gerade auf stur? Prinzesschen tut jetzt soeben genau das Gegenteil von dem, was Sie verlangt haben? Vielleicht haben Sie Ihrem Kind ja vorhin eine Anweisung gegeben, die es gar nicht richtig verstanden hat? Möglicherweise haben Sie die wachsende Verwirrung im Köpfchen Ihres Lieblings gar nicht bemerkt, erwarten aber möglichst flott die entsprechende, zufriedenstellende Reaktion. Aber nichts da! Ein ganz anderer Film scheint da abzulaufen. Und *schnell* geht heute schon mal gar nichts. Dabei wollte Junior überhaupt nicht unfolgsam sein. Von seinem Standpunkt aus wollte der Kleine wahrscheinlich absolut »richtig« handeln, um sich an die eben vernommene Regel zu halten. In seiner Verwirrung und Unsicherheit aber hat sich das Gehirn schnell seine eigene, falsche Regel zusammengebaut. Eine »Regula Falsi« eben.

! Die zutiefst handlungsorientierte Denkweise eines Kindes kreiert für alle Situationen, in denen es überfordert, verärgert, verletzt oder schlichtweg verwirrt ist, kurzerhand eine möglichst leicht nachvollziehbare Erklärung und handelt sodann strikt danach.

Nennen wir die Regula Falsi also einen »einfachen gedanklichen Ausweichplan«.

So wundersam und fremdartig dieses Phänomen auch anmuten mag, im Grunde ist es gar nicht so schwer zu erkennen ...

Am besten stelle ich Ihnen jetzt den zwölfjährigen Robert vor. Er ist Meister im Selbsterbasteln von passenden Verhaltensregeln.

Fall 13: »Stinkefuß«

Robert räkelt sich auf dem Sofa und hat dabei schon wieder die Füße auf dem Tisch liegen. Das mag Papa gar nicht. Weiß der Junge das? Natürlich. Nur zu genau! Aber man ist zurzeit wieder auf dem Ich-teste-meine-Grenzen-Trip. Mal sehen, wo der hinführt.

Vater liest eine großformatige Zeitung. Aus den Augenwinkeln heraus registriert er die Ungezogenheit seines Sprösslings. »Herunter mit den Füßen«, mahnt er mit tiefer Stimme, blickt dabei aber nicht wirklich von der Zeitung auf.

Schon klinken wir uns in die genial einfachen Gedankengänge des Buben ein: »Papi *kann* gar nicht mich gemeint haben: Der redet bloß mit der Zeitung. Also: Alles in Ordnung!« Es vergehen wertvolle Minuten, in denen der Vater nicht nachhakt. Robert fühlt sich somit voll bestätigt:

»Keine weitere Meldung wegen der Füße? Aha! Hab' ich also recht gehabt!«
So weit alles klar? Diese einfache Erklärung ist natürlich gerade super passend für den Pfiffikus.
Aber gleich kommt es noch dicker ...

Minuten später legt Paps die Zeitung weg und steuert die Küche an. Im Vorbeigehen ermahnt er seinen Sohnemann nun schon etwas schärfer: »Berti, ich hab's dir schon gesagt: Runter mit den Füßen oder es setzt was!«
Die letzte ziemlich unklare Ankündigung verhallt aber bereits in der Küche. Robert denkt: »Also, besonders wichtig kann ihm das mit meinen Füßen nicht sein, wenn er jetzt in der Küche rumhängt. Da kann er ja gar nicht nachsehen, was ich tu'! Außerdem passiert nach Papas ›Es-setzt-was‹-Sprüchen eh nie etwas!«

Ihnen ist sicherlich klar, dass die von mir »belauschten« Gedankengänge nicht allzu wörtlich gemeint sind und all das selbstverständlich nur im kindlichen Unterbewusstsein abläuft.

! Für ein Kind ist »unklar« gleichbedeutend mit »unwichtig«. Aus diesem Verständnis heraus bastelt sich ein kindliches Gemüt eine besonders leicht durchführbare »Regula Falsi« in vielen Varianten zurecht.

Wie sprechen Menschen mit Menschen? Aneinander vorbei.
Kurt Tucholsky

Immer noch daheim bei Robert ...
Der Junge ist offensichtlich vollkommen relaxt, weil er vielleicht etwas in der Art denkt: »... und außerdem hat Paps ›Berti‹ gesagt. Das ist meistens überhaupt kein Alarmzeichen. Alles in bester Ordnung!«
Schon wieder so eine passgenaue Regel ...
Es scheint aber, dass der unfolgsame Berti damit sogar voll ins Schwarze getroffen hat: Man sieht zwar Papa jetzt seinen Unmut schon deutlich an, als er mit einem Bierchen zurückkommt, sein nächster Vorstoß klingt jedoch noch immer reichlich verwaschen, wenn auch schon viel lauter: »Robert!« – Achtung! Kein *Berti* mehr! – »Muss ich dir das noch dreimal sagen?«

»Jep!«, denkt der kleine Naseweis, »Klar! Viermal noch, wenn's geht!« *Das* war aufgelegt, würde ich sagen ...

Es hört doch jeder nur, was er versteht.
Johann Wolfgang von Goethe

Robert ist stolz auf sich. Nicht zu Unrecht: Bis jetzt hat er das »Duell« erfolgreich ausgesessen. Seine Grenze scheint noch lange nicht erreicht. Er testet munter weiter, belässt seine Füße seelenruhig dort, wo sie sind. Als der Vater jetzt noch immer Roberts Füße auf dem Tisch lümmeln sieht, ist das erzieherische »Entspannungs-Game-over« schon eingetreten: »Jetzt reicht's mir aber!«, brüllt er und der Ausbruch fällt viel heftiger aus als gewollt. Jetzt sieht er jedoch seinem Sohn zum ersten Mal direkt in die Augen. Allerdings mit zornigem Blick: »Du verhältst dich unmöglich! Wenn du nicht sofort deine stinkenden Füße von Tisch nimmst, hast du drei Wochen Hausarrest!«
Das hat gewirkt! Erzieherische Maßnahme geglückt. Robert reagiert. Sichtbar nimmt er die Beine vom Tisch. »Unsichtbar« jedoch reagiert er mit einigen interessanten Erkenntnissen, die Sie bitte erneut nicht als Wort für Wort bewusst ablaufende Gedankengänge verstehen.

»Ups! Bin also *doch* ich gemeint!«
Ja, ja, bist du, oh listenreicher Knabe! Aber das war noch gar nicht der Punkt. Jetzt kommt eine der beliebtesten kindlichen Regula Falsi. Robert denkt abschließend in etwa so: »Ich muss also *erst* reagieren, wenn Vati echt wütend wird, weil vorher eh nix passiert!«
Als Draufgabe bastelt er im praktischen Kombipack für das nächste Mal gleich noch eine weitere einfache Verhaltensregel zurecht: »Übrigens kann ich ja dann noch ein wenig länger warten. Weil die drei Wochen Hausarrest zieht er deswegen sowieso nicht durch!«

Für pädagogisch Fortgeschrittene darf ich noch hinzufügen, dass die Folgen dieses Disputs natürlich noch ein wenig weiter reichen:
Ohne dass der Bub etwas dagegen tun kann, prägt sich ihm nämlich eine weitere Regula Falsi ein: »Papa hat mit dem Anschreien gewonnen. Man muss also im Leben die Leute bloß laut genug anschreien, dann folgen sie. Warte nur, wenn Tina nach Hause kommt!« Die sechsjährige Tina ist Roberts Schwester, die der Junge in letzter Zeit mit Vorliebe anschnauzt.

Am Ende des Tages bleibt die Frage: Was wird Roberts Vater wohl *beim nächsten Mal* unternehmen, wenn Stinkefuß mal wieder den Tisch besucht? Worauf wird er es zurückführen, wenn sein Söhnchen bei nächster Gelegenheit Schwesterchen Tina augenscheinlich grundlos anschreit? Vielleicht denkt er: »Von *wem* hat der Lausebengel das nur ...?«

In unserem Fallbeispiel haben wir also eine erste Auswahl von Regula-Falsi-Varianten kennengelernt. Sie alle verdeutlichen klar, dass es sich das kindliche Gemüt bei seinen Schlussfolgerungen stets so leicht wie möglich macht.

Geheimtipp: Im nächsten Buchteil werden wir, sozusagen als Durchhalte-Bonus, das vorige Fallbeispiel nochmals auf versteckte Erziehungsfallen durchsuchen. Ich darf vorwegnehmen, dass geradezu ein Fallen-Feuerwerk in Roberts Geschichte verborgen ist.

Tja, das Leben als Papa ist hart, aber herzlich ...

Zwischensumme

Auf Verwirrung, Widersprüche, unklare Anweisungen sowie unangenehme Gemütszustände antwortet ein Kind nicht gleich mit Abwehr oder einer Frage, so wie es vielleicht ein Erwachsener tun würde. Es wendet viel leichtere Mittel an, indem es die interpretierbaren Teile des Gehörten in irgendeine »selbst gebastelte«, einfache Überzeugung umwandelt. Leider enthält diese Überzeugung nicht gerade das Verhaltensmuster, welches Sie als liebender Elternteil vielleicht erwartet haben.

! Die Regula Falsi verschafft Kindern eine stark vereinfachte Klarheit, wo der Erwachsene nicht imstande war, sie ihnen zu geben.

Zu größerer Klarheit über seine Gedanken gelangt man,
indem man sie anderen klarzumachen sucht.
Joseph Unger

Im Büro

In der Kapitelüberschrift habe ich zwar den Ausdruck *wundersam* für die besondere kindliche Denkweise gewählt, um die es hier geht. Jedoch Hand aufs Herz: Geht es uns selbst nicht oft ganz genauso?

Um das zu hinterfragen, machen wir einen kurzen, aber mutigen Ausflug in die Erwachsenenwelt:
Wie reagieren *Sie* denn, wenn Ihr Chef Sie endlos nervt, dabei aber nichts Klares herauskommt, er also beispielsweise konfuse Anordnungen erteilt? Sie denken sich Ihren Teil und basteln sich daraus Ihre *eigene* Meinung. Vielleicht stimmen Sie ihm sogar mehr oder weniger freundlich zu und handeln dann doch nach eigenem Ermessen. Bei uns Erwachsenen übernimmt ab diesem Zeitpunkt übrigens das sogenannte *rationale Denkvermögen* das Kommando. Eine Denkart, der präpubertäre Kinder noch gar nicht ausgereift fähig sind.

Mit Ihrer rationellen Denkweise in der gerade geschilderten Bürosituation sind obendrein zwei wichtige zusätzliche Dinge verknüpft:
Erstens: Ihre Lebenserfahrung!
Nachdem Sie gerade ziemlich sinnlose und vielleicht sogar widersprüchliche Anordnungen von Ihrem Chef erhalten haben und er endlich abgezogen ist, greifen Sie nun auf Ihren Erfahrungsschatz zurück. Das heißt, Sie handeln nach bestem Wissen so, als wären die Anordnungen ohnehin klar und deutlich gewesen. So, wie es vielleicht in einem ähnlichen früheren Fall schon einmal gewesen ist.

Zweitens: Ihre empathischen Fähigkeiten!
Sie legen Ihre Handlungen so an, wie es Ihr Chef Ihrem Empfinden nach gerade am liebsten haben möchte. Sie bringen also *Ihr* Verständnis für die Emotionen und das mögliche Wohlbefinden eines Mitmenschen mit ein. Die Fachleute nennen das Empathie.
So erhalten Sie eine Lösung, die im Idealfall sachlich zielführend und funktionell sein kann und wahrscheinlich schlichtweg Ihrem Chef gefällt.

Nachvollziehbar?
Da wir jetzt unser eigenes Denken ein wenig analysiert haben, können wir viel leichter sowohl die Unterschiede als auch die Parallelen zur kindlichen Gedankenwelt nachvollziehen.

Kinder möchten ebenfalls ihre geliebte Bezugsperson unbedingt zufriedenstellen und versuchen das auch meistens mit aller gebotenen Kraft. Der Unterschied: Keine »Ratio« kann aktiv werden, kein Erfahrungsschatz, aus dem heraus Kinder abwägen können, ob ihr Handeln wirklich richtig ist.
Kinder suchen sich Lösungswege, die sie leicht gehen können.

Schon wieder daheim bei Robert ...
Roberts Vater hat sich übrigens diesmal auch seine eigene kleine Regula Falsi für seine »erfolgreiche« Intervention zurechtgelegt: »Na also. Geht doch! Ich muss nur *immer* hart durchgreifen. Wenn ich laut genug werde, kapiert er es. Nur dann hört er mir überhaupt zu! Also werde ich in Zukunft am besten *sofort* recht laut.«

In keiner Sprache kann man sich so schwer verständigen wie in der Sprache.
Karl Kraus

Dass der Erfolg vielleicht allein schon dem *direkten Blickkontakt* mit seinem Sohn geschuldet sein könnte, kommt dem lieben Vater gar nicht in den Sinn. Dafür aber glaubt er, dass sein starker Auftritt diesmal endlich einen nachhaltigen Lerneffekt ausgelöst hat.
Ob Sie sich da mal nicht irren, lieber Papa?
Durchwachsene Zukunftsaussichten für eine häusliche Entspannung ...

Die gute Nachricht
Jetzt, wo wir das alles wissen, ist es wohl auch viel leichter, darauf zu achten. Außerdem sind wir noch nicht fertig miteinander.
Schon im nächsten Teil werden Sie sich wahrscheinlich nicht nur öfter selbst wiedererkennen, sondern auch viele ganz einfache Wege zur eigenen häuslichen Entspannung entdecken. Ich unterstütze Sie natürlich bei Ihrer Entdeckungsreise, speziell mit zahlreichen prägnanten und hoch wirksamen Praxis-Tipps, exklusiv erdacht für »Das Neue Entspannt erziehen«.

Sobald man in einer Sache Meister geworden ist,
soll man in einer anderen Schüler werden.
Gerhart Hauptmann

TEIL 2

ACHTUNG, ERZIEHUNGSFALLE!

Der gesamte nächste Abschnitt ist jenen manchmal ziemlich gut versteckten pädagogischen Hoppalas gewidmet, die uns im Alltag trotz liebevoller Hingabe immer wieder passieren können. Gerade solche Persönlichkeiten, die sich besonders hingebungsvoll, manchmal bis zur Perfektion um ihren Nachwuchs bemühen, neigen meiner Erfahrung nach ein wenig dazu, zuweilen die wirklich engen »erzieherischen Sackgassen« zu befahren …
Sie wissen ja bereits, warum: Perfekt sein und gleichzeitig entspannt erziehen zu wollen, ist eben irgendwie nicht kompatibel.

Bevor wir aber starten, noch eine »Spaßwarnung«:
Es kann wahrlich amüsant sein, sich ausgerechnet im Scheitern anderer selbst wiederzuerkennen. Natürlich ist es nur dann lustig, wenn man sich vertrauensvoll darauf einlässt …
Zur Belohnung warten zahlreiche authentische Fallbeispiele auf Sie.
Seien Sie auf alles gefasst. Wir gehen auf Fallenjagd!

Nicht weil es schwer ist, wagen wir es nicht,
sondern weil wir es nicht wagen, ist es schwer.
Lucius Annaeus Seneca

Aus Fehlern lernen

Bevor wir uns dem Thema Erziehungsfallen überhaupt lustvoll widmen können, darf ich das ganze Paket erst mal ein wenig entschärfen: Keine Mutter, kein Vater, kein »diensthabender« Verwandter, Betreuer oder Lehrer muss ab jetzt ständig Sorge haben, den Überblick zu verlieren, sobald eine jener sieben Erziehungsfallen zugeschnappt ist, die ich hier – allerdings mit ein wenig Augenzwinkern – beschreiben werde. So heimtückisch und »folgenschwer« manche dieser Fallen auch sein mögen, tappen Sie ruhig hin und wieder ganz gemütlich in eine solche hinein. Sonst haben Sie ja keine Gelegenheit, sich selbst aus einer eben geöffneten Falle wieder herauszuhelfen. Genau wie die Kinder, die aus ihren Fehlern nur lernen können, sollten auch wir aus gelegentlichem Scheitern unseren Nutzen zur Weiterentwicklung ziehen und nicht daran verzweifeln. Außerdem machen wir mit unserer kleinen »Forschungsreise« in den kommenden Kapiteln ja schon einen Riesenschritt in die richtige Richtung: Wir entlocken den sieben »beliebtesten« Erziehungsfallen gnadenlos ihre kleinen Geheimnisse. Auch wenn sich diese noch so gut verstecken.

Wer Großes versucht, ist bewundernswert, auch wenn er fällt.
Lucius Annaeus Seneca

Gut gemeinte Erziehungsratgeber, die mehr oder weniger behutsam auf allerlei Fehler hinweisen, füllen bislang nicht nur Regale, sondern wahrscheinlich ganze Bibliotheken. Vor vielen Jahren ist mir sogar einmal eine Art »Eltern-Lexikon« in die Hände gefallen. In diesem Werk gibt es ausführliche Beschreibungen von mehr als 120 Fehlern, die man in der täglichen Erziehungsarbeit so machen kann. Kein guter Plan, habe ich damals schon gedacht, so etwas bis zum Ende durchzuschmökern: Wer sich als Elternteil unvorbereitet da hineinwagt, kommt wohl nie mehr »heil« heraus und lebt fortan vielleicht ewig in einer Fehlerpanik!

Mut zum Scheitern

In meiner täglichen Beratungspraxis begegnen mir tatsächlich Menschen, die derlei Ängste permanent mit sich tragen: Meist schon zu Beginn des Gesprächs raufen sich zahllose Eltern die Haare, hadern hör- und sichtbar mit ihrem harten Schicksal: »*Was habe ich bei meinem Kind bloß alles falsch gemacht?*«

Doch auch Prof. Dr. Friedrich Buchberger schreibt ja im Vorwort zu diesem Buch, dass es in seinen Augen bei Erziehungsfragen gar kein *Richtig* oder *Falsch* gäbe. So sehe ich das auch. Obendrein gibt es wesentlich positivere Sichtweisen, wie zum Beispiel, dass ein wenig Mut zum Scheitern mit Sicherheit wesentlich mehr Stärke hervorbringt als die ständige Angst davor. Durchaus entspannend dieser Blickwinkel, finden Sie nicht?
Achten Sie daher bitte auch in diesem Abschnitt einfühlsam auf die vielen positiven Perspektiven ...

Den größten Fehler, den man im Leben machen kann, ist,
immer Angst zu haben, einen Fehler zu machen.
Dietrich Bonhoeffer

Vereinfachung

Jetzt möchte ich mich zunächst der Herausforderung zuwenden, das ganze Themenpaket zu vereinfachen, was ohnehin ganz in Ihrem Sinne sein dürfte. Deshalb beschreibe ich im folgenden Teil anstelle von über hundert bloß *sieben* Erziehungsfallen. Nicht mehr! Versprochen! Diese Sparsamkeit lege ich aber nicht deswegen an den Tag, weil ich so arbeitsscheu bin.

Ganz im Gegenteil: Vor fast drei Jahrzehnten, schon bald nach meinem Einstieg in die pädagogische Arbeit mit »schwierigen« Kindern, ist es zu einem meiner Hauptziele geworden, alles viel entspannter zu sehen und zur Pflege dieser Sichtweise manch erzieherischen Ansatz zu vereinfachen. Weil ich dieses Ziel noch immer konsequent verfolge, sind nach einiger Kleinarbeit und vielen Jahren genauer Beobachtung in der Praxis von den zahlreichen möglichen und unmöglichen Erziehungsfallen lediglich sieben übrig geblieben. Die überwiegende Anzahl erzieherischer Spannungssituationen lässt sich, meiner Wahrnehmung nach, nämlich auf diese wenigen »Ur-Erziehungsfallen« zurückführen. Wenn Sie also möchten, dass es daheim bald rundum »geschmeidiger« läuft, machen Sie sich in aller Ruhe mit ihnen vertraut.

Damit die Sache noch simpler wird, gibt es für jeden der sieben Stolpersteine der Erziehung auch noch eine passende Abkürzung, immer nach gleichem Schema. Ich denke, das man sich solche viel leichter merken kann als lange Begrifflichkeiten. Diese Akronyme helfen Ihnen dabei, jede einzelne Falle rasch und mühelos wiederzuerkennen, sobald Sie Ihnen daheim begegnet:

1. Die Na-gut-Falle (NAGUFA)
2. Die Eskalations-Falle (ESKAFA)
3. Die Fies-Falle (FIFA)
4. Die Totale-Überforderungs-Falle (TÜFA)
5. Die Egal-Falle (EGAFA)
6. Die Unwahrheits-Falle (UWAFA)
7. Die Uneinigkeits-Falle (UEFA)

So! Zumindest die Sache mit den neuen Wortschöpfungen haben wir fürs Erste mal hurtig erledigt.

Den Rest bekommen wir sicher auch noch hin, wenngleich nicht ganz so flott. Schließlich soll ja auch Zeit bleiben, um über sich selbst zu schmunzeln ...

Aller Humor fängt damit an,
dass man die eigene Person nicht mehr so ernst nimmt.
Hermann Hesse

Die Na-gut-Falle (NAGUFA)

Vielen wird vielleicht allein schon die Erwähnung des Ausdrucks »na gut« genügen, um zu begreifen, was ich mit diesem Kapitel vermitteln will. Man ist ja schließlich selbstkritisch genug, sich solcher »Kleinigkeiten« bewusst zu sein. Trotzdem wird Ihnen der folgende kleine Ausflug in die Tiefen der tückischen Nachgiebigkeit wahrscheinlich einen glänzend geputzten Spiegel vor die Nase halten. Dieses Bild haben wir schon aus einem früheren Kapitel im Kopf. Doris, die Chips-Tigerin, hält ihrer Mama jedenfalls gleich ein ganzes Spiegelkabinett vor ...

Lieblingsfalle?

Die »Na-gut-Falle« ist sicher die häufigste und damit wohl beliebteste der sieben Ur-Erziehungsfallen. Obendrein ist sie in ihrer pädagogischen Wirkung nicht gerade leicht zu durchschauen. Sie versteckt sich leider meist viel zu gut vor unserem erzieherischen Auge. Somit bewirkt sie Dinge, die Eltern und sogar Pädagogen ziemlich schnell aus der Fassung bringen können. Sie verleitet Kinder dazu, ihre Bezugspersonen einfach nicht mehr ernst zu nehmen und womöglich sogar bald völlig außer Kontrolle zu geraten. Sie trägt Schuld daran, dass vor allem kleinere Kids bald auch nach einem klaren »Nein!« noch gnadenlos weiter betteln. Manch einem Junior verschafft sie gleichermaßen rasch wie nachhaltig das Image, »schlimm« zu sein. Dabei kann all das wahrlich hausgemacht sein. Die NAGUFA hält eben ihre Falltüre für uns weit aufgeklappt, damit wir trotz offener Augen blindlings hineinstolpern können. Fies, nicht wahr? Doch die echte »Fies-Falle« bekommt sowieso noch ihren separaten Auftritt.

Ab jetzt brauchen wir übrigens unser neues Verständnis für das kindliche Regula-Falsi-Denkmuster ...

⏭ Fall 14: »Chips-Tigerin«

»Doris, du machst jetzt *kein* Sackerl Chips mehr auf!«

»Aber Mama, das sind doch die besonders leckeren ...«

»Doris!«, unterbricht die Mutter ihre elfjährige Tochter, schon jetzt leicht genervt klingend, »was hab' ich dir grade gesagt? Muss ich es dir noch einmal sagen?«

Eine gute Gelegenheit für uns, zu belauschen, was Doris in diesem Moment insgeheim denkt: »Jep! Mach das! So wie *immer* eigentlich! Hihi!«

Laut sagt die pfiffige Prinzessin jedoch bloß: »Aber geeeh! Der Daniel will ja *auch* was davon. Gerade hat er danach gefragt.«

Dass Daniel, der achtjährige Bruder, sich derzeit gar nicht auf diesem Planeten befindet, ist für Doris nicht von Bedeutung. Der ahnungslose Bub fightet sich gerade durch den dritten Level von Ego-Shooter »Erschieß das Universum«. Dabei zerquetscht er vor lauter ungesunder Anspannung fast den Joystick. Jedenfalls hat Daniel zurzeit wahrlich anderes in seinem Köpfchen, als an Chips zu denken. Aber das kann Mom ja im Augenblick nicht nachprüfen. Vor allem *wird* sie es sowieso nicht tun, so viel steht für Doris fest. Alles schon mal da gewesen ...

Die Mutter denkt natürlich erwachsen-rational: »*Ein* Sackerl hat sie heute morgen schon aufgemacht. So viele Chips sind schlecht für die Kleine ... außerdem koche ich gerade. Nachher isst sie wieder nichts!«

Somit kann es für die Mutter keine andere Lösung geben, als »hart« zu bleiben: »Doris! Ich habe Nein gesagt!«

Doch das Töchterchen zeigt sich kampfeslustig: »Aber Mama, ich *koste* sie ja nur ...«

»Ja, ja, das kenn' ich!«, steigt die Mutter in eine Diskussion ein und ist damit schon mittendrin in einer klassischen Na-gut-Situation, »deshalb sag' ich ja Nein, und diesmal bleibt es dabei!«

Doris hört mit ihren »klugen Ohren« genau hin und vernimmt bei diesen Sätzen bereits Mutters wundervolle Unsicherheit, die da mitschwingt. Schon spürt das Mädchen mit ihren feinen Antennen, dass es auf die Siegerstraße einbiegt, und legt gleich kindlich-genial los. Doris wird diesen Zweikampf gewinnen.

Zweikampf, erster Teil

Wir können uns erinnern, wie Kinder reagieren? Richtig: handlungsorientiert. Doris handelt also. Genau genommen setzt sie auf Taktik:

Taktik 1 – Schlechtes Gewissen machen:
Die kleine Zweikämpferin murrt: »Immer darf ich nichts machen, was ich gern mag! Der Daniel darf *alles*, was er will ...«

Taktik 2 – Beleidigte »Leberwurst«:
Gleich darauf trottet das arme Mädchen mit gesenktem Kopf und sehr, sehr langsam wie unter einer unsäglichen Last ins andere Zimmer. Dort handelt es nochmals ...

Taktik 3 – Vollendete Tatsachen:
Schwupp! Das begehrte Riesen-Sackerl Chips ist mit einem gekonnten Ruck geöffnet.
So gewappnet geht Doris zum »Frontalangriff« über ...

Taktik 4 – Gegenangriff:
Die gewiefte Strategin schlurft, ihren treuesten Dackelblick aufsetzend, wie zufällig mit der offenen Packung in der Hand wieder in Mamis Blickwinkel und eröffnet damit den nächsten direkten Schlagabtausch ...

Zweikampf, zweiter Teil

Die Mutter schaut überrascht auf und »schießt« los: »Doris! Du bist unmöglich! Ich hab' dir doch klar und deutlich gesagt, dass es heute *keine* Chips mehr gibt!«

Doris, noch immer im Taktik-Modus, schweigt.
»Her mit dem Sackerl!«, keift die Mutter, schon hart auf die Verliererstraße eingebogen, und versucht einen flinken Zugriff. Aber Doris hat damit gerechnet und ist schneller. Zumindest diesbezüglich hat Mom nicht den Hauch einer Chance.
»Nein!«, kontert die Kleine sofort, »was willst du denn damit? Das ist ja jetzt schon offen, so kannst du es eh nicht mehr wegräumen.«
»Doris, wann hörst du mal auf mich?«, wird die Mutter schon sehr wütend.
Jetzt denkt das Mädchen wahrscheinlich etwas in der Art: »Später! Wenn ich die Chips durchhab'.« Laut flötet Doris allerdings: »Ich hab' dich eh gehört! Außerdem hör' ich *immer* auf dich, im Unterschied zu anderen Leuten hier!« Strafend schweift ihr Blick in Richtung Spielzimmer, wo der soeben mit dem übelsten Rufmord bedachte Daniel gerade sein zwölftes Raumschiff gegen die hinterhältigen Klingelonen verloren hat und sonst die Unschuld in Person ist. *Dieses* Mal!

Erneut zur Mutter gewandt, verzieht sich Doris' Gesicht langsam in die Ich-bin-den-Tränen-nahe-Stellung: »Aber das sind doch meine Lieblingschips!« Etwas mehr geniale Zweikampftaktik: »... und ich lass' dich auch kosten!«
Ach, wie huldvoll Kinder doch sein können ...

»Doris, du machst mich wahnsinnig, ich red' nur gegen die Wand!«
Doris schweigt dazu und bastelt an einer Träne, die nicht hervorkommen will.

Ihre Gedanken aber hüpfen schon siegessicher: »Hast recht! Ich mag das, wenn du gegen die Wand redest, dann weiß ich immer, dass du nicht *mich* meinst!«

Doch Mami sieht das anders: »Doris, ich sag's dir jetzt ein *letztes* Mal ...!«
»Ha! Sackgasse!«, denkt Doris, »was ist denn *nach* deinem ›letzten Mal‹?«
Offenbar nichts, denn jetzt hat die gute Mama irgendwie keinen Plan mehr.

Doris' Mutter hat den Zweikampf klar nach Punkten verloren, weil ihr einfach nichts mehr einfällt. In einem letzten Denkprozess, fieberhaft auf der Suche nach einer »salomonischen Lösung«, die ihr hilft, das Gesicht nicht zu verlieren, hat sie dann *doch* noch etwas zu sagen: »Na gut! Aber nur das *halbe* Sackerl!«
Glückwunsch! Herzlich willkommen im Inneren einer NAGUFA.
Sie denken, das wäre es jetzt gewesen? Weit gefehlt ...

Ganz im Siegesrausch setzt die pfiffige Chips-Tigerin noch eins drauf, indem sie missmutig das Gesicht verzieht und losraunzt: »Na geh! Die schmecken so gut! Du weißt, dass ich dann nicht aufhören kann.« Es klingt, als hätte Mami mit ihrer salomonischen Entscheidung einen *mächtigen* Sieg davongetragen. Doris lässt zur endgültigen Festigung aber noch einen Gnadenakt ablaufen: »Also gut!«, schnieft sie gekonnt, »nur ein halbes Sackerl ...! Siehst du? Ich hör' *immer* auf dich!«
Ist das nicht herzzerreißend? ... und irgendwie genial?

Gut, dass die nun leidlich zufriedengestellte Mutter ihre liebe, kleine Doris nur mehr von hinten betrachten kann, als diese langsam davonzieht. Kaum ist das Mädchen aus der Küche getrottet, passiert etwas mit Doris' Gesicht. Es verändert seinen Ausdruck: Aus den leicht gequälten Zügen einer Besiegten schält sich rasch ein breites, beinahe triumphierendes Grinsen heraus, das noch lange anhält. Sogar noch, als sie oben in ihrem Zimmer die schon hergerichtete riesige Schüssel mit einem schwungvollen Ruck wieder auffüllt. Randvoll! Natürlich mit dem *ganzen* Inhalt der soeben geöffneten Packung. »Ach, Mami ist ja sooo süß! Und bis wir essen, hat sie's schon wieder vergessen. Toll! Das reimt sich ja ...!«

Wer kämpft, kann verlieren. Wer nicht kämpft, hat schon verloren!
Bertolt Brecht

Für uns bleibt nun klarerweise die Frage: Wann hat Doris' Mutter eigentlich begonnen, den Deckel ihrer heutigen NAGUFA zu öffnen? Möchten Sie es herausfinden? Eine gute Gelegenheit für eine stille Nachdenkpause ...
Der nächste Fall kann bei der Lösung dieser Aufgabe jedenfalls sehr nützlich sein.

⏭ Fall 15: »Faulpelz«

Vor drei Wochen

In letzter Zeit bleibt nahezu täglich eine Zahnbürste nebst zugehöriger Pastatube auf dem Wohnzimmertisch liegen, sobald sich der 13-jährige Stefan auf den Schulweg macht. Er hat die Angewohnheit, zähneputzend beim Morgenfernsehen zu sitzen. Nach hastiger Beendigung dieser ausgedehnten Zeremonie bleibt dann eben alles dort, wo es nicht hingehört. Genau dieses Verhalten macht aber Manfred L., seinen Vater, einigermaßen »unrund«, was zuletzt oft zu Spannungen geführt hat. Jedoch hat der arme Mann eigentlich schon resigniert, während ihn gleichzeitig seine eigene erzieherische Schwäche sehr belastet.

In die Tiefe gehen ...

Diesmal erlaube ich mir zuerst eine genaue Analyse der Umstände. Danach stelle ich Ihnen einige mögliche Denk- und Lösungsansätze vor, weil Sie ja jetzt schon Fortgeschrittene in Sachen NAGUFA sind. Wahrscheinlich werden gerade die Lösungsansätze zu diesem und vielen folgenden Fällen Sie besonders interessieren.

Die erste Frage, die wir uns hier stellen dürfen, lautet: Wie ist das ungeliebte Verhaltensmuster überhaupt zustande gekommen?
Etwa so ...

Tagelang

Es wird jeden Tag knapper vor dem Zur-Schule-Gehen. Der Bub wird immer später fertig mit dem Zähneputzen. Stefans Vater denkt rational: »Schon wieder kommt er zu spät. Da wird er wieder Schwierigkeiten mit dem Klassenvorstand bekommen.« Laut sagt er jedoch: »Stefan, werd' jetzt endlich fertig! Diesmal bringst du aber dein Zahnputzzeug hinauf ins Bad, wo es hingehört. Aber flott!«
Der offenbar schon sehr erfahrene Eltern-Erzieher Stefan denkt handlungsorientiert: »Wirst schon sehen, wie ›flott‹! Gleich müssen wir fahren! Was willst

du dann machen?« Natürlich setzt der kluge Kopf auf Verzögerungstaktik, welche ihm auch all die vergangenen Tage schon perfekt gelungen ist. Mit diesem bewährten Vorgehen erreicht er im praktischen Kombipack gleich dreierlei:

Erstens: Stefan führt seinem Vater vor Augen, dass er bei solchen Kleinigkeiten nicht zu reagieren beabsichtigt. Das bringt dem Pfiffikus für spätere Auseinandersetzungen *jetzt* schon Bonuspunkte ein.

Zweitens: Den lästigen täglichen Weg hinauf ins Bad kann Stefan als erledigt betrachten.

Drittens: Der Bub hat, was für Kids unerlässlich ist, wieder einmal eine besonders geniale Möglichkeit gefunden, seine Grenzen auszutesten: »Wie viel Zeit kann ich mir noch lassen, bis Vati wirklich ernst macht?« Er lässt es jetzt also voll darauf ankommen.
»Stefan!«, mahnt der Vater nun schon extrem genervt, »wenn du nicht gleich fertig bist, setzt's was!«
»Ja, ja!«, kommt es gedehnt zurück und man gönnt sich noch einen kurzen Blick auf die lustigen Szenen des morgendlichen Kinderprogramms. Zehn Minuten vor acht reißt Paps endlich der Geduldsfaden: Kurzerhand schaltet er das Fernsehgerät ab und wird nun einigermaßen laut: »Los jetzt! Sonst gibt's wieder Ärger in der Schule! Da ist deine Tasche. Keine Zeit mehr!«
Ohne weiteren Widerstand greift Stefan daraufhin nach seiner Schultasche, trottet wenig später dem hektisch aufbrechenden Vater hinterdrein. Die Schule ist sowieso ein notwendiges »Übel«, mit dem sich der Bub schon abgefunden hat. Seinen kleinen Sieg kann er jedoch insgeheim feiern, denn *der* ist hundertprozentig. Was gäbe es da wohl noch zu meckern?

Erst wenn du aufgegeben hast, bist du besiegt.
Königin Juliana

In der Wohnung bleibt nun manch ein Teil einsam zurück: das schweigende Fernsehgerät, Stefans Jause, die er natürlich in der Hektik wieder liegen gelassen hat, und ... natürlich das Zahnputzzeug auf dem Wohnzimmertisch.
Eine bildschöne NAGUFA, in welche Stefans Vater getappt ist, obwohl er nicht ein einziges Mal wörtlich »na gut« gesagt, sondern augenscheinlich bloß die Situation akzeptiert hat.

NAGUFA und die Regula Falsi

Bei dieser wie auch bei den folgenden Erziehungsfallen werden wir konsequent jene fehlerhaften kindlichen Denkansätze beleuchten, deren Hintergründe wir nun schon kennen.

In Stefans Denkmustern könnten diese Ansätze vielleicht so aussehen: »Meinem Papa ist es offenbar sowieso egal, ob ich das Zeugs tatsächlich zurückbringe, weil er am Ende ohnehin gar nichts mehr dazu sagt. Das heißt also: Alles okay!«

Das erstaunlich häufig auftretende Verhaltensmuster, etwas zwar zu fordern, es dann aber nicht durchzuziehen oder es nicht mehr durchziehen zu *können*, »hört« sich für kindliche Ohren an, als würde man in etwa dies sagen: »Dein Verhalten ist in Ordnung so! Es ist mir nämlich in Wahrheit nicht ganz so wichtig, wie es klingt ...«

Doch Stefan hat sich noch weitere Denkansätze zurechtgelegt:

»Den Aufwand mit dem Zurückbringen der Sachen kann ich mir für immer sparen. So krieg' ich mehr vom Fernsehprogramm mit!«

»Wenn man lange durchhält, gewinnt man immer!« und so weiter ...

Ein letzter Gedanke schießt aber noch durch Stefans Kopf: »Cool! Immer wenn ich von der Schule nach Hause komme und Mutter mich umarmt, liegt da nichts mehr rum! Mein Verhalten ist goldrichtig ...«

Lösungsansätze

Mein erster Lösungsvorschlag bringt Stefans Vater rasch zu der Einsicht, dass er zunächst einmal für sich selbst feststellen sollte, wie *wichtig* ihm persönlich die Kleinigkeit mit dem Zurückbringen eigentlich ist. Nichts versetzt einen Elternteil in größeren Gewissenskonflikt als ein wichtiges persönliches Anliegen, das im nächsten Moment sang- und klanglos untergeht. Dass so ein Zustand natürlich *immer* hausgemacht ist, brauche ich auch Stefans Vater kaum näher zu erläutern.

Aber einen Lösungsansatz habe ich für ihn schon und der heißt kurz gesagt: Starkes Anliegen? Stark verkaufen!

Vorige Woche
Stefans Vater entscheidet sich für ein entspanntes »Verkaufsgespräch« mit seinem Sohnemann und hat sich dazu einige Rückenstärkung von mir geholt. Nachdem sie gemeinsam ein paar coole neue Songs gehört haben, geht der Vater ruhig, aber selbstsicher in seine Verkaufsoffensive: »Stefan, es ist mir einfach *total* wichtig, dass du dein Zeug selber zurückbringst. Ich möchte, dass du das respektierst. Ab morgen möchte ich das auch durchziehen. Hilf mir einfach dabei!«

Ebenso ruhig erklärt er seinem Sohn auch die zu erwartenden Folgen für künftige Verspätungen: »Falls es ab morgen wieder zu spät wird, gibt es von mir keine schriftliche Entschuldigung mehr. Die Reaktion des Lehrers ist ganz allein *deine* Sache und nicht meine. Klar so weit?«
Stefan staunt nicht wenig. So hat Paps noch *nie* mit ihm geredet ...

Noch mehr ist der Vater verblüfft, als sein geliebter Sohnemann diesmal nicht den geringsten Einwand hat. Trotzdem bleibt er vorerst skeptisch ...
Warum überrascht mich das bloß nicht?

Erziehung ist organisierte Verteidigung der Erwachsenen gegen die Jugend.
Mark Twain

Da es allerdings mein Job ist, Lösungsansätze zu festigen und Zweifel auszuräumen, zeige ich Stefans Vater auch noch den Weg in Richtung Home-Coaching auf.

Vor vier Tagen
»Hör zu, Stefan, ich brauche *deine* Hilfe«, beginnt Papa Manfred mit selbstsicherem Ton, »bis jetzt hat es ja nicht so gut funktioniert. Was denkst *du* denn, wie deine Morgen-Prozedur besser ablaufen könnte, damit ich auch zufrieden sein kann?«
Den Vorschlag, der jetzt von dem nunmehr ermutigten Buben kommt, lässt Manfred dermaßen staunen, dass er sogar darauf vergisst, weiterhin skeptisch zu sein: »Papa, hör doch bitte einfach auf, mich morgens andauernd zu ermahnen, dann räume ich alles von ganz alleine weg. Versprochen!«
Was denken Sie? Wird Stefan sein Versprechen einhalten?
Ein letztes bewährtes Rezept braucht Stefans Vater aber noch zum guten Gelingen: Er wird den Vorschlag seines Sohnemanns sehr ernst nehmen. Das hat

Stefans Vater wiederum *mir* versprochen. Der Junge wird sofort spüren, dass er ernst genommen und damit als »vollwertig« angesehen wird – ein ungeheuer wirksames Stilmittel zum entspannten Erziehen.

! Erst wenn man Lösungsvorschläge wirklich ernst nimmt, fühlen Kinder und Jugendliche sich darin bestärkt, ihre eigenen, zumeist sogar viel interessanteren Vorgehensweisen überhaupt einzubringen.

Viele gute Ideen scheitern, weil irgendjemand,
der hätte gefragt werden sollen, nicht gefragt wurde.
Cyril Northcote Parkinson

Einen letzten Wunsch habe ich an Stefans Vater noch: »Lassen Sie doch bitte die Fernsehminuten am Morgen weg. Das ist ein Auslöser für viele Schwierigkeiten und spätere Defizite, die weiter reichen, als Sie es sich jetzt vorstellen können.« Einem 13-Jährigen *das* zu verkaufen, ist eventuell schon etwas schwieriger. Doch bald wird Manfred L. aus dem Staunen gar nicht mehr herauskommen ...

Heute

Die letzten drei Tage sind morgens so entspannt abgelaufen wie nie zuvor. Manfred L. erkennt erst jetzt, was allein schon das laute Fernsehgerät, das seit gestern ausgeschaltet geblieben ist, zur morgendlichen Unruhe beigetragen hat. »Wunderbar, diese ruhigen gemeinsamen Minuten mit meinem Buben«, denkt der Vater soeben, gleichermaßen stolz wie glücklich.
Ermahnt muss hier jedenfalls keiner mehr werden. Sollte aber dennoch einmal eine Erinnerung notwendig sein: Handzeichen tun's auch! Sie erinnern sich? *Handlungsorientiert ...*

Nachspiel

Als die Mutter heute heimkommt, ist sie einigermaßen verwundert, dass sie die Zahnpasta suchen muss. Es war immer so einfach gewesen, sie im Vorbeigehen vom Wohnzimmertisch zu »klauen«. Dass die jetzt ordentlich im Spiegelschrank des Badezimmers liegt, wo sie hingehört, ist für sie nahezu »unfassbar«.

Geschafft!
Zumindest die »Na-gut-Falle« können wir nun endlich zuklappen ...

Die Eskalations-Falle (ESKAFA)

In diesem Kapitel reden wir über jene Falle mit der wahrscheinlich nachhaltigsten Wirkung für das kindliche Gemüt. Wir lernen die Tücke des Augenblicks kennen, in dem wir erst nachgeben, wenn schon manches aus dem Ruder läuft. Auch kommen wir den Ursachen für die allermeisten Eskalationen auf die Schliche und auch, dass die ESKAFA sich uns in zwei völlig unterschiedlichen Erscheinungsformen zeigen kann. Ein Besuch bei der sechsjährigen Johanna wird uns sicher nachdenklich stimmen. Aber spätestens nachdem wir bei Michael, dem »Hosenmatz« reingehört haben, wissen wir, wie schwierig es eigentlich ist, der Eskalations-Falle dauerhaft ausweichen zu wollen.

Unlustgefühlen kann niemand ausweichen.
Das heißt aber noch lange nicht, dass man sich mit ihnen abgeben muss.
Emil Baschnonga

Spätfolgen?

Kinder lernen unglaublich schnell, dass ihnen ein gerade eben abgelehnter Wunsch mit ziemlicher Sicherheit schließlich doch noch erfüllt wird, wenn sie nur beharrlich genug bleiben. Bettelt Ihr kleiner Sonnenschein Sie beispielsweise immer wieder an, obwohl Sie schon mehrmals »Nein« gesagt haben, hat er wahrscheinlich schon gelernt, Sie gar nicht mehr so ernst nehmen zu müssen. Gut, das kann man ja gerade noch aushalten, solange die Sache in aller Gemütlichkeit abläuft. Dann ist halt wieder mal bloß eine klassische Nagut-Falle zugeschnappt. Was soll's?

Doch nur allzu oft gehen Kids mit dem Nicht-mehr-ernst-Nehmen einen Schritt weiter: Sie bleiben nicht nur einfach quengelig, wenigstens aber noch »nett«. Manch ein kleiner Tyrann steigert sich in seine unnachgiebige Rolle förmlich hinein, um dann sogar auszurasten, wenn sich ein Erfolg immer noch nicht eingestellt hat. Viele Eltern, Großeltern und sogar Pädagogen geben zu diesem Zeitpunkt dann *doch* irgendwie nach, um eine Eskalation zu vermeiden, und stecken trotzdem schon tief drinnen in einer ESKAFA.

Diese lauert nämlich in ganz anderen verborgenen Winkeln, als es auf den ersten Blick den Anschein hat. Ihre Heimtücke offenbart sie erst dann, wenn man die Fähigkeit erworben hat, hinter der momentanen Stresssituation zusätzlich auch die »Spätfolgen« zu erkennen.

Belohnung

Würde es sich für Sie einigermaßen glaubwürdig anhören, wenn ich sagte, dass Kinder eine zugelassene Eskalation in ihrer Wahrnehmung letztendlich als *Belohnungssituation* verankern?

»Ja, schon klar«, werden die meisten sagen, »der belohnende Moment ergibt sich logischerweise daraus, dass das Kind schlussendlich alles wunschgemäß bekommen hat.«

Doch das ist nur augenscheinlich der Fall ...

Aus verhaltenspädagogischer Sicht wird es noch viel spannender:

> **!** Mit dem Nachgeben während einer Eskalation belohnen wir durch unser schlussendliches *Wohlverhalten* das gerade eben laut oder gar wütend gewordene Kind für sein eindeutiges *Fehlverhalten*.

Aus kindlicher Perspektive gesehen gibt es also eine Belohnung dafür, dass Junior oder Prinzesschen es geschafft hat, die Situation eskalieren zu lassen. Nicht etwa beispielsweise für Geduld oder Einsicht, wie es sich »gehören« würde. Genau das aber speichern Kinder sehr genau.

Mit der schon bekannt-zielsicheren Regula-Falsi-Denkweise wird also prompt etwas Negatives ziemlich positiv besetzt: »Aha! *So* geht das! Ich brauche bloß jedes Mal gründlich auszurasten, schon werd' ich dafür belohnt!«

Wiederholungstäter

Wenn ein Kind oder Jugendlicher jedoch mit Ausrasten ein einziges Mal Erfolg gehabt hat, wird das neu erlernte, lautstarke Verhaltensmuster bereits bei nächster Gelegenheit erneut angewendet. Je öfter die Sache »gut geht«, desto *früher* kommt im Konfrontationsfall der Zeitpunkt, zornig zu werden. Fachleute nennen diesen Prozess »sinkende Frustrationsschwelle«. Da die Kids ja ohnehin über ihre typische Handlungsorientierung verfügen, steht somit einem routinemäßigen Einsatz dieser »reizenden« Taktik bald nichts mehr im Weg.

> **!** Häufig tolerierte Eskalationen im erzieherischen Umfeld bewirken, dass das Kind ein Aggressionspotenzial erlernt, das es nicht nur schon bei nächster Gelegenheit, sondern vielleicht auch viel später automatisch selbst bei seinen Kindern anwendet.

Jeder Mensch hat ein Aggressionspotenzial,
das er so oder so konsumieren muss.
Sigmund Freud

Manch Elternteil hört man dann klagen: »Mein Kind ist unmöglich! Dauernd rastet es aus, wenn es etwas nicht gleich bekommt.« Aber liebe Eltern, so schmerzhaft das auch sein mag: Es gibt gar keinen Grund, über Ihre Kids zu klagen. Der Effekt ist nicht selten *hausgemacht*. Ihr Nachgeben, sobald Ihr Kind eskaliert, erzeugt in der kindlichen Wahrnehmung nämlich außerdem noch den Irrglauben, dass Sie als Bezugsperson dieses Fehlverhalten bereits vollkommen akzeptiert haben. Schon haben Sie nicht nur einen süßen, kleinen Tyrannen am Hals, sondern gratis gleich noch etwas dazu: keinen Plan mehr! So wie Johannas Mutter ...

⏭ Fall 16: »Toberfrau«

Die sechsjährige Johanna wünscht sich mal wieder einen Schokoriegel aus der Familien-Naschlade: Diese in zahllosen Haushalten nur allzu beliebte Süßkram-Ausfass-Stelle ist übrigens eine Einrichtung, die ich sowohl als Pädagoge als auch als Verfechter »kindgerechter« Ernährung zutiefst ablehne. Zustimmung erlaubt! Täglich weiternaschen natürlich auch. Zurück zu Johannas Fall ...

Das Mädchen fordert kurz und bündig: »Mami, ich mag einen Riegel aus der Lade haben!« Die Mutter spürt, allein schon am Tonfall ihrer Tochter, dass sie mal wieder geradewegs auf Konfrontationskurs zuhält und sucht fieberhaft nach Argumenten: »Nein! Gibt's jetzt nicht, weil du erstens nicht schön ›Bitte‹ sagen kannst und weil es zweitens jetzt schon zu spät dafür ist. Wir essen bald!«

Wahrscheinlich aufgrund der merklichen Unsicherheit, die Mama durch ihre »Erstens-« und »Zweitens«-Aussagen an den Tag legt, geht die Kleine augenblicklich in den uns schon bestens bekannten Bettelmodus über: »Na geh, bitte! Warum nicht? Ich mag doch nur ...«

Nachdem es dann einige Mal so zwischen Nein-Sagen und Bettelei hin und her gegangen ist, versucht die Mutter die Sache rigoros »abzudrehen«. Sie spürt, dass sie – für uns sicher wenig überraschend – mit ihren verschiedenen Argumenten nicht durchgekommen ist. Genau das hat natürlich auch die kleine Bettlerin wahrgenommen. Mom erhebt ihre Stimme: »Weil ich es *sage*, deshalb! Schluss jetzt ...!«

Johanna ist aber keineswegs eingeschüchtert, sondern beginnt nun ebenfalls lauter zu werden, jammert zunächst kurz los, tobt schließlich. Der spektakuläre Finalakt bietet für uns wenig Neues: Wir kennen das ja schon aus dem Fall »Tobermann«. Ziemlich langweilig für uns als angehende Entspannt-erziehen-Profis: Johanna wirft sich mit oscarreifer Glanzleistung auf den Boden, trommelt mit den Fäusten, dass es nur so kracht. Vor Mutters geistigem Auge steht jetzt schon der alarmierte Nachbar vor der Tür. Oder noch schlimmer: bald das Jugendamt, die Polizei, Feuerwehr, Greenpeace ...! *Aus, Ende!*
Jetzt, wo es um die Familien-Reputation geht, hat die geschlagene Frau kein stichhaltiges »Nein«-Argument mehr dabei. Die Mutter gibt nach: Vor den Augen des »süßen« Kindes öffnet sich jetzt nicht nur die Naschlade, sondern auch eine klassische ESKAFA ...

Die kürzesten Wörter, nämlich »Ja« und »Nein«,
erfordern das meiste Nachdenken.
Pythagoras von Samos

Zu drastisch das Beispiel? Ja, stimmt irgendwie! Dennoch war es authentisch. Es hat sich, wie *alle* Fälle in meinen Büchern, Kolumnen und Seminaren, nahezu wortgetreu so abgespielt. Hier hat sich jedenfalls deutlich gezeigt, wie tief man in eine ESKAFA hineinrutschen kann, indem man das Kind für den Kontrollverlust belohnt.
Kindern und Jugendlichen geht es übrigens keineswegs immer nur darum, etwas durchzusetzen, wenn sie ausrasten. Sehr oft ist es ein verzweifeltes »Buhlen« um Aufmerksamkeit. Genau genommen setzen sie damit *auch* bloß etwas durch: nämlich dass sich die geliebte Bezugsperson mit ihnen beschäftigt. Jetzt! Egal wie! Negative Aufmerksamkeit ist schließlich besser als *gar keine*! Diesen Verdacht habe ich damals bei Johanna übrigens auch gehabt.
Dass sich solche Prägungen im späteren Leben spürbar niederschlagen, sollte wohl jedem klar sein.

Umkehrschluss
Umgekehrt kann so etwas natürlich genauso ablaufen. Das gleiche Fehlverhalten kann auch einem Erwachsenen passieren. Mit Ausrasten, Lautwerden oder noch »handfesteren« Spielarten des Kontrollverlusts verfolgt manch einer nach dem gleichen Muster genau dasselbe Ziel. Er will seine eigenen Wünsche beim Kind durchsetzen: »Negativ oder nicht! Hauptsache, es hört mir zu!«

Natürlich geben eingeschüchterte Kids sowieso ziemlich rasch nach. Wenn das eintritt, kann das nur allzu leicht als ein augenscheinlicher »Sieg« für den Elternteil oder die jeweilige Bezugsperson empfunden werden. Gut so weit! Aber mit ebenso problematischen Folgen:

! Sobald ein Kind in einer Eskalationssituation nachgibt, *belohnt* es durch sein nun gezeigtes *Wohlverhalten* seine soeben laut oder gar wütend gewordene Bezugsperson für deren eindeutiges *Fehlverhalten*.

Auch das Denkschema eines Erwachsenen kreiert nach solchen »Erfolgen« durchaus seine eigene kleine Regula Falsi: »Na gut, dann geht es halt *nur* mit Schreien! Anbrüllen ist also ein sicheres Erfolgsrezept!« Oder: »Mein Kind hört mir gar nicht mehr zu, wenn ich leise rede. Also *muss* ich ja *immer* laut werden!« Der Teufelskreis ist geschlossen. Immer öfter geht die Falltür zu einer ESKAFA auf, allerdings ohne Aussicht auf positiven Ausgang ...

Wer Kinder mit Anbrüllen zum Gehorsam erziehen will,
ist wie einer, der sein Auto mit der Hupe zu lenken versucht.

Mit unserem neuen Wissen könnten wir ja erneut kurz nachschauen, wie Kinder es mitunter interpretieren, wenn man sich mit Anbrüllen bei ihnen durchgesetzt hat: »Aha! Wenn man der Lautere ist, gewinnt man *immer*. Cool! Das mach' *ich* ab jetzt auch!« So lernt ein Kind oder Jugendlicher im Kombipack gleich dazu, dass das Ausüben von roher Macht meistens von Erfolg gekrönt wird.
Vermutlich wissen wir es ohnehin schon lange besser. Dennoch eröffnen wir »Zweikämpfe« dieser Art erstaunlich oft. Meiner Erfahrung nach gibt es nur wenige Familien, bei denen niemals »lautstarke Einwände« vorkommen, oder besser gesagt: Nur ganz wenige tappen niemals in eine Eskalations-Falle. Deshalb dürfen Sie auch trotz der gewährten Einblicke auch jetzt noch entspannt bleiben: Lautstarke Reibereien sind nun mal durchaus menschlich, also erlaubt und zuweilen auch nicht weiter tragisch. Sie sollten bloß nicht zur *Routine* werden. Jedenfalls kann es nicht schaden, wenn man über die pädagogischen Feinheiten von ESKAFA & Co. schon mal *Bescheid weiß*.

Wie jetzt?
Sie haben noch gar nicht genug von den *tiefen Einblicken*? Sie sind noch *kein* bisschen angewidert von all dem Gerede über Kontrollverlust und Spätfolgen?

Gut, dann schauen wir uns doch mutig die beiden Erscheinungsformen der Eskalation noch etwas genauer an …

Äußere Eskalation

Bis jetzt habe ich eigentlich bloß die im Augenblick wahrnehmbaren, direkten Konfrontationen bzw. den Prozess des *offenen Streits* beschrieben. Dieses sichtbare, vor allem zumeist gut *hörbare* Aufschaukeln von Emotionen, die natürlich auch ganz aus dem Ruder laufen können, nenne ich die »äußere Eskalation«. Sie ist die *auffälligere, schnellere* der beiden Spielarten einer ESKAFA. Dazu ist das meiste also schon gesagt. Doch die andere, viel *langsamere* Variante des Kontrollverlusts ist noch viel heimtückischer …

Innere Eskalation

Wenn wir uns nun jener ziemlich versteckt agierenden Spielart der ESKAFA nähern, die ich gern die »innere Eskalation« nenne, wird das wahrscheinlich besonders spannend.
Nun, da klar ist, dass Lautwerden oder gar Anbrüllen für ein Kindergemüt nicht so prickelnd ist, wollen es die allermeisten sicher gleich besser machen, indem sie einfach mal eine Zeit lang »gutmütiger« sind. Guter Vorsatz, das …
Alle, die schon einmal in eine ESKAFA gestolpert sein mögen, können ab heute oder morgen so einen Probelauf ganz unverbindlich starten, egal ob treusorgende Mütter, liebevolle Väter, gutherzige Großeltern oder auch engagierte Lehrkräfte. Einen Versuch ist es allemal wert, ab jetzt ganz bewusst *nicht* zu oft überzureagieren, sobald ein Kind mal kurz »schlimm« ist. Wenn Sie es also schaffen, trotz gegebenem Anlass diplomatisch ruhig zu bleiben, ist das natürlich sehr lobenswert! Dann haben Sie bisher wahrhaft schon viel dazugelernt.
Doch so einfach ist das nun auch wieder nicht. Die nächste ESKAFA kann nämlich trotz all der Mühe bereits auf Sie warten …

⏭ Fall 17: »Hosenmatz«

Vorige Woche

Der achtjährige Michael hat schon seit vielen Tagen seine absolute Lieblingshose an. So weit, so gut. Daran ist ja erst mal pädagogisch nichts auszusetzen. Doch hygienetechnisch sieht das ein wenig anders aus: Das niedliche Beinkleid ist längst überfällig, steht vor lauter Schmutz schon ganz allein in einer Ecke. Mamas hohes Reinlichkeitsbedürfnis steht bereits seit vorgestern in Alarmstellung. Aber die herzensgute, jedoch manchmal zu sehr gefühlsbetonte junge Frau hat sich nach einem Elternseminar bei mir fix vorgenommen, nicht mehr so oft heftig zu reagieren. Darum lässt sie, trotz ihres Widerwillens, die Sache fürs Erste einmal durchgehen und schickt nur eine erste Ermahnung hinauf zu Michaels Planeten, auf dem er gerade zu weilen scheint. »Morgen wird es eine knallharte Landung von dort geben!«, so *denkt* sie jedenfalls. Aber nichts da! Keine Chance. Dieselbe verdreckte Hose ist trotz warnend erhobenem Zeigefinger auch anderntags voll im Einsatz ... und zwei Tage später immer noch. Der noch immer gut beherrschte Tadel ist zwar wie gesagt sehr lobenswert, allerdings auch völlig wirkungslos. Michaels Mutter schluckt also die Sache hinunter. Dort »unten« im Magen sind aber schon all die vorherigen schmutzigen Sichtungen, die auf »stille Verdauungsarbeit« warten ...

! Wenn man versucht, kindliches Fehlverhalten wiederholt hinunterzuschlucken, sollte man nicht vergessen, dass jeder »Schluck« dieses bitter-aggressiven Getränks namens Ärger schließlich im Magen liegen bleibt, um dort einen kleinen »Dampfkessel« anzuheizen, der sich allerdings mit einiger Sicherheit zum *falschen Zeitpunkt* entlädt.

Vor drei Tagen

Michael hat sein Mitteilungsheft erst kurz vor dem Schulweg hergezeigt. Da steht etwas von »Ihr Sohn hat wieder den Unterricht gestört, indem er ...« drin. Das nun bei seiner Mutter aufkommende Körpergefühl fällt unerwartet heftig aus für solch eine ansonsten wenig beachtete Kleinigkeit: Plötzlich beginnen die Halsschlagadern ihren Job ziemlich ernst zu nehmen und füllen sich über die Maßen. Der Herzschlag wird schneller, alle Körperfunktionen stehen auf »Sturm«. Doch der kann sich leider auch *jetzt* nicht entfalten. Der kleine Pfiffikus hat den Zeitpunkt nämlich perfekt gewählt: Schon flutscht er bei der Türe hinaus. Nicht einmal eine kurze Standpauke ist sich noch ausgegangen. *Ausgetrickst!* Der nun bereits recht bittere Geschmack hilflosen Ärgers wird also erneut hart hinuntergeschluckt.

»Wir sprechen uns noch, Freundchen!«, denkt Michaels Mutter ungewohnt emotional, um gleich darauf einzulenken: »Wieso bloß regt mich diese *eine* Mitteilung heute so auf?«

Dass die arme Frau schon ein ganzes »Grollpaket« mit sich herumträgt, eröffnet sich ihr kaum, weil sie noch nie etwas von *innerer Eskalation* gehört hat.

Gestern

Doch genau *die* entfaltet sich jetzt, als Mom anderntags ausgerechnet in der Küche über Michaels nicht weggeräumte Schultasche stolpert. *Aus, Schluss! Genug! Jetzt reicht's!*

Die Mutter explodiert: Sie schreit ihren Sohn wegen seiner *»entsetzlichen Schlamperei«* sofort an. Wie *könne* er bloß die Schultasche wie eine Falle dort hinstellen? Ein Fernsehverbot über mehrere Tage wird verhängt, damit »du mal über deine Nachlässigkeit nachdenken kannst!«. Eine Sanktion, die der kleine Hosenmatz natürlich nicht annähernd verstehen kann. Sein kurzes Aufbegehren scheitert jedoch bereits im Ansatz an den noch immer wütenden Blicken. Schon gibt es Tränen. Schlussendlich heult auch die Mutter. Aber erst viel später, in ihrem Zimmer. Allein! Ihr Mann ist nämlich derzeit auf Dienstreise. Wem klagt sie jetzt ihr Leid?

Doch wäre Michaels Stiefvater da, würde sie mit ihm ganz sicher nicht über das schlechte Verhalten des Jungen reden, sondern über ihre *eigene*, verblüffend heftige Reaktion.

Vielleicht kämen die beiden im gemeinsamen Gespräch ja ganz rasch dahinter, was Sie, liebe Leserinnen und Leser, sicherlich schon lange erkannt haben: Die Schultasche als Stolperstein ist nur noch ein »unschuldiger« Zünder für die innere Eskalation gewesen, keine wirkliche Ursache. Alles ist bloß durch das Nicht-Aussprechen und längere Aufstauen von Empfindungen entstanden, die dann klarerweise zum völlig falschen Zeitpunkt ihren Fokus gefunden haben. Eine perfekte ESKAFA jedenfalls.

Die Frage, die sich jetzt förmlich aufdrängt, lautet: Was passiert mit Michaels Empfindungen? Um das nachvollziehen zu können, ist eine Rückblende bis zum Zeitpunkt des Ausrastens sicher hilfreich:

Immer noch gestern

Michael wird augenscheinlich immer »kleiner«, als seine Mama ihren persönlichen kleinen Dampfkessel vor ihm ausleert. Sofort beginnt das Kind zu interpretieren: »Aha! Alles, was mit der Schultasche zu tun hat, regt Mami also auf. Ich hab' gar nicht gewusst, dass das sooo schlimm ist, wenn man seine Sachen irgendwo stehen lässt. Blöde Schultasche!«

Blickt man aus verhaltenspädagogischer Sicht noch etwas tiefer, bedeuten diese natürlich wieder nur sinngemäß nachempfundenen Gedankengänge, dass der Achtjährige wohl für einige Zeit ein nicht mehr unbelastetes Verhältnis zur Schultasche erworben hat. Sehr wahrscheinlich dehnt sich diese Fehlverknüpfung sogar auf alles aus, was überhaupt mit dem Vorfall zusammenhängt. Vielleicht auch auf sein Gefühl, das er für die nächste Zeit innerhalb der Küche verspüren wird. Sicherlich aber wirkt sich die Sache auf seine momentane Beziehung zu seiner geliebten Mama aus. Vermutlich nicht für lange, aber dennoch gerade jetzt spürbar und von großer Verwirrung getragen. Im Grunde genommen hat Michael gar nicht verstanden, *was* für ein Problem mit diesem Vorfall zusammenhängt, und er denkt natürlich keine Sekunde lang an die dreckige Hose, weil die tagelangen milden Ermahnungen in seinem kindlichen Denken als »unwichtig« eingestuft und längst vergessen worden sind.

Heute

Michaels immer noch zerknirschter Mutter geht es jetzt wie ihrem geliebten Sohnemann: Für sie ist heute der lange aufgestaute, wahre Grund für ihre innere Eskalation schon ganz weit weg und damit ebenso »unwichtig«.
Doch *wir* wissen jetzt viel genauer Bescheid und erkennen so vielleicht im »Fall des Falles«, worauf wir achten dürfen, wenn wir nicht immer wieder Opfer der ständig lauernden ESKAFA werden wollen ...

Lösungsansätze

Situationen dieser Art können einigermaßen mühelos abgewendet werden, indem Sie es zur »Routine« machen, mit Ihren Lieben möglichst eindeutig zu klären, was Ihnen *wirklich wichtig* ist. Je unmissverständlicher sie das transportiert haben, desto leichter wird es Ihnen schließlich fallen, entspannte Maßnahmen zu setzen, wenn Ihnen etwas *nicht* gefällt. Zu diesem Zeitpunkt sind zumeist die Emotionen noch sehr gering. Ich erinnere an den Fall »Faulpelz« aus dem vorigen Kapitel. Jedenfalls kann Ihr Kind durch dieses Vorgehen jederzeit mit Maßnahmen rechnen und sich obendrein darauf einstellen, dass es stets *sofort* erfährt, sobald etwas gründlich schiefzulaufen beginnt.

Nochmals daheim bei Michael

Ein wenig Mut zum Handeln hätte in Michaels Fall nicht geschadet: »Mein Liebling«, hätte die Mutter mit völlig entspanntem Gesichtsausdruck sagen können, »wenn die Hose nicht bis heute Abend im Waschkorb landet, gehe ich davon aus, dass du sie *gar* nicht mehr willst. Deswegen werfe ich sie für dich dann heute Nacht in die Restmülltonne unten an der Straße!«

Wie jetzt?
So etwas getrauen Sie sich nicht? Sie haben Derartiges noch nie durchgezogen?
Na, dann lassen Sie sich mal überraschen, wie gut und eskalationsfrei so etwas über die Bühne geht, wenn Sie es authentisch genug ankündigen.
Michaels Mama allerdings fragt, immer noch skeptisch, bei mir nach: »Was soll ich tun, wenn mein Sohn trotz meiner Warnung die Hose dann abends *doch* nicht zum Waschen gebracht hat?«
Na, raten Sie mal ...

Nicht jene, die streiten, sind zu fürchten, sondern jene, die ausweichen.
Marie von Ebner-Eschenbach

Die Fies-Falle (FIFA)

Wir sind nun schon ein gutes Stück mit unserer Aufgabe gewachsen, denke ich.
Deshalb bin ich auch überzeugt, dass wir inzwischen genug Einfühlungsvermögen besitzen, um uns einigermaßen kritisch mit jenem zutiefst menschlichen Verhaltensmuster auseinanderzusetzen, welches uns daheim, mitten in problematischen Erziehungssituationen wohl nur selten auffällt: dem »Fies-Sein«.
Wir ergründen, warum gerade Kinder so leicht verwundbar sind und was diese Verletzungen für verblüffende Folgen haben können. Tauchen Sie mit mir ein in die wundersame Welt der bedingungslosen, kindlichen Liebe …

Erziehung besteht aus zwei Dingen: Beispiel und Liebe.
Friedrich Fröbel

Yin und Yang

Eigentlich sind es zwei unterschiedliche Themen, die in diesem Kapitel abgehandelt werden: Einerseits geht es um *Liebe*, andererseits um *Verletzungen*. Das eine ist dermaßen vom anderen abhängig, dass ich die beiden nicht zu trennen vermag. Liebhaben und Wehtun sind irgendwie das Yin und Yang jeder Eltern-Kind-Beziehung, aber natürlich auch für Partnerschaften zwischen Erwachsenen. Allerdings tragen in einer Erwachsenen-Beziehung oftmals beide Partner gleichwertig zum gegenseitigen Verletzen bei, während in einer Erziehungspartnerschaft beim »Fies-Werden« eher die Erwachsenen die Nase vorn haben. Klar: Ein Kind ist genau genommen *immer* der Schwächere und damit Unterlegene. Auch wenn es oft nicht so aussieht und sich, beispielsweise bei Pubertierenden, zuweilen noch weniger so anfühlt.

Schon beim Schreiben dieser wichtigen Fallen-Analyse erlebe ich jedoch ein Wechselbad der Gefühle: Es ist nämlich einigermaßen schwierig, »fiese Blickwinkel« aufzutischen und dabei trotzdem nicht mit der »Tür ins Haus« zu fallen. Das Thema ist also sicherlich heikel, dafür aber gerade in Zeiten erhöhter ökonomischer Stressbelastung hochaktuell. Besser, ich spreche einige Dinge kurz und vielleicht schmerzvoll, dafür aber lebensnah und vor allem *geradeheraus* an.

Liebesbeweise

Ich habe es schon erwähnt: Kinder halten unglaublich viel aus. Aber es gibt *eine* Sache, die ihnen unfassbaren Kummer bereiten kann, vor der sie geradezu panische Angst haben – die Möglichkeit, *nicht mehr lieb gehabt zu werden*. Genau genommen könnten wir es sogar bei dieser einen Erkenntnis belassen, indem wir feststellen: *Deshalb sind sie auch so leicht verletzlich!*

Dennoch wollen wir einen tieferen Einblick riskieren: Diese elementare Furcht hat natürlich unmittelbar mit dem *kindlichen Überlebensinstinkt* zu tun, der wiederum zutiefst mit dem Gefühl des Vertrauens verwoben ist.
Deshalb heißt der früheste Lebensabschnitt eines Kindes »Urvertrauensphase«. In dieser Zeit erlernen und erspüren Kleinstkinder schon, dass es eigentlich die einzig wirksame Überlebensstrategie ist, bedingungslos zu lieben und obendrein buchstäblich »blind« zu vertrauen. Doch diese rückhaltlose Liebe und der große Vertrauensvorschuss sind anscheinend nicht ganz gratis. Im Gegenzug erwarten sie nämlich alsbald von ihren Eltern wie auch von anderen wichtigen Bezugspersonen ständig »Rückmeldungen«, ob sie selbst wiederum weitestgehend bedingungslos geliebt werden, und später auch noch, ob man ihnen ebenfalls das gleiche blinde Vertrauen schenkt. Worauf das hinausläuft? Klar: Es ist einigermaßen fies, das *nicht* zu tun!

Damit sind wir bereits beim Kern der Sache: Der Vertrauensfaktor hat, meiner Erfahrung nach, für Kinder und Jugendliche den nachhaltigsten Stellenwert, somit auch den am stärksten positiv wirksamen erzieherischen Effekt. Mit diesem Wissen kann der folgende Merksatz überaus hilfreich bei der Vermeidung einer Fies-Falle sein.

! Am leichtesten können Kinder unsere bedingungslose Liebe bestätigt bekommen, wenn wir ihnen schon bald nach der Kleinstkinderzeit glaubhaft zeigen, dass wir ihnen bei möglichst vielen Gelegenheiten unser von Herzen kommendes Vertrauen schenken.

Die größte Ehre, die man einem Menschen antun kann,
ist die, dass man zu ihm Vertrauen hat.
Matthias Claudius

Spüren Kinder und vor allem Jugendliche zu wenig dauerhaftes Vertrauen, weil wir beispielsweise lieber auf Dauerkontrolle setzen, ist das eigentlich bereits eine zwar anfangs unsichtbare, aber dennoch weit geöffnete FIFA. Dabei könnte doch alles so leicht gehen ...

Fall 18: »Kontrollverlust«

Miriam T., Mutter der 15-jährigen Sonja, hat ständig Sorge um ihr Kind. Vor allem aber fürchtet sie andauernd, dass ihr lebensfrohes Töchterchen mal wieder, wie schon so oft, erst spät nachts heimkommt und so vielleicht in schlechte Gesellschaft geraten könnte. Deshalb setzt sie auf ein vermeintlich bewährtes Gegenmittel: Dauerkontrolle. Die in letzter Zeit zunehmend mürrischer zugesagten Rückkehrzeitpunkte werden per Handy immer wieder abgeglichen und Sonjas jeweiliger Aufenthaltsort täglich mehrmals abgefragt. Der Teenager spürt ganz deutlich, dass die Mutter ihm keine Sekunde lang vertraut, und beginnt langsam, aber strikt zu handeln: In letzter Zeit kommt Sonja trotz wiederholter telefonischer Zeitbestätigungen mit immer größerer Verspätung nach Hause. Eine typische Abwehrhaltung, die wohl auch vorauszusehen gewesen wäre! Wer will sich schon permanent kontrollieren lassen? Mama Miriam aber ist erst mal verzweifelt: »Was habe ich doch für eine unzuverlässige Tochter!« Sie ahnt nicht, dass sie schon lange tief drinnen sitzt in einer Fies-Falle ...

Fall 19: »Vertrauensbasis«

Monika H. setzt bei ihrer 16-jährigen Tochter Paula auf etwas ganz anderes: auf Vertrauen. Das macht sie schon seit vielen Jahren so. Gestern hat sie das Mädchen mit den Worten verabschiedet: »Ich freu' mich, wenn du heute wieder so pünktlich bist wie sonst auch! Das macht mich sehr stolz!« Als Rückkunftszeitpunkt haben sie diesmal 21:30 Uhr ausgemacht. Es funktioniert großartig: Paula ist schon um 21:19 Uhr zu Hause, was aber mit dem Busfahrplan zu tun hat. Den hat Paula natürlich einkalkuliert. Doch jetzt kommt erst das wirklich Erstaunlichste an diesem Fall, der sich in meiner Heimatstadt Wien zugetragen hat: Monika bleibt gar nichts anderes übrig, als sich auf ihre Tochter zu verlassen, denn sie arbeitet in einem Schichtbetrieb und ist ziemlich oft zu den nächtlichen Terminen *gar nicht zu Hause*.

Paula weiß natürlich, dass sie überhaupt nicht genau kontrolliert werden *kann*. Aber ihre Mutter zu enttäuschen – und damit das in sie gesetzte

Vertrauen –, kommt nicht infrage. Da verlässt sie lieber mit einem knappen »Tschüss, Leute!« diverse Teenie-Partys und Jugendtreffs ...

Sie denken, dass es so etwas nicht geben kann? Doch! *Alles* geht, wenn das wunderbare Gefühl tiefen Vertrauens mit im Spiel ist!

Das heißt jedoch keineswegs, dass es zwischen Monika und ihrer Tochter sowie deren jüngerem Bruder niemals zu Zankereien gekommen wäre. Welchem alleinerziehenden Elternteil widerführe so etwas nicht? Unzuverlässigkeiten sind im Fall von Paula aber nie ein Thema gewesen ...

Verwechslungsgefahr

Da wir nun wissen, dass Kinder ihren notwendigen Halt aus möglichst vielen Bestätigungen unserer Zuneigung beziehen, ergeben sich sicher bald nette, neue Ideen.

Doch sollten wir darauf achten, dass uns bei dieser Ideensuche nicht manch eine seltsame Verwechslung passiert. Unzählige liebende Bezugspersonen landen nämlich bei ihren hingebungsvollen Vorstößen in Richtung Zuwendung an mach einem falschen Ufer, indem sie unter dem Sammelbegriff »Liebesbeweise« zuweilen Folgendes verstehen:
Geschenke machen – materiell belohnen – mit süßen Liebesbeweisen füttern – verzärteln, verhätscheln – es »gut meinen« – alles abnehmen, im schlimmsten Fall auch das Denken usw.

Ob diese Ansätze wirklich dazu imstande sind, einem Kind tiefe Liebe zu zeigen, darf hinterfragt werden.
Mit der nächsten Aufzählung möchte ich dazu auch die hoffentlich passende Frage stellen: Wie fühlen sich denn die folgenden »Liebesbeweise« für Sie an?
Liebevoller Augenkontakt – umarmen, berühren, halten – gemeinsame Zeit schenken – gemeinsam Spaß haben – glaubhaft loben – »endlos« zuhören – Fragen aufmerksam zulassen – Vorschläge ernst nehmen – Vertrauensvorschuss geben – zum Kind halten, den Rücken stärken – verantwortungsvolle Aufgaben zuteilen und vieles mehr ...

In dieser »Windrichtung« jedenfalls lassen sich die wirksamsten pädagogischen Fahrwasser durchpflügen, um Kindern emotional das zu geben, wonach sie im Grunde ihres Herzens andauernd verlangen. Eine eventuell gerade aufgehende Fies-Falle lässt sich mit solchen Ansätzen zumindest für einige Zeit wieder verschließen. Wenn Sie dann auch noch eine ausreichende Portion Vertrauen mit dazupacken, haben Ausrutscher, wie ich sie weiter unten leider auflisten muss, kaum ein Chance. Nun haben Sie bereits ein gut sortiertes Paket voller möglicher Liebesbestätigungen zur Hand, die viel gewichtiger sind und nachhaltiger wirken als jede Mega-Dosis Gummibären zum »Ich-hab'-dich-heute-lieb-Tag«. *Also bitte nicht verwechseln ...*

Auf der Couch

Wie ungeheuer wichtig permanente Liebesbestätigungen für das ganze spätere Leben sind, ließe sich ganz leicht nachvollziehen, wenn wir als Erwachsene einen »theoretischen Besuch« bei einem Psychologen machten und, geduldig auf dessen Couch liegend, eine der wohl am häufigsten gestellten Spezialistenfragen erwarteten: »Haben Sie in Ihrer Kindheit und Jugendzeit die Liebe seitens Ihrer Eltern deutlich spüren können?« Anders gefragt: »Haben Ihre Eltern Ihnen damals ihre Liebe klar gezeigt?«

Sofern dies nicht mit einem klaren »Ja« zu beantworten ist, sind offenbar bereits Ihre *eigenen* Eltern irgendwann in eine FIFA geraten, sehr wahrscheinlich, ohne es richtig zu merken. In diesem Fall ist manch eine Erklärung für im Laufe des Lebens aufgetauchte psychische Probleme schon gefunden. Der Psychologe hat dann bereits einen Gutteil seines Jobs getan.

Mit einer Kindheit voll Liebe kann man ein halbes Leben
hindurch die kalte Welt aushalten.
Jean Paul

Lebenslange Verletzlichkeit

Wer zutiefst liebt, ist auch tief verletzlich. Die meisten von uns haben es wahrscheinlich schon am eigenen Leib gespürt: Liebe kann schlicht und einfach heftig wehtun. Am leichtesten ist man also durch jene Personen verletzbar und angreifbar, die man eben besonders mag.
Wer aber wirklich bedingungslos liebt, neigt leider auch noch dazu, seinerseits zu vielem einfach zu schweigen, sobald der andere vielleicht gerade ziemlich »fies« unterwegs ist. So ist es im Falle aller Kinder dieser Welt: Sie *reden* nicht über eine FIFA!
Ganz im Gegenteil: Je mehr etwas geschmerzt haben mag, desto weniger Kommentare darf man erwarten.

Niemals sind wir so verletzlich, als wenn wir lieben.
Sigmund Freud

Die typische »Sprachlosigkeit« unserer Kinder im Falle einer Verletzung lässt sich außerdem noch auf vier weitere Ursachen zurückführen:

- Kinder nehmen ihr eigenes Fehlverhalten ganz anders, mitunter auch gar nicht als solches wahr.
- Kinder können ihre seelischen Zustände sprachlich gar nicht eloquent genug ausdrücken, obwohl das viele Erziehende manchmal zu erwarten scheinen.
- Kinder fühlen sich sowieso an den allermeisten auftretenden Spannungssituationen schon selbst schuldig genug.
- Kinder sind von der ständigen Angst vor dem schon besprochenen Liebesverlust beseelt.

Aus diesen und noch weiteren Gründen wird also lieber geschwiegen und später vielleicht gehandelt. Ein »schlimmes Kind« ist geboren ...

Wohl lässt der Pfeil sich aus dem Herzen zieh'n,
doch nie wird das Verletzte mehr gesunden.
Friedrich Schiller

»Bunte« Facetten der Fies-Falle

Im folgenden Abschnitt muss ich endlich wie angekündigt einige fiese Stolpersteine rundweg und geradeheraus beschreiben. Da ich allerdings aus Platzgründen nicht zu jeder »fiesen Facette« Fallbeispiele bringen kann, versuche ich eine Art Aufzählung, für die ich jede der beschriebenen FIFA-Spielarten in drei Abschnitte nach gleichem Muster unterteilt habe:

a) Allerlei mögliche und »unmögliche« Formulierungen, die *ziemlich* sicher das Potenzial haben, zu verletzen.

b) Beschreibungen zur jeweiligen FIFA-Spielart aus verhaltenspädagogischer Sicht.

c) Reaktive Verhaltensmuster, die sich *möglicherweise* daraus ableiten lassen – mit anderen Worten: das uns schon bekannte Phänomen des »Sequellings«.

»Viel Spaß« kann ich Ihnen klarerweise an dieser Stelle nicht wünschen, ohne unseriös zu klingen. Dennoch hoffe ich, dass Sie auch für die folgenden, eher schmerzhaften Passagen genügend Entspannung und vielleicht sogar manch ein Augenzwinkern mitgebracht haben ...

FIFA und »aus«

a) Mögliche Formulierungen

»Du gehorchst jetzt und *aus*!«; »*Marsch*, in dein Zimmer!«; »Du machst das jetzt auf der Stelle, ob's dir passt oder *nicht*!«; »Mach das jetzt oder du darfst *nie mehr* ...«; »Wenn du nicht *gleich* ..., *dann* ...!«

b) Facette: Zwang

Sobald ein Kind beispielsweise durch Drohungen zu einer Verhaltensänderung gezwungen wird, ist das, so banal es auch klingen mag, schlicht und einfach: fies! Mit diesem Vorgehen ist man jedenfalls schon mit wehenden Fahnen in eine FIFA gerannt. Auch diese Falle ist tief, wirkt sich nachhaltig aus: Das Kind spürt unmissverständlich, dass es gerade *nicht* Herr seines Willens ist. Das geht natürlich an die Substanz. Pädagogen sprechen dann von *gebrochenem Willen*.

c) Reaktive Verhaltensmuster

Kinder, deren Wille wiederholt gebrochen worden ist, erkennt man jedenfalls daran, dass sie beim Reden wenig Eigeninitiative zeigen und zu auffallend vielen Dingen einfach »Ja« sagen. Das ist eine ganz normale Schutzreaktion, wenn man zu oft in diese Facette der FIFA geschubst worden ist.
Solche Kinder neigen nur allzu oft dazu, als Erwachsene später selbst Zwang auszuüben, weil sie gelernt haben, dass dieser offensichtlich meist von Erfolg gekrönt wird. Es kann die Neigung entstehen, selbst den Willen des Partners oder generell anderer Menschen zu brechen. Es kann aber auch in die andere Richtung ausschlagen, nämlich dass man selbst sein ganzes Leben lang unterwürfig bleibt und das Gefühl des gebrochenen Willens weiterhin braucht – selbst im Sexual- und Eheleben.

FIFA und ausgetrickst

a) Mögliche Formulierungen

»Noch ein Löffelchen *für die Omi ... die Tante*!«; »Wenn du nicht brav bist, kommt der schwarze Mann!«; »Wenn du nicht gleich fertig bist, fährt *nie wieder* ein Bus zur Oma!«; »Wenn du nicht aufisst, dann gibt es morgen *kein schönes Wetter!*«

b) Facette: Überlistung

Wahrlich, das ist witzlos: Selbst das kleinste Kind begreift erstaunlich rasch, dass ein mühsam leer geputzter Teller überhaupt nicht mit dem Wetterbericht kompatibel ist.

Kinder mit Tricks überlisten zu wollen, Leute, das ist halt auch nicht die feine englische Art, oder wenn ich es unverhohlen sagen darf: Es ist schlicht und einfach fies, jemandem etwas anderes vorzugaukeln, damit er etwas Bestimmtes tut. Die allermeisten Kids, auch die jüngsten, erkennen es instinktiv und oft mit erschreckender Präzision, ob man gerade versucht hat, sie übers Ohr zu hauen. Mit den ihnen eigenen feinen Antennen gelingt es Kindern fast automatisch, einen Austricksversuch schlichtweg als das zu erspüren, was er ist: eine glatte Lüge.
Unsere Lieblinge werden das aber kaum offen zur Sprache bringen. Einige Gründe für dieses Schweigen kennen wir ja schon. Worauf man sich aber verlassen kann, ist ein späteres Fehlverhalten, das wir dann allerdings nicht einmal ansatzweise mit einem früheren Überlistungsversuch in Verbindung bringen. Diese *ewig* schlimmen Kids! *Furchtbar!*

c) Reaktive Verhaltensmuster

Postwendend übernimmt die kindliche Wahrnehmung Überlistungsversuche als einfache »Regula Falsi«, indem sie für später verankern, dass Lügen meist gut funktionieren. Schon trainieren sie, ebenfalls so zielgerichtet zu lügen, und ärgern damit ihre Eltern, Großeltern, Lehrer und alle sonstigen Bezugspersonen. Für manch einen wahrscheinlich ernüchternd, aber leider wahr: Auf die Dauer sind Kinder in dieser »Disziplin« weitaus besser!
Aufmerksame Beobachtung ist nun angesagt: Ist Junior oder Prinzessin schon längere Zeit unehrlich zu Ihnen, dürfen Sie nachdenken, wie viele *trickreiche Überlistungsversuche* Sie möglicherweise in der Vergangenheit ins Rennen geschickt haben ...

> **!** Wenn ein Kind zu oft erkennen muss, dass es überlistet worden ist, fühlt es sich schlichtweg nicht ernst genommen und beginnt, der jeweiligen Bezugsperson das Vertrauen zu entziehen.

FIFA und ausgeplaudert

a) Mögliche Formulierungen

»Stellen Sie sich vor, Frau Soundso, mein Julius ist jetzt schon fünf und nuckelt *immer noch* an seinem Schnuller«; »Also unser Jüngster ist beim Fußball schon so *viel besser* als sein Bruder! Der hat eben *nicht* so ein Talent ...!«; »Ich muss Ihnen erzählen: Kürzlich hat unsere Tochter *so* einen Blödsinn bei der Schularbeit geschrieben ... nicht zu fassen!«

b) Facette: Vertrauensbruch

Nicht selten passiert es, dass Kinder oder Jugendliche solche Indiskretionen mithören oder irgendwie davon erfahren. Eine besonders gut versteckte FIFA: Das daraufhin sehr wahrscheinlich einsetzende Fehlverhalten des Kindes wird dann wohl kaum mehr auf den »Verrat« bei der Nachbarin oder der Tante zurückgeführt. Wen wird es wohl überraschen, dass auch *diese* Spielart der FIFA dazu führt, dass Kids mit manch einer ebenso fiesen »Spätfolge« aufwarten.

c) Reaktive Verhaltensmuster

Kinder reagieren auf solch »fiesen Verrat« sehr wahrscheinlich genau wie Erwachsene: mit Vertrauensentzug, entweder bloß kurzzeitig oder, wenn die Indiskretionen öfter erfolgen, auch längerfristig. Besonders typische kindliche Reaktionen aber können Rückzug, Heimlichkeiten oder sogar gänzliches Blockieren sein. Viele Eltern wissen ja bereits, wie sich das anfühlt, wenn Kinder sich ihnen unverständlicherweise nicht mehr so richtig anvertrauen. Vielleicht waren ein paar nette, kleine Indiskretionen daran mitbeteiligt ...?

! Sobald Kinder mit einer bestimmten Angelegenheit Intimität oder persönliche Schwächen verbinden, verdient dies unseren höchsten Respekt. Auch wenn es sich um unbedeutende, drollige oder »bemerkenswerte« Missgeschicke handelt. Es geht *niemals* einen anderen etwas an.

FIFA und ausmanövriert

a) Mögliche Formulierungen

»Du musst *immer* die Wahrheit sagen!«; »Du darfst *nie* lügen!«; »Man darf *niemals* fluchen!«; »Du musst mit *allen* in der Schule auskommen!«; »Du darfst *nie* zurückschlagen!«; »Wenn dich andere ärgern, musst du sie *ignorieren*!«

Gewissermaßen als »Krönung« jetzt noch ein nur allzu beliebter elterlicher Ratschlag: »Der *Gescheitere gibt nach*!« ... Ein hitverdächtiger Rat, den ich persönlich übrigens während meiner gesamten Schulzeit unentwegt erhalten habe ...

Weil *ich* aber nicht annähernd schön genug ausdrücken könnte, was an diesem Lebensmotto so richtig fies ist, erlaube ich mir, den Aphorismus eines wahrlich »intuitiv Wissenden« zu zitieren:

Wenn die Gescheiten nachgeben, geschieht das, was die Dummen wollen.
George Bernard Shaw

b) Facette: Innerer Konflikt

Es ist ganz und gar »fies«, wenn man versucht, dem Kind etwas beizubringen, wovon es aus seiner eigenen kurzen Erfahrung bereits weiß, dass es *so* niemals funktionieren kann und dass die ganze Sache folglich eindeutig *falsch* sein muss.
Oder denken Sie, dass es ohne heftige innere Konflikte abgeht, wenn Papi seinem fünfjährigen Wonneproppen einbläut, niemals zu fluchen, während der Mann nur wenig später aus dem Fenster seines Wagens eine ebenso lautstarke wie unflätige Botschaft an einen anderen »saublöden Autofahrer« schickt? Interessenkonflikt pur! FIFA pur!

Da ein normal entwickeltes Kind bei all diesen falschen »Glaubenslehren« instinktiv weiß, dass es bei deren strikter Anwendung nur noch mehr Ärger bekommt, entsteht ein nahezu unlösbares inneres Dilemma, das immer intensiver wird.

c) Reaktive Verhaltensmuster

Das Kind weiß nicht mehr, was und vor allem *wem* es noch glauben bzw. nach wem oder wonach es sich richten soll. Es verliert den unbedingt notwendigen Halt und kündigt letztendlich das Vertrauen auf. Auch das wird wohl jedem so gehen, der allmählich dahinterkommt, dass ihm ein innig geliebter Mensch ein falsches Credo in den Kopf gesetzt hat.

FIFA und ausgeschimpft

a) Mögliche Formulierungen

»Wenn du so weitermachst, wird aus dir ja *nie* etwas!«; »Du bist heute ein absolut unmögliches Kind!«; »Mit dir kann man nirgends hingehen!«; »Du hast *mich* enttäuscht!«; »Mit *dir* muss man sich ja schämen!«; »Geh mir aus den Augen!«

Denken Sie, dass das jetzt schon überzeichnet und unerhört war? Dann darf ich Ihnen noch diese erst kürzlich aufgeschnappten verbalen Absonderungen vorstellen: »Ich halt' dich nicht mehr aus!«; »Du bist nicht mehr mein Kind!«; »Sprich mich ja nicht mehr an!«

b) Facette: Beleidigung

Vieles davon wird natürlich im Zorn gesagt, fernab von jeder Selbstkontrolle. Aber egal! Es ist unbestritten fies, so etwas seinem Kind zu sagen. Habe ich Ihre Zustimmung? Brauchen wir dazu eigentlich noch Kommentare?

c) Reaktive Verhaltensmuster

Jemand, der oft beleidigt wird, neigt ebenso zu Aggressivitäten wie zum Lügen und entwickelt ein extrem schwaches Selbstwertgefühl.

> **!** Wenn man tatsächlich einer Enttäuschung verbal Ausdruck verleihen will, darf nicht die Person, sondern allerhöchstens die Sache, die falsch gelaufen ist, »angegriffen werden«. Anstatt zu sagen: »*Du* hast mich enttäuscht!«, wäre die Alternative: »Was du *gemacht* hast, hat mich enttäuscht!« Das beschreibt eine enttäuschte Erwartung anstelle einer persönlichen Bewertung.

FIFA und ausgezehrt

a) Mögliche Formulierungen

»Du gehst heute *ohne* Essen ins Bett.«; »Zur Strafe bekommst du *kein* Essen heute«; »... dann hab' ich dich *nicht mehr* lieb!«

b) Facette: Entzug

Essens- und Liebesentzug sind beide mehr als fies. Sicherlich unbestritten! Beide haben erstens *selten* mit dem eigentlichen Fehlverhalten zu tun und zweitens wirken sie *immer* demütigend. Sowohl die Nahrungsaufnahme als auch das Gefühl, geliebt zu werden, gehören zum unbedingt notwendigen Empfinden von Geborgenheit und Zugehörigkeit. Wir erinnern uns an eines der Dinge, die Kindern wirklich Angst machen ...? Übrigens: Neulich habe ich den klassischen Dann-hab'-ich-dich-nicht-mehr-lieb-Spruch in Verbindung mit folgender Aussage gehört: »Nein, keine Sorge, so etwas sag' ich zu dir doch *nur* im Spaß!«

Echt, jetzt?

c) Reaktive Verhaltensmuster

Wer mit Liebes- oder Essensentzug abgestraft wird oder häufige Androhungen dieser Art erhält, wird alsbald Probleme mit seinem Selbstwertgefühl bekommen. Außerdem hat es einen negativen Einfluss auf das Essverhalten, die soziale Kompetenz sowie auf die Lebenskompetenzen, beispielsweise Genuss-, Liebes- und Konfliktfähigkeit.

So, liebe Leserinnen, liebe Leser! Sie haben es geschafft!

Als Belohnung für Ihr wackeres Durchhalten dieser fiesen Passagen darf ich wenigstens noch etwas Positives nachliefern:

Die gute Nachricht

Fast immer passieren FIFAs eher unbewusst und ungewollt. Es geschieht meistens mitten in einer ESKAFA und ohne groß darüber nachzudenken. Aber genau zu diesem Nachdenken will ich Sie motivieren.
Das Schöne daran: Es erfordert kaum Mehraufwand. Im Endeffekt macht es nämlich *viel weniger* Mühe, wenn Sie Ihrem Kind mental möglichst nicht wehtun. Wenn es kaum seelische Verletzungen gibt, kann man auch allen noch kommenden Konfliktsituationen viel entspannter entgegensehen.

Zwischensumme

Es gäbe noch viele andere Facetten der FIFA zu schildern.
Dazu sei nur kurz bemerkt: Der Spruch »Eine gesunde Watsch'n oder auch Ohrfeige hat noch niemandem geschadet!«, wie er zumindest bei uns in Österreich zeitweise die Runde macht, ist blanker Unsinn! Körperliche Gewalt richtet *immer* Schaden an, egal wie oft sie vorfallen mag.

Wenn Sie möchten, dürfen Sie selbstkritisch, am besten aber möglichst humorvoll über all das bisher Gelesene nachdenken. Es lohnt sich auf jeden Fall! Ich freue mich für Sie, wenn Sie ab heute, mit Spaß und Zuversicht im Herzen, immer seltener in eine der weit geöffneten, fiesen Falltüren hineintappen.

In der Mehrzahl der Fälle fallen wir über uns selbst.
Manfred Hinrich

Die Totale-Überforderungs-Falle (TÜFA)

In diesem Kapitel lernen wir zu verstehen, mit wie vielen Kleinigkeiten wir Kinder tagtäglich überfordern, ohne das immer gleich zu bemerken. Wir versuchen einzusehen, warum zahlreiche Erwartungen, die wir an unsere Lieblinge stellen, für diese schlichtweg zu hoch sein können. Tanja, die Mutter des kleinen »Kampf-Trödlers« Markus, muss jedenfalls unter Tränen erkennen, dass sie womöglich eine viel zu gute Mutter gewesen ist.

Eine Beziehung, die mit Forderungen und Erwartungen verbunden ist, verbindet nur notdürftig.
Ernst Ferstl

Aufsässigkeiten im Trend?

Kinder und Jugendliche können erstaunlich rasch mit einer Situation überfordert sein, ohne dass wir es auch nur ansatzweise bemerken. Mit anderen Worten: Erziehende tappen viel leichter in unsicht- und unfühlbare TÜFAs hinein, als die meisten sich das vorstellen können. Deshalb ist die Totale-Überforderungs-Falle ebenfalls eine der besonders heimtückischen: Sie verbirgt sich, genau wie andere ihrer »Fallen-Kolleginnen«, fast immer perfekt vor unseren Blicken und kaum ein Erziehender bemerkt in der gegebenen Situation, dass er sein Kind gerade überfordert hat.

Genau genommen ist das Überfordert-Werden sogar einer der häufigsten Stolpersteine im erzieherischen Alltag. Fast immer führt eine TÜFA im handlichen Doppelpack zuerst zu klassischem Fehlverhalten und dann, damit es schön prickelnd bleibt, meistens auch noch zu unerklärlichen Spannungen. Auf ihre jeweils ganz besondere Art wehren sich Kinder eben handlungsorientiert gegen das Auftauchen einer TÜFA.

Wir Erwachsene nehmen aber jeweils bloß die äußeren Symptome wahr: Aufsässigkeit zum Beispiel, oder Provokation, häufig Trotz, im schlimmsten Fall sogar totale Blockade.

»Was habe ich doch für ein untragbares Kind«, stöhnen dann viele Eltern, aber natürlich auch andere nahe Bezugspersonen.

Dass hinter all dem in Wahrheit vielleicht bloß Situationen stecken, in denen sich Kinder schlicht nicht mehr auskennen oder die über deren Horizont gehen, ist eben nichts anderes als eine »Totale-Überforderungs-Falle«!

Warum aber können wir sie nicht sofort erkennen, wo doch, wie wir gleich sehen werden, erstaunlich viele dieser Situationen ohnehin annähernd klar »auf der Hand« liegen? Sehr wahrscheinlich ist es so: Wir vergessen es zuweilen einfach, dass *wir selbst* als Kinder sehr häufig mit irgendetwas überfordert gewesen sind und diesen Zustand mit großer Wahrscheinlichkeit nicht gerade lustig gefunden haben.

⏭ Fall 20: »Wahltag«

Tanja R. bestellt mich zum Beratungsgespräch: Es ginge um ihren fünfjährigen Liebling Markus und dass der sich in letzter Zeit in einigen Situationen ziemlich aufsässig verhielte. Besonders akut sei aber derzeit der tägliche »Zirkus« mit dem Anziehen und Abfertigen vor dem Weg zum Kindergarten. Mittlerweile führe allein dieser anstrengende Vorgang, den andere Kinder doch wohl auch problemlos hinbekämen, jeden Morgen zu dermaßen heftigen Spannungen, dass sie, Tanja, schon wiederholt massive negative Gefühle für ihren ansonsten so liebenswerten und kuschelfreudigen Jungen verspürt habe.

Bereits an diesem Punkt des Gesprächs hat die junge Mutter Tränen in den Augen. Klar, täglich Punkt sieben Uhr früh eintreffende Konflikte mit dem geliebten Kind zehren mächtig an der Substanz. So würde es wohl jedem liebenden Elternteil gehen.

Eigentlich ist das Beratungsalltag, dennoch für mich immer wieder ein Grund, hart zu schlucken, weil es mir eben nahegeht, wenn ich spüre, wie sehr sich viele Eltern augenscheinlich unlösbare Konflikte mit ihren Kindern zu Herzen nehmen, geschürt durch ein nahezu unvermeidbares Gefühl der Hilflosigkeit. Genau diese Ohnmacht spüre ich dann auch im weiteren Gespräch: »Ich halte das nicht mehr durch!«, klagt Mama Tanja, »morgens trödelt mein Bub endlos herum, kommt dann meistens sogar erst halb angezogen herunter, weil er ›keine passenden Sachen gefunden‹ hat. Dabei besitzt er mehr als genug Klamotten. Meistens gerate ich dann selber in Stress, weil *ich* hinauf in sein Zimmer muss, um ihm selbst ein paar Hosen oder T-Shirts zum Frühstückstisch zu bringen. Fast immer muss ich ihm dann förmlich etwas aufdrängen, das er dann aber meistens wieder auszieht.«

Das überrascht uns wohl eher nicht, oder?

Jedenfalls scheint Tanja am Ende ihrer Weisheit angekommen zu sein: »Es ist zum Verrücktwerden! Warum macht Markus das? Will er mich mit seinem Verhalten bloß provozieren?«

Nach einem tiefen Seufzen erzählt die ratlose Mutter mit zunehmend brechender Stimme ihre Geschichte zu Ende: »Erst wenn ich knapp vor dem Wegfahren böse werde oder total ausraste, was ich gar nicht will, zieht er sich lustlos an. Er bringt mich damit jeden Tag an meine Grenzen, was dann meine Kolleginnen im Büro natürlich bemerken!«
Wieder gibt es Tränen, diesmal aber muss das Gespräch unterbrochen werden. Gönnen wir Tanja an dieser Stelle doch ihre Pause und schieben einen Merksatz ein, der mir sehr wichtig erscheint, weil ich von immer mehr Eltern, Großeltern und auch Pädagogen das Wort »Provokation« höre. Viele Fragen klingen also ganz ähnlich wie jene, die Tanja vorhin gestellt hat.

> **!** Es darf davon ausgegangen werden, dass Kinder und Jugendliche uns grundsätzlich niemals absichtlich »provozieren« wollen, uns jedoch aus zweierlei Positionen dennoch nur allzu oft zum Grübeln bringen: 1.) Um Grenzen auszutesten und im Idealfall daraus zu lernen. 2.) Um uns handlungsorientiert etwas mitzuteilen, wie z. B. »Ich bin gerade überfordert, tief verletzt« usw.

Gut, das war jetzt nicht unbedingt *ein einziger* Satz, aber das ist der Wichtigkeit des Inhalts geschuldet.

Noch immer im Gespräch mit Tanja

Für mich ist das meiste ohnehin schon geklärt, ich brauche nur noch *eine* Bestätigung, die auch nicht lange auf sich warten lässt: »Ich versuche, meinem Kind eben eine gute Mutter zu sein«, erklärt Tanja, nachdem sie sich wieder gefangen hat, »und lasse den Jungen immer selbst aus seinem Kasten aussuchen, was er möchte. Ich mag Markus bei so etwas keinerlei Vorschriften machen. Außerdem habe ich in einem Elternbuch mal gelesen, dass Kinder gewisse Entscheidungsfreiheiten haben sollten.«

»Ja, ja!« denke ich insgeheim, »da hat wohl mal wieder einer dieser brandgefährlichen Erziehungsratgeber zugeschlagen! Ob ich wohl besser mit der Arbeit an *diesem hier* aufhören sollte …?«

Egal, ich muss hier meinen Job machen. Mein Verdacht hat sich wenigstens schon mal bestätigt: Tanja ist ganz offensichtlich in eine TÜFA hineingetappt und findet da allein nicht wieder heraus. In ihrem lobenswerten Bestreben, eine Mutter zu sein, die ihrem Kind viel Freiraum gibt, hat sie ein klein wenig

über das berühmte Ziel hinausgeschossen. Eine erste gute Nachricht habe ich aber für Markus und seine Mom: »Sie können sich beide schon entspannen, das sind ja wahrlich geradezu Peanuts, also Kleinigkeiten.«
Ich wünschte jedenfalls, dass *jeder* meiner Fälle so einfach zu lösen wäre wie dieser.

Aber bevor ich den beiden meine Tipps geben kann, brauche ich noch eine letzte Absicherung und frage daher, ob ich den Buben kurz in seinem Zimmer besuchen darf. Ich klopfe also, wie es sich natürlich auch bei Kinderzimmern gehört, wenig später bei dem kleinen Kleiderchampion an und darf auch sofort eintreten. Super! Kinder geben ehrlich gemeinte Höflichkeit nahezu immer genauso authentisch zurück. So weit ist der süße Fratz also schon mal kein »Provokateur«.

Was ich sehen wollte, habe ich jedenfalls soeben gesehen: einen gigantischen Kleiderkasten, randvoll mit Kindersachen. Alle gehören sie ganz allein Markus, was mich allerdings nicht sonderlich überrascht, weil der kleine »Kampf-Trödler« ein Einzelkind ist!

Rückblende ...
Vor vier Tagen, morgens
Hören wir doch zur Abwechslung mal wieder einem Kind beim Denken zu: Markus steht vor seinem riesigen geöffneten Kasten, welcher geduldig auf die heutigen Mode-Entscheidungen seines Eigentümers wartet. Doch der hat gerade keinen Plan: »Was soll ich denn anziehen? ... das neue T-Shirt da ganz oben? ... äääh, da komm' ich gar nicht hinauf ... die alte Hose mag' ich so gern ... ob's Mami auch recht ist, wenn ich die anzieh'? ... und was sagt dann die Oma am Abend? ... die will immer, dass ich ›ordentlich aussehe‹ ... Mist! Ich denk' nach dem Frühstück drüber nach!«

Zwischensumme

Jetzt wird es Zeit für die Analyse, die sicherlich kaum noch Überraschungen bietet: War doch klar, oder? Markus ist sowohl mit seiner täglichen Aufgabe als Mode-Designer überfordert als auch damit, wie er seine geliebten Bezugspersonen zufriedenstellen kann. Dass der Kleine instinktiv auf solche Freiheiten lieber verzichten würde und sich stattdessen eher nach klaren Vorgaben seiner Mutter sehnt, ist Mama Tanja bislang nicht in den Sinn gekommen. Aber dafür darf ich ja jetzt mit meinem Rucksack voller wertvoller Tipps ankommen.

Lösungsansatz

Es war diesmal ziemlich leicht, schon beim ersten Gespräch einige einfache Ansätze aufzuzeigen. Ich rate gleich mal, den Jungen in seinen Wahlmöglichkeiten von Anfang an stark einzuschränken. Klingt hart, oder? Das ist es aber keineswegs! Gleich haben wir die Bestätigung dafür ...

Wir wissen ja bereits, dass sich Kinder immer jene Handlungswege suchen, die ihnen besonders *leicht*fallen, und solche, die sie *gerne* beschreiten. Sobald wir diese Rahmenbedingungen schaffen, haben wir schon mal mehr als die Hälfte unseres Weges zum entspannten Erziehen hinter uns gelassen.

Markus bekommt deswegen seit vorgestern nur mehr *zwei* verschiedene Ausstattungen zur Auswahl. Doch damit dieses Vorgehen nicht in unerwünschter »Bevormundung« ausartet, verfeinern wir die Einschränkung so weit, bis sie dem Buben richtig *leicht*fällt und er, quasi als Bonus, diese Auswahl auch noch wirklich *gerne* trifft. Wie wir das geschafft haben?

Sehr bewährt hat sich der Ansatz, solche enorm schwierigen und lebenswichtigen Entscheidungen wie eine Klamottenwahl besonders mit kleineren Kindern bereits *am Abend zuvor* abzuwickeln. Diese Vorgehensweise führt in unserem Fall sofort zu spürbarer Erleichterung, weil sich die Spannungen ja bislang nur unter Zeitdruck gezeigt haben. Tanja ist hellauf begeistert, möchte jetzt noch mehr Tipps von mir bekommen. *Aber gerne doch ...*

Wir verfeinern die Vorgehensweise noch weiter, indem wir das ganze Paket mit ein wenig Spaß aufpeppen: Markus tippt nun abends spielerisch mit dem bunten Zauberstab aus seinem geliebten »Schlotterharry-Magiekasten« auf die zwei oder drei Lieblingsausstattungen für den nächsten Tag. Wenn er sich besonders schnell entschieden hat, bekommt er als Dankeschön noch einen Bauchpuster von Mama, dass es nur so brummt. Den hat er so unheimlich gern. Da kann er sich jedes Mal ausschütten vor Lachen.
Eine letzte Belohnung haben wir aber trotzdem noch im Geheimfach: Für besonders »blitzartiges« Ankleiden gibt es noch am selben Tag eine Gute-Nacht-Geschichte in »extra large« oder mit extra Gruselinhalt. Darauf freut sich Markus morgens schon und kommt, beinahe außer Atem, vollständig angezogen die Stufen heruntergehüpft: »War ich auch schnell genug?«, schnauft der Dreikäsehoch und steht augenscheinlich vor seinem ersten stressbedingten Burn-out. Gratuliere: Damit liegst du *voll* im Trend, kleiner Mann!

Der Rest des riesigen Modehaufens im Kasten ist jetzt konsequent hinter Schloss und Riegel und steht schlichtweg morgens gar nicht mehr zur Debatte. Höre ich da etwa einige Leute protestieren? Gegen diesen Impuls habe ich *auch* ein Rezept: Schauen wir doch einfach mal nach, wie es Markus heute geht ...

Heute
Seit der »Umstellung« sitzt, nach nur drei Eingewöhnungstagen, ein ruhiger, zufriedener und vor allem fertig angezogener Bub beim Frühstück. Das bisherige Zeitproblem stellt sich seitdem überhaupt nicht mehr. Markus grinst und schlabbert seelenruhig sein ungesundes Süßkram-Müsli ...

Nach diesem Schema lassen sich zahllose weitere Situationen finden, mit denen ein Kind überfordert sein kann, um dann augenscheinlich als kleiner Haustyrann zu wirken, bloß weil es nicht erwartungsgemäß reagiert.

Alles klar so weit?

Jetzt möchte ich mich noch einigen anderen, ebenso spannenden Erscheinungsformen der TÜFA widmen ...

TÜFA und der Überfluss
Denken wir doch einmal an die extrem vielen Angebote auf dem Freizeit- und Konsumsektor. Ich stelle mir da gerade irgendeinen »Toysplus-Mega-Store«-Spielwarenladen vor. Sind nicht auch sie wie ein riesiger, weit geöffneter Kasten, in dem endlos freie Auswahl herrscht? Stehen hier nicht auch Kinder und Jugendliche hilflos davor, sehnlich auf eine kleine Einschränkung durch Erwachsene hoffend, und sind in Wirklichkeit total überfordert?
Könnten Kinder es wahrheitsgemäß artikulieren, sie würden sich niemals wünschen, vor dem Problem einer riesigen materiellen Auswahl stehen zu müssen. Es stellt einfach eine zu große Hürde dar, vor der ja auch wir Erwachsene oft stehen. Nur müssen harte Entscheidungen unsereins nicht unbedingt gleich aus der Bahn werfen. Oder nur manchmal ... Ein überfordertes Kind jedoch kommt auf seiner noch weitgehend instabilen Lebensbahn viel leichter ins Schlingern.

Spätfolgen?
Gerät ein Kind öfter in diese Variante der TÜFA, beginnt es zu akzeptieren,

dass es eben *völlig unlösbare* Entscheidungen gibt, und distanziert sich irgendwann gänzlich davon, solche überhaupt zu treffen. Es überlässt sie bald nur noch seinen Bezugspersonen. Der spätere Erwachsene lernt somit schon als Kind, vor einer möglichen Auswahl und somit auch vor seinen eigenen Entscheidungen zurückzuschrecken und rasch aufzugeben.

TÜFA und die Abwechslung

Mit einer ziemlich »beliebten« Fehlmeinung darf ich noch aufräumen, die übrigens auch Mama Tanja bis vor Kurzem selbst vertreten hat: »Kinder brauchen doch *viel* Abwechslung und deshalb auch viele verschiedene Angebote im Alltag und im Familienleben.«

Kindern müsse so oft wie möglich etwas Neues bzw. maximale Abwechslung geboten werden, so der O-Ton zahlreicher Eltern, weil ihnen heutzutage ziemlich schnell *langweilig* werden könne und sie dann bloß wieder auf dumme Gedanken kämen. Die aktuelle Entwicklung scheint diese Denkart übrigens nur allzu deutlich zu bestätigen: Da gibt es Kinder mit Mehrfach-Mitgliedschaften in Sportklubs, Lernzentren, sozialen Gruppen und speziellen Einzeltrainings. Erst neulich hat eine stolze Großmutter mir erzählt: »Unser kleiner Wendelin hat jetzt einen neuen Personal Trainer, bei dessen Übungseinheiten *schwitzt* er nicht mehr! Ist das nicht toll?«
Verzeihung, aber ich fühle mich gerade etwas *überfordert* ...

Nach solchen Aussagen finde ich meine ganz persönliche Stärke oft erst wieder, wenn ich an den pfiffigen Satz eines guten Freundes von mir denke, der ein sehr engagierter Kinder- und Jugendpsychiater ist: »Du brauchst dir bloß den Terminkalender eines Kindes anzuschauen. Wenn der annähernd jeden Tag voll ist, braucht der kleine Sonnenschein bald einen Termin bei *mir*.«

Sie ahnen sicher schon, dass ich mindestens die vorigen drei Absätze mit hoffentlich großzügigem Augenzwinkern verstanden haben möchte ...

! Je mehr Abwechslung Sie in den kindlichen Alltag bringen, desto mehr könnten Sie Ihren Liebling überfordern. Die Erklärung hierfür wird Sie vielleicht überraschen: Kinder sind *erzkonservative* Menschen!

TÜFA und die Konservativen

Kinder besitzen ganz tief verwurzelt etwas, das man als »Sicherheitsdenken« bezeichnen kann, und das ist seitens der Natur offenbar recht massiv ausgefallen. Diese Veranlagung macht sie eben erzkonservativ. Sie fühlen sich am wohlsten, wenn etwas möglichst lange Bestand hat, auf das sie sich erst mal eingestellt haben. Doch sich auf etwas einzustellen, braucht seine Zeit! Genau *die* haben Kids aber oft nicht, wenn man ihnen permanent Neues anbietet. Ein kleiner Teufelskreis der TÜFA.

Am schönsten und sichersten ist es demnach für Kinder und durchaus auch für Jugendliche, wenn »alles beim Alten bleibt«.

Lösungsansätze:

Warten Sie doch ganz entspannt ab, ob Ihr Kind irgendwann *selbst und ohne jede Einflussnahme* nach einer speziellen Abwechslung verlangt, und treffen Sie erst *danach* Ihre Entscheidung.

Kinder lieben Bezugspersonen, die ihrem Leben Struktur und Sicherheit geben, indem sie ihnen helfen, sich längerfristig an ein und derselben Sache zu erfreuen. Wenn Sie *das* bieten können, sind Sie schon fast perfekt entspannt unterwegs.

Klar darf man Kinder immer wieder mal ermutigen, über den eigenen Schatten zu springen. Das ist zum Beispiel bei ungesunden Essgewohnheiten sehr hilfreich: »Verführen« Sie ruhig Ihren Liebling öfter dazu, etwas ganz und gar Ungewohntes zu kosten, am besten, indem Sie es selbst mit Genuss tun.

Auch altbekannte Spiele mit ständig neuen Varianten zu versehen, fördert immens die Abwechslungsbereitschaft, ohne auf Gewohntes verzichten zu müssen. Aber übertreiben muss man's mit den Ermutigungen ja nicht ...

! Zu häufig angebotene Abwechslungen führen bei Kindern zu innerem Chaos, Instabilität und totaler Überforderung. Spätfolgen sind unvermeidlich. Weniger ist mehr!

Fall 21: »Flötentöne«

»Na also«, tönt Mariannes Mutter nach einer Darbietung, »ich wusste ja, dass mein Schatz *genauso* ein Supertalent auf der Querflöte ist, wie *ich* früher!"

Doch als ich bei der Zehnjährigen neugierig nachfrage, verzieht sie bloß gequält das Gesicht und widmet sich anstatt den Flötentönen augenblicklich wieder ihren hübschen, »geheimen« Tierzeichnungen, die übrigens erstaunlich künstlerisch wirken. Diese Kunst hat aber noch niemanden interessiert, weil die Mutter ihre Tochter irgendwie schon bei den Wiener Philharmonikern spielen hört.

Sie wissen, *worauf* das hinausläuft?

TÜFA und die Supertalente

Es wäre unprofessionell, ließe ich unerwähnt, wie sehr man ein Kind mit diversen persönlichen Leistungserwartungen überfordern kann.
So wie im vorigen Fall sehen unzählige Eltern bei ihren Kindern geradezu virtuose, verborgene Talente. Doch nur allzu oft fallen diese augenscheinlich sensationellen Gaben letztendlich eher bescheiden oder durchschnittlich aus, was aber genau dann niemanden zu interessieren scheint: Jetzt muss *erst recht* voll Kanne geübt werden ...
Das voll im Trend liegende Unwort »Frühförderung« kommt mir in den Sinn. Irgendwie scheinen wir immer mehr zu denken, dass wir Kinder *machen* können.

Dieser Irrtum ist besonders oft dort zu finden, wo Sportler »gemacht« werden: Beispielsweise habe ich in letzter Zeit einige Väter kennengelernt, die in ihrer Jugend fanatische Fußballspieler waren und ihre Söhne nun auf jeden Fall und leider oft auch *um jeden Preis* als Starfußballer übers Feld rennen sehen wollen. Nichts gegen Fußball, verstehen Sie mich da bitte nicht falsch. Generell kann *jede* Art von verordnetem Leistungssport für Kinder zur heftigen Überforderung führen.
Eltern, denen es zu ihrer Zeit vielleicht nicht ganz gelungen sein mag, ihre *eigene* Wunschkarriere als Sportler zu erleben, gehören nicht selten zu den »Überforderern«. Sehr oft wünschen sie sich übermächtig, die Kids mögen doch erreichen, was damals nicht geklappt hat. Natürlich halten dann Ansagen wie »Du sollst in deinem Leben *mehr* Erfolg haben!« und »*Dir* soll es einmal besser gehen ...!« als Trostpflaster her. Aber in Wirklichkeit kann es durchaus der *eigene* Erfolg sein, nach dem man dabei strebt.
Schon wieder hat sich eine TÜFA versteckt und zeigt ihr Gesicht erst, wenn Junior in der Pubertätsphase rebellisch wird und wütend alles hinschmeißt, was ihn schon jahrelang überfordert hat. Solch eine Erfahrung möchte ich *Ihnen*

ersparen. Denn Junior oder »Juniorin« wird eine langjährige TÜFA sicher sehr lange nicht verzeihen können. Oder vielleicht niemals?

Hetzen und Jagen verwirren das Herz.
Laotse

Doch das soll Sie jetzt nicht davon abhalten, auch mal die Qualitäten Ihres Lieblings als Leistungssportler abzuklären. Wo sollten denn sonst all die aktuellen Sportstars herkommen? Aber etwas mehr *hineinhören*, einlassen und sensibel sein, wäre auf jeden Fall gefragt: »Will mein Kind das wirklich? Tut es sich leicht? Macht es seine Sache von Herzen gerne?« Darauf kommt es schließlich an, um der TÜFA ein Schnippchen zu schlagen. Denn nur außerhalb dieser heimtückischen Falle macht das Kinderleben auch wirklich Spaß!

TÜFA und die Unklarheiten

Zu guter Letzt geht es um unklare Formulierungen, die, das lässt sich denken, schnurstracks in eine bildschöne TÜFA führen können. Bevor ich weiter unten einige ziemlich beliebte überfordernde Sätze aufliste, möchte ich speziell den absoluten »Bringer« unter ihnen hervorheben.
Bereit?
Hier ist er: »Sei brav!«

Stellen wir uns doch wieder einmal vor, was im Kopf eines Kindes wohl vorgehen mag, wenn es Sätze wie diesen hört: »Wenn du morgen in die Schule gehst, musst du brav sein!« Wir wechseln jetzt direkt zum »Download« aus dem kindlichen Denkapparat: »Wie jetzt? Muss ich dort brav gehen? ... brav stehen? ... brav sitzen? ... brav schwitzen? ... nicht mehr lachen? ... keinen anschauen, oder was?«
Leute, die *totale Überforderung* lässt grüßen ...

Der Punkt ist: Was *wir* selber gerade unter dem Begriff »brav sein« verstehen, ist eine Sammlung unklarer Erwartungen, welche zwar aus Sicht des Erwachsenen möglicherweise allesamt nachvollziehbar sein mögen, von denen das Kind aber nur eine ungefähre Vorstellung haben kann. Dieses spannende Phänomen nennen Soziologen »Bündel normativer Erwartungen«.

Ich will diesen komplizierten Fachausdruck aber noch einmal ganz leicht verständlich machen, indem ich beispielgebend den Vater eines neunjährigen

verhaltenskreativen Buben zitiere: »Wenn ich von ›brav sein‹ rede, müsste der Bub doch mittlerweile schon *wissen*, wie er sich zu benehmen hat!«
Wirklich, Paps? *Weiß* er das ...?

Ein einziger klarer Gedanke erspart tausend verworrene.
Andreas Tenzer

Top Ten der Unklarheiten
Zum Ausklang löse ich jetzt mein Versprechen ein und liefere Ihnen eine »Top-Ten-Liste« beliebter überfordernder Sätze, ohne Anspruch auf Vollständigkeit oder Rangordnung: »Streng dich an!«; »Sei ordentlich!«; »Benehmt euch!«; »Nimm dich zusammen!«; »Sitz ruhig!«; »Macht Ordnung!«; »Räum dein Zimmer auf!«; »Seid still!«; »Ihr müsst mehr leisten!« usw.

Habe ich mich verzählt? Na ja, verständlich nach all den TÜFAs. Doch wie es der Zufall will, habe ich die Nummer zehn schon gefunden. Oder ist es vielleicht sogar eine weitere Nummer eins? Ex aequo, wie die Leistungssportler sagen?

»Mein Kind, fall bloß nicht auf!« ... äh, wie *fällt* man denn bitteschön *»nicht auf«*?
Was ist nur los mit mir? Ich fühle mich schon wieder total überfordert.

Denken heißt Gegen- und Entgegendenken,
in die Falle tappen und lachend herauskommen.
Manfred Hinrich

Die Egal-Falle (EGAFA)

Nach den vorhergehenden eher aufwendigen Fallen-Analysen gibt es nun ein wenig Abwechslung: Wir schreiten ab nun viel rascher voran. Die Erziehungsfalle, in welche wir jetzt »hineinschlittern«, erklärt sich bereits ziemlich schnell von selbst. Wir brauchen dazu bloß einem einzigen Kind, dem sechsjährigen Julian, beim Denken zuzuhören. Aber bitte unterschätzen Sie trotz aller Kompaktheit des Kapitels nicht die tiefgehenden Auswirkungen der EGAFA. Die werden uns ohnehin gleich deutlich vor Augen geführt. Dieser kurze Abschnitt sollte Ihnen also ganz und gar nicht egal sein …

Übrigens hat nun endlich einer meiner kleinen Protagonisten ein reales Gesicht für uns: Julian ist der Bub auf unserem Cover-Bild.

Beziehungskrise?

Nach nunmehr vier eingehenden Fallen-Besprechungen haben Sie sicher schon erkannt, worum es in diesem Buchabschnitt geht: Ich möchte unter dem Begriff »Erziehungsfallen« eigentlich nur jene Interaktionen verstanden wissen, welche *nachhaltige* Auswirkungen auf die kindliche Wahrnehmung wie auch auf den Seelenzustand unserer Lieblinge haben können.

Die Egal-Falle bildet da keine Ausnahme. Ganz im Gegenteil: Sie wirkt sich, obwohl fast immer unerkannt, zutiefst auf die kindliche Beziehungswahrnehmung aus. Um das wirklich gut nachvollziehen zu können, benötigen wir allerdings noch einen neuen Begriff …

Versunkenes Spiel

Ich möchte zum besseren Verständnis für das folgende Fallbeispiel an dieser Stelle erstmals den Begriff »versunkenes Spiel« einführen. Sicher kennen Sie das: Ihr Kind ist im einsamen Spiel völlig weggetreten und murmelt Dialoge und Szenen vor sich hin, die *nur* vor seinem geistigen Auge ablaufen und die sonst niemand anderer sehen oder hören kann. Ein unglaublich spannender Vorgang, der dazu noch überaus wichtig für die Persönlichkeitsbildung und die seelische Stabilität eines jungen Menschen ist und deswegen Kindern von Natur aus gegeben zu sein scheint.

! Völlig in sich selbst versunkenes Spiel, ohne Einflussnahme und Unterbrechung von außen, ist für die Persönlichkeitsentwicklung von Kindern essenzieller Bestandteil und sollte daher nach Kräften gefördert werden.

Die selbstkritischen Fragen, die sich nach diesem Merksatz aufdrängen, könnten lauten: *Fördern* wir das wirklich? Hat unser Kind überhaupt noch *Zeit* zu so etwas? Sind Kinder in unserer Konsumwelt überhaupt noch *fähig* dazu?

Aus der Art, wie das Kind spielt, kann man erahnen,
wie es als Erwachsener seine Lebensaufgabe ergreifen wird.
Rudolf Steiner

Wie auch immer: Sicherlich können Sie gut nachvollziehen, wie schwer es einem Kind fallen muss, aus einem wahrhaft versunkenen Spiel plötzlich herausgerissen zu werden, aus welchen Gründen auch immer. Es kostet immense Überwindung, so, als müssten *wir* mitten in einer wahrlich spannenden oder zu Herzen gehenden Filmszene plötzlich zu einem Krisengespräch mit der Schwiegermutter, die übrigens auch in unserem Fallbeispiel auftreten darf. Die *unsrige* ist allerdings ganz und gar nicht »böse«. Nur ein wenig streng ...

Fall 22: »Raumschlacht«

Im Zimmer des sechsjährigen Julian liegen haufenweise Spielsachen herum. Aufräumen? Kein Thema derzeit! Jedenfalls sieht es aus wie nach dem Urknall, was allerdings perfekt zu der schon wochenlang andauernden Spielphase des Buben passen würde: *Der Weltraum! Unendliche Weiten ...*

Julian spielt also gerade intensiv und völlig versunken mit einem silbern glänzenden Raumschiff samt ausreichender akustischer Bewaffnung. Dieses laute Ding ist sein derzeitiges Lieblingsspielzeug, von dem er sich kaum trennen kann. Ein Fakt, der für unser tieferes Verständnis für die EGAFA noch sehr wichtig sein wird. Mama Sabine arbeitet gerade im Wohnzimmer am Bügelbrett, während ihr kleiner Liebling zu ihren Füßen eine hitzige Raumschlacht austrägt.

In Mamis Kopf hämmert allerdings der »Kinderzimmer-Alarm«, weil heute nach einem halben Jahr die Schwiegermutter zu Besuch erwartet wird. Doch die Zeit zum gemeinsamen Aufräumen ist nicht vorhanden: Gleich kommen

Julians ältere Schwestern aus der Schule, der Vater kommt natürlich auch früher nach Hause. Deswegen klingt Mami schon jetzt einigermaßen genervt, nicht zuletzt wegen der andauernd jaulenden Spielzeugwaffen: »Julian, räum bitte dein Zimmer auf!«

Der süße Kleine reagiert sofort! Jedoch nicht auf seine Mom, sondern auf Captain Kirk, der soeben aus seinem Raumschiff gepurzelt ist. »Hoffentlich kann der trotzdem noch seinen Dienst in der Raumflotte versehen«, denkt der kleine Mann wie ein pflichtbewusster Raumfahrer. Mamas Aufforderung scheint ihn jedenfalls nicht die Bohne zu interessieren: Ohne Pause geht seine Raumschlacht in die nächste Runde. Klar: Mitten im versunkenen Spiel würde allein das Zuhören schon Überwindung bedeuten.

Julian will jedenfalls nicht unterbrochen werden: »Nein Mami!«, denkt der kleine Pilot, »nicht jetzt! Nicht heute! Nicht, solange mein Raumschiff Entenschweiß noch fliegen kann! Das Teil ist ja sooo cool!«
Aber Mami hat für die Leidenschaft ihres Sohnes derzeit kein Verständnis, Sie ist jetzt schon sehr gereizt: »Julian! Sag mal, kannst du denn nicht hören?«
Nein! Kann er anscheinend nicht: »Kein Anschluss unter dieser Nummer …!«

Als Mama Sabine aber urplötzlich an den gestrengen Was-für-ein-Satansbraten-Blick ihrer Schwiegermutter denken muss, kommt massive Zeitpanik in ihr auf: »Julian! Verschwinde jetzt endlich in dein Zimmer und räum zusammen!«, schreit sie eher ungewollt laut ihren Sohn an.

Bravo! Wie war das mit der ESKAFA? »Egal«, denkt Sabine, »jetzt schaut er mich wenigstens an.« Welch ein Wunder: Nun beginnt der hoch dekorierte Raumadmiral sogar mit einem unterentwickelten Erdenbewohner zu *reden*: »Maaami! Ich mag jetzt nicht …!« – »Jetzt!«, unterbricht ihn Sabine, noch ein wenig lauter, »räumst du *sofort* dein Zimmer auf! Was, wenn Oma deinen Saustall …?«
Julian ist alarmiert: »Ja, jaaa! Ich *geh'* ja schon!«, kommt es unwillig und gedehnt von schräg unten.

Es hat also geklappt. Julian *belohnt* seine Mami jetzt zwar für die Eskalation, aber sei's drum … Viel wichtiger für unser Verständnis um die Wirkung der Egal-Falle ist aber die große Überwindung, die der Austritt aus dem versunkenen Spiel den Buben jetzt schon gekostet hat. Jedenfalls macht er sich widerwillig auf den Weg in sein Zimmer und beginnt, vor sich hin grummelnd, die ungeliebte Arbeit. Schließlich wird ein Sechsjähriger wohl genau wissen, wie alles perfekt zusammengeräumt werden muss, oder? Hat sich da vielleicht, quasi als Bonus, auch eine winzige TÜFA mit eingeschlichen?

Mama denkt indes: »*Immer* muss ich erst heftig werden, damit etwas geht!« Für den Moment ist der »Fall Kinderzimmer« abgeschlossen, denn Sabine hat nun wahrlich Wichtigeres im Kopf. Verständlich: Der Besuch der sehr lieben, aber auch überaus kritischen Schwiegermama, das Essen, das Bügeln. »Ob sich all das noch ausgeht?«, denkt sie gestresst ...

Julians Mama bügelt also in großer Zeitnot konzentriert weiter. Knapp eine Stunde vergeht. Gerade klappt Mami den Bügeltisch auf, als Julian missmutig zurückkommt. Der Junge hat sich selbst übertroffen: So schön geordnet waren all die vielen Sachen zuletzt wohl bei der Hausübergabe. Doch jetzt wird es für Sabine höchste Zeit, das Essen zuzubereiten. *Wieder* ist keine Gelegenheit, Julians Leistung entsprechend wahrzunehmen, schon gar nicht, um auf diese näher einzugehen.

Inzwischen ist wohl deutlich geworden, worauf das hier hinausläuft. Aber kennen Sie auch die *ganze* Wahrheit?
Hier ist sie ...

EGAFA mal vier

Vier Dinge hätten die Aufmerksamkeit der Mutter verdient:
– Julians *große Überwindung*, mitten in der wichtigen Raumschlacht eine ungeliebte Arbeit anzupacken;
- die daraufhin erfolgte Höchstleistung, *trotz Überforderung* das Zimmer tatsächlich komplett und strukturiert aufzuräumen;
- die offensichtliche *Ausdauer*, die dahinter gestanden hat;
- dass der kleine Julian, offenbar seiner Mutter zuliebe, *keinerlei Hilfe* angefordert hat. Er muss gespürt haben, dass sie überlastet ist.
Oh, diese wunderbaren, *feinen Antennen* der Kids!

Für all diese Wahrnehmungen hat Mami aber heute eben gar keine Zeit gehabt. Wirklich schade!

Doch jetzt kommen wir zum eigentlichen Kern der EGAFA, indem wir, wie schon gewohnt, die kindlichen Gedanken belauschen:

»Mist! *Immer* wenn ich was super hinkriege, interessiert Mami sich *gar nicht* dafür! ... Wenn ihr das sowieso ganz *egal* ist, wozu mach' ich es dann? Aber warte: Das nächste Mal lass' ich alles unterm Bett verschwinden ... und meine Raumschlacht gebe ich deswegen *sicher* nicht mehr auf!« Während diese Gedankengänge in ihm ablaufen, zerdrückt unser süßer kleiner Julian insgeheim eine winzige Träne.

! Je größer die Überwindung ist, die Sie Ihrem Kind augenscheinlich abverlangt haben, desto deutlicher sollten Sie in der Folge die positive Leistung wahrnehmen.

Im Lob ist mehr Eindringlichkeit als im Tadel.
Friedrich Nietzsche

Rückblende ...
Vor gut einer Stunde
Welche Kraft und Überwindung es Julian gekostet haben mag, nachzugeben, erkennen wir an seinen Gedankengängen, während er aufräumt: »Hoffentlich sind Mama und Oma dann *endlich* mit mir zufrieden!«, denkt er, als er das Chaos in seinem Zimmer bewusst wahrnimmt. »Helfen tut mir sowieso wieder niemand! ... in welcher Lade waren die blöden Autos noch drinnen? ... ach, ist ja egal ... oder soll ich Mami zuliebe doch ganz besonders schön aufräumen?«
Wie der kleine Raumfahrer sich entschieden hat, wissen wir ja.
Eine anstrengende Stunde später ist der Bub zufrieden und freut sich schon darauf, was seine geliebte Mutter dazu sagen und wie sie staunen wird. Vielleicht wird Mami ihn heute sogar dankbar drücken? Jedenfalls braucht jetzt niemand mehr Omas kritischen Blick zu fürchten. »He, Mami, sieh dir das an!«, flötet Julian auf dem Weg zurück zum Wohnzimmer. Doch die Mutter, ganz in ihre Aufgaben versunken, ist derzeit auf dieser Wellenlänge nicht empfangsbereit.
Wir allerdings verstehen schon die Zusammenhänge.

In Zukunft wird Julian vielleicht *noch* ein wenig später zuhören. *Gratuliere!* Das sind ja tolle Aussichten: Sollte es wieder einmal um das Aufräumen des Zimmers gehen, wird es schon um einiges schwieriger sein, den Buben zu einer Überwindung zu bewegen, was wir als eindeutige Folge der EGAFA vermerken dürfen.

Zur Verinnerlichung formuliere ich noch einmal eine »Regula Falsi«, die sich der Bub zurechtgelegt hat: »Mami ist's *egal*, ob ich die Sache gut mache! Also brauche ich das nächste Mal *gar* nichts mehr zu tun!«

Eigentlich hat der Pfiffikus sogar recht damit: Mami war es zu diesem speziellen Zeitpunkt tatsächlich egal. Eigentlich war sie froh gewesen, im Moment der hektischen Arbeit von Junior und seinem lauten Spielzeug Ruhe zu haben. Doch *»kurzfristige Erleichterungen«* heißen ja nicht umsonst genau so …

Das dicke Ende …

… kommt nach, könnte man sagen. Die EGAFA hat nämlich noch einen *viel tiefer* gehenden Einfluss auf die kindliche Wahrnehmung, als wir ohnehin schon herausbekommen haben. Sind Sie bereit für den letzten Gedankensplitter, bevor wir uns von Julian, seiner Mutter und damit fürs Erste auch von der EGAFA verabschieden?

Hier, bitte …

Jetzt

Als der Junge später traurig in seinem Zimmer sitzt und ihm nun doch ein paar Tränen über die Wangen kullern, denkt er in diese Richtung: »Eigentlich bin *ich* meiner Mami eh vollkommen egal!«

Alles klar?

Wo dem Kind die zarte Hand und das lächelnde Auge der Mutter mangelt,
da entfaltet sich auch in seinen Augen und in seinem Munde
das Lächeln und die Anmut nicht.
Johann Heinrich Pestalozzi

Die Unwahrheits-Falle (UWAFA)

Diese wahrlich aufdringliche Falle kann sich ebenfalls unhör- und unsichtbar öffnen: Beispielsweise kann schon eine ganz kleine Portion »verbogene Wahrheit« den Schlüssel im Schloss einer UWAFA-Falltür herumdrehen. Vielleicht wollte es sich Papa Martin, bei dem wir eine Stippvisite riskieren, bloß für den Augenblick etwas leichter machen? Kein guter Plan, guter Mann! Aber er ist damit sowieso nicht allein: Wie mühelos jedermann in diese Falle tappen kann, wird Ihnen meine kurze Auswahl von aktuell aufgeschnappten Unwahrheiten zeigen. So werden Sie trotz der Kompaktheit des Kapitels erkennen: Unwichtig ist die UWAFA keineswegs …

Auf Schritt und Tritt

Dass man in diese »Falle der verbogenen Wahrheit«, wie ich sie unter anderem gerne nenne, beinahe auf Schritt und Tritt hineintappt, sollte nach kurzem Überlegen wohl jedem klar sein. Kaum ein Tag vergeht, da man nicht im Zwiegespräch mit Kindern irgendeine Wahrheit ein wenig *verbiegt*.
Wie jetzt? *Ihnen* passiert so etwas niemals?
Na, dann machen Sie sich mal bereit zum Staunen …

Logisch: Viele möchten ihre Kinder niemals bewusst anlügen. Gut so! Doch die UWAFA kann sich auch vor Menschen mit solch lobenswerten Vorsätzen sehr sorgfältig verbergen. Dazu benutzt sie gut getarnte Falltüren, von denen ich einige gerne zur Begutachtung für Sie öffne.

Falltüre 1: Redewendungen

Daheim: Ein schon minutenlang telefonierender Vater zu seiner ungeduldig wartenden Tochter: »Wart ein Sekunderl! Bin gleich fertig …!« Wie bitte? Ein *Sekunderl …*?

Beim Schulwandertag: Eine auf dem aktuellen Waldpfad völlig orientierungslose Begleitlehrerin zu ihren fix und fertigen Schülern, die andauernd nachfragen, ob man schon bald *da* sei: »Ja, Kinder, wir sind *ganz bald* da!« Aha! Woher *wissen* Sie das denn?

Klingt es glaubhaft, wenn ich erzähle, dass die Kinder damals *augenblicklich* gespürt haben, dass ihre Lehrerin sie belügt?

Dass es ganz besonders die »bedeutungslosen Dinge« sind, die wir Kindern gegenüber oft unüberlegt und somit *falsch* wiedergeben, fällt kaum jemandem auf. Doch das ist für mich nur allzu verständlich: Wir Erwachsene sind schließlich aus unserem Umgang miteinander eher verbale Ungenauigkeiten als buchstäbliche Präzision gewohnt. Wie wichtig ausgerechnet *die* jedoch für entspanntes Erziehen wäre, erfahren wir in einem eigenen Kapitel im Teil drei dieses Buches.

Damit wir aber gleich die nächste Spielart der UWAFA besser verstehen lernen, riskieren wir die versprochene Stippvisite bei Philipp und seinem Vater, dem Top-Manager. Es wird ein *sehr* kurzer Besuch: Der Mann hat ja kaum Zeit ...

⏭ Fall 23: Geduldsprobe

»Es tut mir ja leid, dass ich gestern bei deinem Endspiel nicht da war, dafür gehen wir am Freitag in den Zoo!«, entschuldigt sich der viel beschäftigte Martin S. bei dem zehnjährigen Philipp, der seinen geliebten Papa kaum je bei Tageslicht zu Gesicht bekommt. Der Freitag kommt und vergeht, während der Bub geduldig auf seinen Vater wartet. Der Zoo hat schon lange geschlossen, als Martin endlich heimkehrt. Philipp ist mehr als nur traurig: Er fühlt sich gerade irgendwie *ungeliebt*, weil er immer wieder belogen wird. Mehr noch: Er fühlt sich *betrogen* – um das versprochene Glück, um den Spaß, um die Zweisamkeit mit Vati. »Das war ja nicht das erste Mal, Paps!«, denkt er betrübt und zieht auch gleich seine persönliche Regula-Falsi-Schlussfolgerung: »Ich bin Papa eh vollkommen egal!«

Sie erinnern sich an die EGAFA?

Falltüre 2: Leere Versprechungen

Wie uns Philipps Fall zeigt, haben allzu hastig gegebene Versprechen für Erziehende oft den zweifelhaften Wert einer momentanen Erleichterung. Werden diese Zusagen dann aber *doch* nicht eingehalten, empfinden die kleinen Seelen das einerseits als glatte Lüge und andererseits als vermeintlichen Beweis dafür, nicht mehr so richtig geliebt zu werden.

> **!** Nicht manch ein hastig gegebenes Versprechen erleichtert unser pädagogisches Zusammenleben, sondern der Mut zur Wahrheit.

Zu *unklar*, der Satz? Gleich wird es präziser…

Gesichtsverlust?
Wie halten *Sie* es denn, wenn Ihr Kind Ihnen eine Frage stellt, auf die Sie spontan keine richtige Antwort wissen? Haben Sie immer den Mut zur Wahrheit? Etwa Angst vor Gesichtsverlust? Denken Sie an die Begleitlehrerin von vorhin und die Fragen der müden Wanderer: »Sind wir bald da?« Für einen guten Lösungsansatz wandern wir kurz …

… zurück in den Wald
Trotz Planlosigkeit wäre die liebe Lehrerkollegin vielleicht gut beraten gewesen, in etwa so zu antworten: »Das *weiß* ich noch nicht, Kinder!« Oder fühlt sich vielleicht die nächste Variante für Sie besser an? »Ich sag's euch, wenn ich mich hier wieder auskenne!«
Zu all dem fällt mir spontan einer meiner verhaltenspädagogischen Lieblingsbegriffe ein: *Authentizität!*
Glauben Sie mir: Weitestgehend authentisch zu sein, ist ein wahrer »Hattrick«, um die UWAFA fest verschlossen zu halten.

Falltüre 3: Schonungslose Schonung
»Meine Enkel müssen nicht *alles* wissen. So kann ich sie besser schützen!«, verteidigt eine ständig besorgte Großmutter ihre größtenteils erfundenen Erzählungen über die in Scheidung befindlichen Eltern. Sie übersieht dabei völlig, dass ihre beiden Enkelkinder, obwohl erst sechs und acht Jahre alt, diese Unwahrheiten ganz genau *spüren*.

! Lügen gegenüber Kindern sind wahrscheinlich zu mehr als 90 Prozent unnötig, dafür aber verlässlich zu 100 Prozent spannungsfördernd.

Wenn wir Kindern Dinge verheimlichen oder ihnen etwas völlig anders erzählen, als es tatsächlich ist, tun wir das oft, um sie vermeintlich zu *schonen*. Die Wahrheit liegt aber erneut im Verborgenen: Wir machen das wohl eher, um *uns selbst* mit etwas Kniffligem oder Unangenehmem nicht auseinandersetzen zu müssen.
Leider ist es wie mit vielen Dingen im Leben: Was man dem anderen ersparen will, kann diesen am Ende sogar wesentlich mehr belasten als das Ereignis selbst.

Schon zweimal haben wir festgestellt, dass Kinder eine Menge aushalten. Daher ist es einfacher, ihnen bei so vielen Gelegenheiten wie möglich unverblümt und schonungslos die Wahrheit zu sagen, anstatt ihnen mühevoll etwas vorzugaukeln. Die Wahrheit können sie mit ziemlicher Sicherheit viel besser ertragen, weil es damit schon »geteiltes Leid« ist. Unwahrheiten jedoch spüren sie meist schneller auf, als man sie ausgesprochen hat.

Zur Vorstellung der nächsten UWAFA-Facette machen wir erneut einen Kurzbesuch ...

Fall 24: »Irrtum«

»Nein, mein Junge! Mami und ich *streiten* uns doch nicht!«, erläutert der eben noch vor Zorn dunkelrot angelaufene Vater seinem zehnjährigen Sohn Johannes, der sich gerade ängstlich an den Türrahmen klammert. »Ja, *geht's noch?*«, frage ich mich klammheimlich, als ich das mitbekomme. Denkt Papa wirklich, dass er seinen kleinen dummen Sohn jetzt perfekt ausgetrickst hat? Denkt er ernsthaft, dass sich nun die Angst in dem Kind auflöst? »Ach so, Papi, das hab' ich nicht gleich geschnallt: Euer gegenseitiges Geschrei ist wohl irgendeine Art von Jubel? Na *dann!* Tschüss einstweilen, macht nur fröhlich weiter! Hab' euch ganz doll lieb! Ich bin dann mal oben ...!«

Falltüre 4: Kalkül mit der Dummheit

Es ist sicher gut nachvollziehbar, dass Johannes aus unserem Beispiel bald danach erste handlungsorientierte Reaktionen zeigt: Der Bub passt sich in letzter Zeit erstaunlich gut an, indem er seinen Eltern immer öfter haarsträubenden Unsinn aus der Schule erzählt. Nun rechnet der Bub seinerseits damit, dass seine Eltern es nicht »schnallen«. Für die aber beginnt aktuell »das große Wundern«. Verzweiflung macht sich breit über ihren bisherigen Sonnenschein, der »jetzt dauernd so frech lügt«!

! Ein Trugschluss, welcher bei unserem Umgang mit Kindern ständig mitschwingt, ist, dass wir nur allzu oft fest damit rechnen, unsere Lieblinge wären nicht klug genug, um eine Lüge zu erkennen.

Wunden

Machen wir uns klar: Das Verdrehen von Wahrheiten fügt einer Kinderseele unweigerlich Wunden zu.

Die einfache Erklärung für diese leichte Verletzlichkeit ist, dass eine kindliche Wahrnehmung Unwahrheiten gar nicht nach ihrem Schweregrad einstuft. Ein Kind legt sie nicht in Schubladen ab und bringt sie nicht zu seiner Lebenserfahrung in Relation, wie ein Erwachsener das ganz automatisch täte. Für ein Kind ist nahezu *jede* Unwahrheit gleich »schlimm«. *Punktum!*

Die Aufrichtigkeit ist die verletzbare Form der Wahrheit.
Sie wohnt gleich neben dem Herzen.
Tibetisches Sprichwort

UWAFA und die Regula Falsi

Johannes denkt zum Beispiel: »Wenn Papi lügt, ist das offenbar in Ordnung. Aha, mit guten Lügen kommt man *weiter* im Leben!«

Doch es kann noch dicker kommen …
Sie erinnern sich hoffentlich noch an die Erwähnung, dass Kinder sich instinktiv an allem schuldig fühlen, was in ihrem Kernumfeld schiefläuft? Diese nahezu unvermeidliche Fehlverknüpfung hat natürlich mit der Urangst vor dem Verlassen-Werden zu tun.

Noch einmal daheim bei Johannes

Das Unterbewusstsein des Zehnjährigen kann auch nicht anders, als exakt in *diese* Richtung zu denken: »Meine Eltern streiten andauernd! Was hab' *ich* nur falsch gemacht?« Doch der Bub setzt noch einen letzten Schritt ganz tief hinein in die UWAFA: »Ich war wohl schlimm, also habe ich es *verdient*, angelogen zu werden!«
Johannes' kindliches Selbstbewusstsein stößt an seine Grenzen … und das alles nur wegen einer Portion momentan erleichternder Unwahrheit!

Lösungsansatz

Erneut darf ich an die unschätzbar wertvolle Authentizität erinnern: Johannes' Vater hätte zum Beispiel sagen können: »Ja *klar* streiten wir! Hat aber *gar nichts* mit dir zu tun! Entspann dich also …! Ach ja: und entschuldige die Schreierei!«

Wie fühlt sich *das* für Sie an?

Die Uneinigkeits-Falle (UEFA)

UEFA hat diesmal zwar nichts mit Sport zu tun, aber dennoch mit Sportlichkeit, genauer gesagt, mit Teamgeist. Im Mannschaftssport beispielsweise ist Einigkeit unbedingt angeraten, sonst hat das nächste Spiel schon vor dessen Beginn ein Ende gefunden. Dieser speziellen Falle dürfen wir uns deshalb zwar wiederum in aller Kürze, dafür aber hoffentlich mit einiger Hingabe widmen, damit wir letztendlich in erzieherischen Dingen alle »am selben Strang« ziehen können. In die abgrundtiefen Schächte einer UEFA gleitet man ansonsten nur allzu leicht immer weiter hinab. Die letzte Falltüre ist schon geöffnet. Es ist aber wirklich die allerletzte!
... in diesem Abschnitt.

Wenn man am gleichen Strang zieht,
sollte man sich über die Richtung einig sein.
Helmut Glatz

»Teamsport«?
Betrachtet man es genau, ist eine intakte Familie auch nichts anderes als ein *Team*. Wenigstens wäre das eine Art Idealzustand, wenn es so etwas denn gibt. Ganz allgemein kann man davon ausgehen, dass im Umfeld von Kindern ein gut eingespieltes Team, beispielsweise an Schulen, die besten Chancen auf dauerhaft entspannten Umgang hat.
Wenn jedoch da wie dort Differenzen herrschen, werden sich die betroffenen Kinder und Jugendlichen nur allzu rasch darauf einstellen – oft mit fatalen Folgen. Die ziemlich vorwitzige UEFA kommt also zumeist auf gar nicht so leisen Sohlen daher. Sie ist aufdringlich und öffnet ihre Falltüren mit lautem Quietschen immer dann, wenn zwei oder mehrere Bezugspersonen an ein und demselben erzieherischen Prozess beteiligt sind. Für solch eine aktuelle Situation kann die eine oder andere Strategie überaus hilfreich sein.

Die Eltern von Karl scheinen allerdings gerade *keine* solche bei der Hand zu haben ...

⏭ Fall 25: »Zwiespalt«

Irgendwann

Als der zwölfjährige Karl fröhlich sein Fahrrad ergreift und sich anschickt, damit das Haus zu verlassen, interveniert die Mutter: »Karli, du setzt bitte den Sturzhelm auf!« Der Junge rümpft die Nase: »Aber Mam, der ist immer so heiß! ... und so peinlich! Außerdem fahr' ich ja nur im ...!«

In diesem Moment kommt der Vater dazu, erfasst die Szene und greift ein: »Lass den Buben doch, Schatz! Er hat mir versprochen, *nur* in der Anlage rumzufahren!«

»Und?«, erwidert die Mutter schnippisch, weil sie schon wieder den Beginn einer Konfrontation fühlt, »weswegen sollte er da *keinen* Helm aufhaben?« – »Na ja!«, versetzt ihr Ehemann, »erstens, weil all die anderen Kids ... und außerdem ...!«

Die Mutter: »*Immer* stellst du alles infrage, was ich ...!«

Weiter brauchen wir das Hin und Her zwischen den beiden Erwachsenen wohl gar nicht zu verfolgen. Es geht jedenfalls bald laut zu. Was aber ist indes mit Karl geschehen? Der ist schon längst unterwegs. *Ohne* Helm klarerweise. Er hat sich, wie öfter in letzter Zeit, einfach hinausgeschlichen, während seine Eltern noch mit dem Ausdiskutieren beschäftigt sind.

Tage vor »irgendwann«

Vergesslich, wie ich nun einmal bin, habe ich Ihnen offenbar noch nicht verraten, *weshalb* ich zu diesem Fall ursprünglich gerufen worden bin: Sohnemann Karl zeigt seit Kurzem eine massive Neigung, seine Eltern ständig gegeneinander auszuspielen, wenn er etwas erreichen will: »Aber Mam, wieso sagst du Nein? Der Papa hat's doch schon erlaubt!«

In letzter Zeit hat der smarte Junge eigentlich *immer* Erfolg damit: Die permanente Uneinigkeit zwischen seinen Eltern kommt ihm dabei sehr gelegen!

»Showbusiness« im Kinderzimmer?

Kinder wollen Sicherheit und müssen deshalb Vertrauen zu ihren Eltern spüren, so viel ist uns ja schon klar. Was aber nicht ganz so oft in Büchern steht und deshalb vielleicht nicht jedem Erziehenden ganz geläufig ist: Dieses dringend notwendige Gefühl der Stabilität können unsere Lieblinge erst dann so richtig aufnehmen, wenn *beide* Bezugspersonen bei ihren Vorgaben weitestgehend übereinstimmen. Das gilt ganz besonders für Krisensituationen. Jedoch: Sind es nicht gerade die Momente bevorstehender Spannungen, in denen wir tunlichst vermeiden sollten, in eine UEFA zu tappen?

Kaum etwas verhilft in stärkerem Maße zur entspannten Erziehung als die stets unmittelbare Zustimmung eines Partners oder Kollegen. Jedes Kind reagiert unmittelbar mit Akzeptanz, wenn verschiedene Bezugspersonen *derselben* Meinung sind.

Mir ist allerdings vollkommen bewusst, dass ich damit eine ziemlich schwierige Aufgabe stelle. Aber wir wollten ja *mit unseren Aufgaben wachsen,* oder? Die Mutter unseres smarten Karl hat sich deswegen auch schon bei mir beschwert: »Was verlangen Sie da? Wie kann man sich denn *immer* einig sein? Das geht doch niemals!«

Stimmt! *Geht* auch nicht! Niemand kann verlangen, dass Sie in allem ständig übereinstimmen. Aber Einigkeit *zu demonstrieren*, das ist jederzeit möglich. Außerdem kann dieses Vorgehen sogar Spaß machen. Versprochen!
Das passende »Schlagwort« dazu: *Showbusiness!*

Sie wissen ja sicher: Jeder Mensch, der andere führt, anleitet, »erzieht«, darf auch ein wenig schauspielerisches Talent besitzen. Es wird jedenfalls bei allerlei Herausforderungen außerordentlich hilfreich sein ...

Was spricht also dagegen, dass auch Sie vor den Augen Ihres Kindes gerade *dann* unbedingte Einigkeit »zur Schau stellen«, wenn Sie aktuell eben *nicht* aus tiefster Überzeugung einig sind? Dieses »Sich-Zurücknehmen« nötigt einem Elternteil oder Pädagogen selbstverständlich im ersten Moment ein gerüttelt Maß an innerer Stärke ab, braucht Kraft zum Niederkämpfen des aufflammenden Egos. *Schon klar!* Aber der Lohn dafür liegt auf der Hand: Als Nachhall gezeigter Einigkeit wird jedwede erzieherische Interaktion ganz sicher viel entspannter ablaufen als beispielsweise derzeit im Hause von Karls Eltern.

Lösungsansätze

Der Vater hätte zum Beispiel sagen können: »Karli, mein Junge, du hast deine Mutter *gehört*! Heute nur mit Helm!«
Kleiner Tipp am Rande: Die kleine Beifügung *heute* lässt dem Vater für spätere Tage manch eine Optionen offen ... Das versteht auch der pfiffige Bub sofort und muss grinsen. *Aber pssst!* Bitte *nicht* Karls Mom verraten: Das hier ist eine waschechte Männer-Verschwörung! *Tschuldigung, liebe Moms!* Doch zurück zu den Lösungen: Denken Sie, dieses Verhalten hätte dem Mann wehgetan?

Niemals, Leute! Doch der Streit um des »Sturzhelms Bart« und die nun bitterbösen Blicke seiner sonst so sanftmütigen Frau: *Die* tun ihm weh! Sehr sogar ... Aber dieser manchmal so aufdringliche männliche Stolz! Ob sich der wohl noch zurücknehmen lässt?
Klar doch! *Herrensache* ...

Zur Festigung dieser besonderen Herangehensweise habe ich zuletzt noch einen wahren Top-Tipp zur beliebigen Anwendung für Sie: Suchen Sie sich doch möglichst oft Situationen, in die Sie sich problemlos *einklinken* und in welchen Sie ganz bewusst Ihrem Partner zustimmen können, ohne dass es Sie irgendwie belastet oder gar Ihren Stolz verletzt. Hier können Sie bedenkenlos Ihr schaupielerisches Geschick trainieren. Ich denke, es ist gut nachvollziehbar, wie positiv sich dieses Verhaltensmuster bei wiederholter »Anwendung« wohl auf Ihr Kind oder, wie in Karls Fall, auf einen bald pubertierenden Jugendlichen auswirken wird.
Auch wenn ich stets für Authentizität plädiere: Angewandtes Showbusiness auf dem Sektor Einigkeit ist fast immer höchst erfolgreich.

! Wenn Sie in Gegenwart Ihres Kindes möglichst oft vorbehaltlose Übereinstimmung mit Ihrem Partner demonstrieren, führt das sowohl unmittelbar als auch in möglichen späteren Konfliktsituationen zu spürbar rascherer Entspannung.

Feldforschung

Ich habe mir erlaubt, diese Methode während meiner vielen Praxisjahre als Pädagogischer Leiter in Krisenzentren unzählige Male auszutesten, und habe dabei erkannt, dass dieses Vorgehen für alle Personen anwendbar ist, die je mit Kindern zu tun haben werden. Ob nun Klassenlehrer, Betreuer, Eltern, Großeltern, nicht zuletzt für Pädagogen in leitender Stellung, Schuldirektoren beispielsweise: Für sie alle ist in Gegenwart von Kindern das »Top-Verhalten der Stunde« nichts anderes als *Einigkeit*. Es stärkt nicht nur die Beziehung, sondern auch das Selbstvertrauen der Kinder und wohl auch das der Bezugspersonen selbst.

Uneinige Verwandtschaft

Wie ungeheuer schwierig das Vermeiden der Uneinigkeits-Falle allerdings oft in Bezug auf nahe Verwandte wie beispielsweise Großeltern ist, kann ich selbstverständlich nachempfinden.

Was viele Eltern jedoch nur allzu oft vergessen: *Sie* als Elternteil oder Obsorgebeauftragter sind die *Bezugsperson Nummer eins* für Ihr Kind. Nicht Omas und Opas, keine Tanten, Onkel oder sonstige Berufene. Sämtliche Verwandten dürfen *mit Ihnen* Einigkeit zeigen, also sich *Ihnen* angleichen, nicht umgekehrt. Allein diese Sichtweise könnte bereits der massiven Rückenstärkung manch eines Elternteils dienen.

After-Party

Doch wie sich nun verhalten, nachdem man sich endlich so gut beherrscht und schauspielerisch perfekte Einigkeit gezeigt hat? Bei dieser Herausforderung können Sie wortwörtlich mit und *an* Ihren Kindern nur wachsen. Heben Sie sich Ihre momentane Uneinigkeit einfach auf und diskutieren Sie diese später im stillen Kämmerlein. Quasi als »After-Party« ... Vielleicht ergeben sich ja dort Situationen, bei denen man sich *nicht* so sehr beherrschen muss?

Für wahrlich Fortgeschrittene spricht auch nichts dagegen, bei nächster Gelegenheit ihre geteilten Ansichten *gemeinsam* mit ihrem Kind oder Jugendlichen zu diskutieren. Dabei darf ich ganz auf *Ihr* Bauchgefühl vertrauen, mit dem Sie feststellen, inwieweit so etwas bei Ihrem Kind schon machbar ist.

Exakt an dieser Stelle unserer After-Party, die gleichzeitig auch den Ausklang unserer Fallen-Analysen einläutet, kann manch ein Rückblick auf den ganzen zweiten Abschnitt nicht schaden: Im Falle von Karls Eltern habe ich mir beispielsweise den Tipp erlaubt, mal kurz unter dem Stichwort »Vertrauen« nachzuschlagen ...

Wir *schlagen* nun auch, und zwar alle Falltüren zu, und sind froh, dass uns bei diesem »pädagogischen Parcours für den gehobenen Anspruch« nichts Großartiges passiert ist ...
Gratuliere herzlich!

Nun sind wir alle hoffentlich »überreif« für entspannte Praxisanwendungen ...

Sobald ihr handeln wollt, müsst ihr die Tür zum Zweifel verschließen.
Friedrich Nietzsche

TEIL 3

SPANNENDE EINBLICKE – ENTSPANNENDE AUSBLICKE

Der dritte Teil des Buches ist wahrscheinlich für Sie als Eltern, sowie als lehrende oder betreuende Bezugspersonen noch ein Gutteil wichtiger als die ersten beiden. In ihm lernen wir jene verhaltenspädagogischen Ansätze kennen, die besonders hohes Potenzial für Entspannung in sich tragen. Über die schon gewohnten Fallbeispiele und detaillierten Lösungsansätze hinaus bietet Ihnen der finale Teil des neuen »Entspannt erziehen« zu jedem Themenkreis eine Sammlung konkreter, leicht umsetzbarer Praxistipps. Für einige werden Sie ein wenig Mut brauchen, bei anderen wiederum werden Sie sagen: »Na, das war doch klar!«

Schließlich ist es irgendwann ganz leicht, Kinder vollkommen zu verstehen.
Oder etwa doch nicht?

Erst bei den Enkeln ist man so weit, dass man die Kinder ungefähr verstehen kann.

Erich Kästner

Von Helikoptern und Baumhäusern – Entspannung durch Loslassen

Einer der vielleicht gnadenlosesten Gegenspieler zum entspannten Erziehen ist die sogenannte »Overprotection«, wörtlich: die »Über-Behütung«. Deswegen werden wir uns gleich zu Anfang des Praxisteils hingebungsvoll darum kümmern. Nach zwei anschaulichen Beispielen geht es über den Umweg in die »gute alte Zeit« hinaus in die moderne Gesellschaft der High-Tech-Überwachung. Unser vielleicht ganz neues Verständnis für das um sich greifende »Helikopter-Phänomen« bringt uns sicherlich einen großen Schritt vorwärts auf unserer Freitreppe des entspannten Erziehens. Ganz zum Schluss besteigen wir noch gänzlich unangemeldet ein Baumhaus, um neugierig zu schauen, wer sich da oben wohl so herumtreibt.

Grundbedürfnisse

Eltern und andere nahe Bezugspersonen decken klarerweise eine Vielzahl verschiedener kindlicher Bedürfnisse und Wünsche ab. Gut so. *Sollen* sie auch! Hier ein paar Beispiele:
Geborgenheit und Sicherheit – leibliches und seelisches Wohl – körperliche und seelische Nähe – Liebe und Vertrauen – Spaß und Spiel, am besten gleich inklusive Spielsachen – Zuwendung und gemeinsame Zeit, sowie vieles mehr …

Das waren jetzt einige der hochoffiziellen »Programmpunkte« für ein einigermaßen erfülltes und dennoch hoffentlich entspanntes Elternleben. Doch mein Herz gehört, wie schon mein ganzes Leben lang, den Außenseitern. Deshalb möchte ich mich in diesem Kapitel einem wichtigen Grundbedürfnis widmen, das rasant an Bedeutung zu verlieren scheint und damit bereits zu einem echten Sonderling geworden ist: der *elternfreien Zeit!*

Ab einem bestimmten Lebensalter *sehnen* sich unsere kleinen Lieblinge förmlich nach zeitweiligen Pausen vom ständigen Umsorgtsein, obwohl sie uns diese Sehnsucht natürlich mal wieder nicht wortreich auf die Nase binden werden.

Die Frage, die sich an dieser Stelle geradezu aufdrängt: Erhalten Kinder heutzutage eigentlich noch genügend *Auszeiten* von ihren Eltern?

Die meisten werden sofort sagen: »Na klar! Übermäßig sogar! Wir arbeiten ja schließlich beide bis zum Umfallen und spulen sowieso das komplette neuzeitliche Programm ab: Ganztagesschule, Hort, Frühbetreuung und so weiter!« Gut gesprochen, Leute! Ich stimme in diesem Punkt auch unumwunden zu: Zahllose Eltern können ihren erzieherischen Job oft nur noch in aller Hast abends erledigen und, wenn alles gut geht, auch an den Wochenenden. Ein Vater hat während eines Gesprächs einmal traurig den Begriff »Wochenend-Papa« geprägt. Das klingt zwar nicht so prickelnd, aber in vielen Familien ist bestimmt etwas Wahres dran. Doch wie so oft in der menschlichen Erlebenswelt entwickelt sich aus manch einer gegebenen Extremsituation ein ebenso übertriebenes Ausgleichsverhalten.

Helikopter

Viel *Abwesenheit* auf der einen kann den Wunsch nach übermäßiger *Anwesenheit* auf der anderen Seite erzeugen. Vielleicht weil man instinktiv etwas aufholen oder bei seinen Kindern etwas gutmachen will, sich vielleicht im Kombipack gleich auch ein wenig schuldig fühlt? Das läge jedenfalls in der Natur der Sache. So passiert es dann, dass sich unter den Erziehenden dieser Welt zuweilen ein ganz besonderer Menschenschlag herausbildet, den Insider neuerdings als »Helikopter-Eltern« bezeichnen. Sogar im wissenschaftlichen Kontext wird dieser pfiffige, weil selbsterklärende Begriff immer häufiger benutzt.

Man muss wahrlich kein Gelehrter sein, um sich vorstellen zu können, was damit wohl gemeint sein könnte. Ich löse es trotzdem gerne für Sie auf: Gemeint ist natürlich das ständige Ziehen *immer engerer Kreise* um die Köpfe und Seelen der geliebten, aber *furchtbar hilflosen* und deshalb ständig in Lebensgefahr schwebenden Sprösslinge, getrieben von unaufhörlichen Schüben voller Sorge.
Die Mutter von Christian aus unserem nächsten Fall kennt das gut und zieht schon ziemlich enge Helikopterschleifen um ihren Buben ...

⏭ Fall 26: »Verkehrsberuhigung«

»Nein! Du gehst den Schulweg noch *nicht* alleine. Da sind so viele gefährliche Kreuzungen!«, stellt Hanna K., die Mutter des quirligen Christian klar, obwohl sich der Neunjährige nicht nur nach ein wenig Selbstständigkeit sehnt, sondern auch danach, dass ihm mal irgendjemand endlich etwas *zutraut*. Wie Musik klänge es in seinen Ohren: »Du schaffst das schon, mein Liebling! Ich *vertraue* dir!«

Noch dazu handelt es sich bei dem »gefährlichen Schulweg« bloß um acht Häuserblocks mit weitgehend geregelten Kreuzungen. Doch Heli-Mam Hanna bleibt unerbittlich: »Ich fahr' dich wie *immer* zur Schule! Damit basta!«
Christian hat noch einen letzten Trumpf im Ärmel, der jedoch rasch verpufft: »Aber Mami! Der Marius geht doch *auch* schon lange alleine!«
»Was! Ausgerechnet *der*?« Mami schaut ganz entsetzt. »Der hat doch ADHS! Wie soll denn der mit seinem Aufmerksamkeitsdefizit aufpassen können? Mit *dem* gehst du sicher nicht! Außerdem: Denk doch an die vielen rücksichtslosen Autofahrer ...!«

Die größte Gefahr im Straßenverkehr sind Autos,
die schneller fahren, als ihr Fahrer denken kann.
Robert Lembke

Nach dieser Ansage habe ich es mir allerdings damals nicht verkneifen können, ein wenig zu überzeichnen, zumal ich Hannas Sinn für Humor gespürt habe: »'Tschuldigung, liebe Frau K., mein Fehler! Ich bin nur Pädagoge, kein Augenarzt. Darum habe ich übersehen, dass Kinder ja noch keine funktionierenden Augen haben, um eine Straße lebensverlängernd zu queren, sobald sie das *von Ihnen* ausführlich gelernt haben. Am besten, Sie warten mit diesem spannenden Lebenstraining noch, sagen wir, bis der Bub mindestens 16 Jahre alt wird. Guter Plan, Mom!«
Ich ernte zunächst Erstaunen, dann ein Grinsen, schließlich lachen wir beide. Schön! *So* eine Gesprächsbasis gefällt mir: Augenzwinkern erlaubt!

Jetzt glaube ich allerdings schon die Argumente *gegen* meine überzeichnete Darstellung zu hören: »Hat der Mann denn noch *nie* von den vielen Unfällen mit Kindern gehört und dass sie eben unachtsam sind, die Kleinen?« Ja, liebe Eltern! *Hat* er!

Da Hanna als bekennende Helikopter-Mutter gerade einen ganz ähnlichen Einwand vorgebracht hat, halte ich tapfer mit drei wohlüberlegten Argumenten dagegen:
»Erstens gehören Verkehrsunfälle, deren Ursache ausgerechnet kindliche Unachtsamkeit gewesen sein mag, eher zu den Ausnahmefällen.

Zweitens ist bedenkenlose Unachtsamkeit *keine* typisch kindliche Schwäche, wie allenthalben geglaubt wird. Ganz im Gegenteil: Kinder *lieben* es, ihre eigene Achtsamkeit draußen in der Welt zu üben, es schließlich *richtig gut* zu machen und das dann auch ihren geliebten Bezugspersonen zeigen zu dürfen. Wahrnehmung, Anerkennung, es endlich *selber* können – das sind die Rezepte für ein weitestgehend sorgloses Eltern-Dasein.

Drittens darf ich Ihnen, liebe Hanna, den Ball elegant zurückspielen: Zur Weitsicht bei möglichen Gefahrensituationen wird man *erzogen*. Man *hat* sie nicht einfach. Fachlich korrekt hieße es: Man wird darauf *konditioniert*. *Sie* haben es also in der Hand, Ihr Kind zur verlässlichen Achtsamkeit in jeder Hinsicht zu erziehen. Gelingt Ihnen das, wartet am Ende der Straße bereits eine Portion tiefer Entspannung auf Sie und Ihren Sohnemann ...!
Endlossorgen und Dauerkontrolle hingegen können Ihnen diesen Lichtblick niemals bieten. Sie bringen bloß Stress, Spannungen, schließlich Konflikte. Ist *das* Ihr Plan, liebe Frau K.?«

Erstaunen, Nachdenken, schließlich lässt Hanna sich auf einige Veränderungen ein ...

Lösungsansatz
Anstatt den täglichen Schulweg weiterhin mit der *vermeintlich* sicheren Benzinkutsche zu absolvieren, hat Mutter Hanna vor einer Woche mit einem Anti-Sorgen-Überlebenstraining begonnen: Die ersten drei Tage ist sie entspannt plaudernd an der Seite ihres Sohnemanns den ganzen Schulweg mitgegangen und hat dabei auf einige wichtige Hinweise inklusive praktischer, aber spielerischer Achtsamkeitsübungen nicht vergessen. Genau wie wir es besprochen haben. Schon jetzt wirkt die zuvor eingefleischte Heli-Mam weitaus entspannter.
An den darauf folgenden zwei Tagen hat Hanna bereits einigen Abstand zu ihrem vorauseilenden Sohnemann gehalten und nach Feierabend ihren Liebling gelobt, wie gut sein Verhalten aus der Distanz ausgesehen hat. Christian strahlt! Endlich: ein Hauch von Freiheit, von ehrlichem Vertrauen, gewährter Eigenkompetenz, Anerkennung.

Heute
All diese wundervollen neuen Gefühle will der Bub typisch kindlich nicht aufs Spiel setzen und passt seit gestern sogar noch *viel besser* auf, schaut lieber fünf Mal hin und her, bevor er die Straße quert. Übrigens: Busenfreund Marius hat dieses tolle Verhalten sofort übernommen und entpuppt sich als genauso achtsames Kind. Aufmerksamkeitsdefizit? ADHS? Wirklich?

Zukunftsaussichten
Christian wird später vielleicht zu jenen Jugendlichen gehören, die auch kniffligere Entscheidungen unter dem Aspekt der eigenen Sicherheit treffen können und in Problemsituationen nicht mehr andauernd auf irgendwelche Helikopter-Bezugspersonen angewiesen sind.
Klingt das entspannend?

! Kindern, hinter denen permanent Aufsichtspersonen stehen, wird der überaus wichtige Prozess der Selbstfindung erschwert.

Ich fürchte, unsere allzu sorgfältige Erziehung liefert uns nur Zwergobst.
Georg Christoph Lichtenberg

Dass sich Overprotection nicht nur auf den Selbstwert, sondern auch auf die wichtige soziale Kompetenz von Kindern auswirken kann, sehen wir in unserem nächsten Fall.

⏭ Fall 27: »Sicherheits-Check«

»Du streunst keinesfalls alleine in der Anlage herum. Nur wenn du ein Kind triffst, das du kennst, darfst du draußen bleiben, ansonsten kommst du sofort zurück!« Dieses Zitat stammt von einer Mutter, die mir beim Gesprächstermin auch gleich zerknirscht mitteilt, dass ihre elfjährige Tochter Leonie kaum Freundinnen hat. Eine Klage, die ich übrigens in meiner Praxis immer öfter höre.
Sogleich muss ich kontern: »Liebe Mama, wie soll Ihre Tochter denn in der riesigen Wohnanlage jemals andere Kinder oder gar Freunde finden, wenn sie *nicht* längere Zeit alleine herumstreunen darf?«
Unter uns gesagt: Im Grunde genommen ist sie ja schon allein, sobald sie nur den Fuß vor die Haustür setzt und damit im selben Augenblick

in einen harten Gewissenskonflikt gerät. Das Ergebnis ist wenig überraschend: Ein wenig frustriert, aber artig kommt Leonie auch heute wieder nach wenigen Minuten zurück. Nur so kann sie Mamas seltsame Anordnung überhaupt erfüllen. Toller Plan, um Freunde zu gewinnen, Freunde! Aber in *Sicherheit* ist sie wenigstens, die Kleine. Puh! Glück gehabt! Die Eltern sind jetzt einigermaßen zufrieden: Man hört ja schließlich dauernd, was für arge Dinge in so einem Sozialbau täglich passieren können.

Als das Mädchen schließlich *doch* noch für fix vereinbarte zwei Stunden aus dem Haus darf, startet völlig unerwartet der Vater seinen ganz persönlichen Helikopter-Modus: »Leonie, du meldest dich aber *jede* halbe Stunde übers Handy! Vergiss das ja nicht …!«

Na toll! Jetzt muss die kleine Streunerin unentwegt auf die dämliche Handy-Uhr schauen, um den erhaltenen neuen Auftrag nicht zu verpassen, und kann deswegen wieder nicht wirklich unter ihresgleichen *ankommen*. Sehr entspannend! Na klar wird Töchterchen dann daheim zuweilen ganz schön missmutig sein. Das ist übrigens auch der Grund, warum ich zu diesem Fall geholt worden bin: ein ewig schlecht gelauntes Töchterlein. Was für eine Überraschung!

Allerdings hat sich Leonies Vater mit seiner Anordnung sowieso ein klassisches Eigentor geschossen: Bei den Eltern kommt durch diesen hausgemachten Stand-by-Zustand auch keinerlei Entspannung auf. »Ruft sie an? Ruft sie nicht an?« Darf ich dieses *eine* Mal schadenfroh sein? Nein! Professionell bleiben, bitte …

Mit diesem unentspannten Handy-Kontrollbild vor Augen lassen wir Leonies Eltern in Ruhe nachdenken und schweben elegant zum nächsten Teil unserer Betrachtungen aus der wundersamen Helikopter-Perspektive …

Overprotection

Jetzt ist es also »amtlich«: Kinder brauchen elternfreie Zeit wie die Luft zum Atmen. Ich meine damit aber die *richtig* elternfreie Zeit, ein *tatsächliches, ehrlich gemeintes Loslassen* mit allem Drum und Dran. Nicht etwas, das man als »kurzzeitige Unterbrechung der Überwachung« bezeichnen könnte. Denn genau so kommt mir der Trend derzeit vor.

! Die Entwicklung eines Kindes zum selbstständig handelnden Menschen kann sich stark verzögern, wenn es nicht rechtzeitig seine ganz individuellen Phasen weitestgehender Autonomie erleben darf.

Kinder und Uhren dürfen nicht beständig aufgezogen werden.
Man muss sie auch gehen lassen.
Jean Paul

Will man wirklich entspannt erziehen, kann wohl nur ein Plädoyer für einen Perspektivwechsel helfen: Lasst den Dingen bitte wieder etwas *mehr freien Lauf*! Nehmt euch von Herzen ein wenig zurück und vor allem: Hört auf, *euch endlos Sorgen zu machen*, das erzeugt nicht nur bei euch selbst, sondern vor allem beim »Umsorgten« eine gehörige Portion Druck und führt deswegen überhaupt nicht zum erwünschten Verhalten. Weniger als *ein Viertel* des totalen Schutzes reicht sicher auch noch aus. Denken Sie mal, wie viel Mühe und Stress Sie sich dann ersparen. Für gute Mathematiker liegt's auf der Hand: richtig, mindestens *drei Viertel!*

Die »gute alte Zeit«

An dieser Stelle möchte ich zur Abwechslung mal ein kurzes Bild früherer Verhältnisse heraufbeschwören: Vor gar nicht allzu langer Zeit war Fernsehen noch Luxus, der PC noch nicht mal entwickelt, geschweige denn Tablet-Computer und Co. Hätte jemand Gute-Nacht-Geschichten über solche Erfindungen erzählt, die Kinder hätten wohl genau jene Fragen gestellt, wie man sie heute noch zuweilen von Großeltern hört: »Was ist denn bitte schön ein Laptop? ... ein Ego-Shooter? Hä? *Was* sagst du da? Smartphone? Was soll'n *das* jetzt wieder sein? Chats? Internet?«

Fragen, die heutzutage augenscheinlich vollkommen out of date sind. Aber sind sie das wirklich? Würden Kinder, die nur kurze Zeit ohne all den Schnickschnack leben müssten, diese Dinge von sich aus jemals *vermissen*? Der gefühlte »Mangel« entsteht ja erst, weil unseren Kindern all das von der heutigen Konsumwelt aufs Auge gedrückt wird, sobald sie sich selbstständig aus ihren Gitterbettchen erheben können. Die sich daraus entwickelnde vollständige Abhängigkeit ist eben auch eine heimtückische Spielart der Overprotection, die vor nicht allzu langer Zeit in dieser Form noch kein Thema war. Diese Betrachtung ist völlig wertfrei und lässt dahingestellt, ob die gute alte Zeit wirklich *besser* gewesen sein mag ...

Draußen in der Stadt

Eines ist aber ganz sicher anders gewesen und damit aus meiner Sicht auch *besser* für die kindliche Entwicklung: Anzahl und Dauer von »Außen-Aufenthalten«. Schon allein bedingt durch den früher vergleichsweise geringeren Wohnkomfort. Die Kids waren draußen, sommers wie winters, auch dann, wenn sie in der Stadt aufgewachsen sind. Bei *mir* jedenfalls war das so: Die Grünflächen und Wege unserer Wohnanlage sind für mich bereits ab dem *sechsten* Lebensjahr mein bevorzugter täglicher Lebensraum gewesen, nicht etwa mein Kinderzimmer. Was für ein großartiges Kinderleben, ohne Dauerpräsenz von High-Tech und vor allem ohne ständig um mich kreisende Eltern! An schulfreien Tagen waren meine Freunde und ich meist durchgängig »im Hof« und nach zwei Verlängerungen, mit den Jahren bis weit in die Dunkelheit hinein, haben mich meine Eltern abends nur mehr am Geruch erkannt, so verdreckt bin ich täglich gewesen.
Lassen Sie dieses geruchsintensive Bild in Ruhe auf sich wirken. Es wird wohl bald zu einem seltenen Gemälde werden und damit vielleicht viel wert sein. Gute Gelegenheit für manch eine Nachdenkpause ...

⏭ Fall 28: Blickwinkel

Ilse W., Mutter des 14-jährigen Gymnasiasten Anton, wird jedenfalls sehr bald intensiv nachzudenken haben. Derzeit aber hat sie augenscheinlich noch einen ganz genauen Plan zur straffen Pubertätseindämmung: »Mit dem Handy kann ich meinen Sohn viel besser kontrollieren!«
Auf diese Bemerkung hin hole ich erstmal tief Luft. Dann beschließe ich, die junge Mutter ein wenig eingehender zu befragen: »Meinen Sie wirklich? Sind Ihre Kontrollmöglichkeiten tatsächlich *besser* oder effizienter, wenn Sie Ihren Buben im Schnitt acht Mal am Tag per Handy kontaktieren?«

Ilse W. *denkt* schon nach und ich helfe ihr dabei.
Klar! Ist ja mein Job!
»Liebe Ilse, ist es denkbar, dass Sie durch Ihre permanente Kontrolle das *genaue Gegenteil* erreichen? Gleitet nicht jeder Mensch, besonders aber Jugendliche ganz automatisch in eine Art ›Abwehrmodus‹, wenn das Gefühl aufkommt, permanent kontrolliert zu werden? Jedenfalls wäre das ein ganz normales, zutiefst menschliches Verhaltensmuster. Wenn Ihr Sohn beispielsweise bei Handy-Telefonaten gelegentlich die Wahrheit verbiegt, ist das somit nichts anderes als ein reaktives Muster gegen

das unangenehme Gefühl, ständig umkreist zu werden. ›Cool!‹, denkt Ihr Anton dann sicher nach einer gerade erfolgreich platzierten Lügenstory, ›Helikopter-Abschuss! Weiter zum nächsten Level ...!‹«

Forscher haben eine Entwicklung in Richtung »verringerter Lügenschwelle durch Nutzung moderner Medien« übrigens schon nachweisen können. *Ich* glaube jedenfalls fest daran, dass alle Eltern grundsätzlich durch häufige Fernkommunikation eher wesentlich *schlechtere* Kontrollmöglichkeiten haben, als durch eine gute Beziehung! Sollten wir daher nicht ab heute eher konsequent das gegenseitige *Vertrauen* fördern?

Kurz scheint die Mutter über meine lange Ansprache nachzudenken, bringt aber dann doch noch einen weiteren Einwand vor, der mich keineswegs überrascht, weil ich ihn immer höre, wenn ich mich gegen uneingeschränkte Handynutzung bei Kindern und Jugendlichen ausspreche: »Na hören Sie mal? Das *ist* die neue Zeit, da *gibt* es eben Handys und all das andere Zeug! Die anderen haben ja auch alle eines! Damit müssen wir halt *leben*. Da gewöhnt man sich schon dran ...!«

Gerade diese »moderne« Sichtweise verdient einen neuen Blickwinkel, weshalb ich sogleich zum Endspurt ansetze: »Nein, liebe Martina! Wir gewöhnen uns eben *nicht* daran! Der Grund dafür liegt klar auf der Hand. Er heißt *Evolution*. Aufgrund einer sehr, sehr langen Gehirnentwicklung sind wir Menschen nicht wirklich für diese ständig wechselnden Inputs geschaffen. Sie belasten uns.«

Artgerechte Überlastung?

Allerdings scheint das niemand so richtig zu glauben. Dabei müsste nur mal jemand Zusammenhänge erforschen, die wohl zwischen neuerdings exzessivem Handykonsum und ebenso aktuell in die Höhe schnellenden Überlastungs-, schließlich sogar Burn-out-Fällen bestehen.

Das ständige Wischen über den Touchscreen und die unzähligen Zwangstelefonate sind evolutionär schlichtweg auch in Zukunft noch lange nicht vorgesehen. Deshalb wird unser wortwörtlich »naturbelassenes« Gehirn permanent überlastet: Studien haben gezeigt, dass der Wechsel von *einem* Bildschirminhalt zum *nächsten* kurzzeitig 42 Prozent der analytischen Gehirnkapazität verbraucht. Mit dem zusätzlichen Wissen, dass unser hoch entwickeltes

Gehirn ganz allgemein die meiste Lebensenergie benötigt, wundert es mich nicht mehr, dass immer mehr Schüler schon morgens augenscheinlich ermüdet in der Klasse eintrudeln und im Unterricht ziemlich bald abschalten. Klar ist das nicht der einzige Grund für schlechte Mitarbeitsleistung. Aber wiederum ein Punkt zum Nachdenken ...

Übrigens haben Forscher *noch* etwas Spannendes festgestellt: Durchschnittlich befinden sich *moderne* Kinder und Jugendliche etwa alle neun Minuten im Smartphone-Modus, die Spitzenreiter bringen es allerdings bereits auf *unter eine* Minute. Verhaltenssucht vom Feinsten!
Noch Fragen?

! Derzeit scheint man zu glauben, dass unsere Kinder sich genetisch und verhaltenstechnisch blitzartig auf die »neuen Medien« einstellen können oder sich gar bereits eingestellt *haben*, obwohl solch eine einschneidende biologische Umstellung viele Generationen umfassen kann.

Darf es *noch* moderner und noch weniger »artgerecht« sein? Bitte sehr ...

»Apperlapapp«
Helikopter-Fans aufgepasst: Sicher haben Sie schon von neueren Apps gehört? Wenn nicht, *muss* ich Ihnen einfach davon erzählen, das wird sicher lustig!

Mit der pandemieartigen Verbreitung der Smartphones greifen weltweit immer mehr Eltern auf Apps zurück, die es ihnen ermöglichen, ihre Kinder lückenlos zu überwachen. Das ist für eingefleischte Big-Brother-Eltern schon deswegen eine ziemlich leichte Übung, weil die allermeisten Kids sich ohnehin nichts sehnlicher wünschen als so einen Apparat. Modelleisenbahn? Einkaufsladen? Puppenhaus? *Nee*, bloß nicht! Erstmal muss so ein Dauer-Belastungs-Ding her! Den meisten Kindern ist aber zunächst gar nicht bewusst, dass sie sich mit Erfüllung dieses tollen Wunsches auch einer ungewollten Kontrollmöglichkeit durch die Eltern unterziehen: Da gibt es so coole Fernfunktionen wie das Sperren des Anschlusses, wenn der liebe Sprössling vielleicht frecherweise mal nicht abheben will. Erst wenn die Eltern das Handy nach einem Rückruf wieder freigeben, funktioniert der kranke Kasten wieder. Während der hochamtlichen Sperre können die Kids ausschließlich ihre Eltern und Notrufzentralen anrufen.

Gruselig, das!

Es geht aber noch heftiger: Eine App namens »Family Locator« erlaubt es, den momentanen Aufenthaltsort aller Familienmitglieder jederzeit abzurufen. Mein Pädagogenherz will nicht wahrhaben, dass manche Menschen glauben, so etwas verwenden zu *müssen*! Dabei sind wir noch lange nicht fertig: Als kleinen Sonderbonus gibt es zu solchen Anwendungen sogar noch eine vollautomatische Funktion, die den ohnehin schon um die Köpfe ihrer Lieben kreisenden Eltern unverzüglich eine Benachrichtigung schickt, sobald ihre Kinder an einem bestimmten Ort wie etwa der Schule angekommen sind.
Schon während ich das schreibe, schreit eine gequälte Stimme in mir: »Hilfe! Da läuft etwas *falsch*!«
Schreit in *Ihnen* auch gerade jemand?
Wie jetzt? Sie hören noch nichts?

Na, dann vielleicht *jetzt:* Für absolute Heli-Profis geht es nämlich noch ein Stückchen weiter an die Grenzen des menschlich Vertretbaren: Der abtrünnige Nachwuchs kann sogar gänzlich unbemerkt mittels integriertem Mikrofon und Kamera des Smartphones unterbrechungsfrei beobachtet werden. So etwas bieten mittlerweile auch spezielle Firmen als Komplettsysteme an, ganz ohne den Umweg über Handys. Wie gut sich solche Gadgets bereits jetzt weltweit verkaufen, besonders in den USA, wollen Sie sicher gar nicht wissen ... Ich nämlich *auch* nicht! Deswegen stoppe ich das Ganze hier. Noch weitere Überwachungsvarianten zu beschreiben, halte ich sowieso nicht mehr durch!

Ich hoffe ohnehin, dass Sie nun vielmehr an meinen verhaltenspädagogischen Blickwinkeln interessiert sind ...

Privatsphäre
Kinder brauchen unbedingt Privatsphäre für ihre Entwicklung, um zu lernen, Entscheidungen selbst zu treffen und eigene Erfahrungen zu sammeln. Gerade das eigene Handy sollte, wie früher der persönliche Briefverkehr, eher ein Element des Respekts für die Privatsphäre der Kinder und Jugendlichen sein.
Eine Fernüberwachung, egal womit, führt ganz unvermeidlich zu Unehrlichkeiten und damit zu Spannungen, auch wenn sich diese nicht gleich zeigen. Ich habe jedenfalls noch kein Kind, keinen Jugendlichen, überhaupt keinen einzigen Menschen getroffen, der es von Herzen *liebt*, lückenlos kontrolliert zu werden.

Wie Kinder selbst das empfinden, kann uns die neunjährige Alina, eine regelrechte »Herumtreiberin«, stellvertretend für zahllose andere klarmachen: »Andauernd will meine Mama wissen, wo ich bin. Das ärgert mich und macht mich auch traurig, weil ich dann irgendwie denke, dass sie mir alleine *gar* nichts zutraut!«

Der Überwachungsplan bringt also nichts, außer gegenseitiges Misstrauen und wachsende Abwehrreaktionen. Mal ganz abgesehen davon, dass Kinder sowieso immer irgendwelche Wege finden, um sogar die modernsten Apps auszutricksen. Wollen Sie *so* eine Blamage riskieren?

Dass ich allerdings nicht grundsätzlich gegen jede Nutzung moderner Technik eintrete, mag Ihnen unser Top-Tipp-Kasten verdeutlichen ...

Entspannende PRAXISTIPPS

Statten Sie Ihr Kind so *spät* wie möglich mit einem eigenen Handy aus.

Wenn Sie davon ausgehen, dass so ein Ding wirklich so bald wie möglich her muss, trainieren Sie wenigstens Ihr Kind zur sehr selektiven Nutzung dieser segensreichen »Notfalleinrichtung« Handy.

Geben Sie Ihrem Kind nicht das Gefühl, dass es zur Lösung alltäglicher Probleme einfach bloß eine Nummer zu wählen braucht.

Anstatt Kinder ständig zu überwachen, sollten Sie eher als Ansprechpartner zur Verfügung stehen, wenn es Probleme gibt.

Durch ständig neue Inputs generieren Handys ein permanentes Wechseln der momentanen Situation, auf welche Ihr Kind sich vielleicht zuvor bereits eingestellt hat. Achten Sie darauf, gerade diese Belastungsart zu verringern.

Im Normalfall hieße das: Das Handy schweigt die meiste Zeit über. Es wird dann zur Hilfe, wenn ein *wirklich* nicht anders lösbarer Notfall eintritt. Sie werden erstaunt sein, wie einfallsreich und kompetent Kinder und Jugendliche plötzlich werden, wenn sie nicht dauernd per Telefon nachfragen können.

Schaffen Sie ein Umfeld für gegenseitiges Vertrauen, nicht für die Notwendigkeit gegenseitiger Kontrolle.

So, nun habe ich unseren Kindern vielleicht ein gerüttelt Maß an mehr elternfreier Zeit verschaffen können. Und was haben *Sie* nun davon?
Viel mehr, als Sie vielleicht denken ...

Kinderfreie Zeit

Sobald Sie es also endlich hinbekommen haben, sich völlig entspannt zurückzulehnen, während Ihre Kids draußen ganz allein herumturnen, geht Ihr Leben erst so richtig los. Denn jetzt haben Sie *Ihre* wohlverdiente »kinderfreie Zeit«, die Sie keinesfalls vergeuden sollten. Schon gar nicht mit solch Albernheiten wie Kontrollanrufen. Schalten Sie jetzt mal vollkommen ab. Auch das Handy! Kuscheln Sie sich gemütlich in die Nähe Ihres Partners oder des Kuschelhundes und lassen Sie mal »Viere ungerade sein«. Hausarbeit? Nur ein bisschen heute. Den Rest machen Sie dann vielleicht gemeinsam mit den völlig verdreckten Kids am Abend. Glauben Sie mir: *Das* ist positive Lebensenergie, die Sie sich durch die Landung des Helikopters zurückholen. Das bringt Kräfte zurück, die Sie sicher anderntags wieder gut gebrauchen können.

Zurück in der guten alten Zeit

Ehe wir von dem Thema Overprotection gänzlich Abschied nehmen, möchte ich gemeinsam mit einem wehmütig zurückdenkenden Großvater noch einen beispielhaften Vergleich zwischen einst und jetzt anstellen. Zur Belohnung für Ihr Durchhalten plaudere ich einfach frei »aus dem Nähkästchen« meiner eigenen Erlebnisse. Aber mit einigem Schmunzeln ...

Baumhäuser einst und jetzt

Bevor wir nun die Leiter zu einer Baumkrone erklimmen und uns dabei endlich auf die angekündigte Überraschung vorbereiten, darf ich noch klarstellen: Wenn bei *Ihnen* das »Helikopter-Syndrom« gar nicht vorkommt, dürfen Sie nicht nur diesen letzten Absatz, sondern das gesamte eben gelesene Kapitel hoffentlich amüsiert, wenigstens aber mit milder Zustimmung im Herzen wahrnehmen.

⏭ Fall 29: Überraschung

»Ich erinnere mich noch so gut an unser geheimes, selbst gebautes Baumhaus drüben im Kirchenwald«, erzählt mir ein Großvater beim Abendessen nach einem meiner Seminar-Kabarett-Auftritte und es klingt Sehnsucht in seiner Stimme mit. »Da drinnen haben meine vier besten Freunde und ich oft den ganzen Tag lang und sogar manch eine

> Nacht zugebracht. Unzählige Streiche haben wir dort oben ausgeheckt. Das zählt zu meinen schönsten Kindheitserinnerungen. *Heute* gibt es nirgends mehr Baumhäuser!«, sinniert der Mann mit einem tiefen Seufzen.

»Das *stimmt* doch gar nicht!«, hält ein junger Vater an unserem Tisch eifrig dagegen, »*ich* habe unseren beiden Jungs höchstpersönlich ein ganz tolles Baumhaus gebaut, das sie manchmal sogar benutzen!«
Wow! Super!
Paps hat sich jedenfalls in Begeisterung geredet. Durchaus verständlich: *Sein* maßgeschneidertes Baumhaus ist schließlich aus hochfesten High-Tech-Verbund-Dreiwetterplatten gezimmert. Diese Wahl war klug, weil man heutzutage Kindern doch keinen Hammer anvertrauen kann. Wo käme man denn da hin, wenn die sich verletzten? Man müsste sich dann wieder die Mühe machen, eine gepfefferte Klage einzureichen, beispielsweise gegen den Hammerhersteller ...
Ich überzeichne? Ja, kann sein! Aber langsam scheinen Sichtweisen wie die folgende ja zum Standard zu werden: »Für *mein eigenes* Missgeschick trage ich selbst grundsätzlich mal *keine* Schuld! Es kann schließlich *immer* ein anderer verantwortlich gemacht werden!«
Uncle Sam lässt grüßen!

Egal: Wir sind noch nicht mal oben im Baumhaus angekommen.
Deshalb hakt der erfolgreiche Heimwerker-Paps an dieser Stelle ein, sieht mich dabei erwartungsvoll an: »Was sagen *Sie* denn als Familienberater? Gibt es *wirklich* so einen starken Unterschied zu früher? Haben die Kinder heute auch noch Baumhäuser?«

Fragend blicken mich alle an, so als wäre es an der Zeit, einen weisen Richterspruch von mir zu hören. Etwa in der Art: »Ja, Leute! Ich habe vorige Woche *schon wieder* ein neues Baumhaus entdeckt. Alles wird gut!«
Doch mein offizielles Statement fällt aufgrund der vorausgegangenen Kabaretteinlagen ganz anders aus: »Freilich haben Kinder heutzutage auch noch Baumhäuser. Aber sobald sie sich entscheiden, diese kurz zu benutzen, und dann voller Vorfreude dort hinaufklettern ... sitzt meistens schon eine *Mutter* drin: *Überraschung!*«

Das ist der entscheidende Unterschied, Leute!
Vertrauen ist gut. Überwachung ist besser!

Nächste Woche hat dann Oma im Baumhaus Dienst. Diesen Kontrolljob übernimmt sie immer sehr gerne. Leider dauert es halt seine Zeit, bis man sie dort hinaufgehievt hat.

Schon wieder überzeichnet? Ja, stimmt!

Aber Sie wissen sicher genau, *wie* ich das meine …

Unsere Eigenschaften müssen wir kultivieren,
nicht unsere Eigenheiten.
Johann Wolfgang v. Goethe

Von Konsequenzen und Strafen – Entspannung durch logische Folgen

Im aktuellen Kapitel wagen wir mutig, uns dem wahrscheinlich heikelsten Thema in der kindlichen Erziehung zu nähern: dem Bestrafen, dem Setzen von Konsequenzen, dem Sanktionieren oder wie immer man das auch nennen mag. Wir jedenfalls werden das Ganze kurzerhand ganz neu benennen und machen allein schon damit einen großen Schritt in Richtung Entspannung. Zuerst sollten wir uns allerdings dafür öffnen, dass es uns Erwachsenen auch nicht besonders gut geht, wenn wir selber bestraft werden. Kinder wie Florian, der Fußballer, oder die »schlampigen« Zwillinge Martha und Nina scheinen förmlich um Bestrafung zu betteln und helfen uns dennoch kindlich-unkompliziert auf die Sprünge, ganz neue Wege zu beschreiten.

Strafe richtet sich niemals gegen die Situation,
sondern stets gegen die Person.
Rudolf Dreikurs

Konsequenzen?

Was tun, wenn die lieben Kleinen wieder einmal gar gruselige Sachen angestellt haben und sie unbelehrbar zu sein scheinen? Was machen, wenn man schon alles Mögliche versucht hat und das ständige Appellieren an die Vernunft der Kinder nicht fruchtet? Wie soll man denn auf ein ständig gleiches Fehlverhalten reagieren? Gerade in neuerer Zeit scheint die Ratlosigkeit in diesen Dingen bei unzähligen Eltern und sogar bei Berufspädagogen zu wachsen …

⏭ Fall 30: Ratlos

Friederike L., Mutter dreier Kinder zwischen 9 und 15 Jahren, stolpert ebenfalls über derartige Fragen. Nur zögernd kommt sie zum Kern ihres Anliegens: »Welche Sanktion ist die *richtige*, wenn ich will, dass sie ihre Fehler einsehen und sich nächstes Mal aus eigenem Antrieb anders verhalten?« – »Oder sollte *ich* besser über manch ein Fehlverhalten gänzlich hinwegsehen?« – »Warum haben meine Bestrafungen bis jetzt eigentlich gar nichts gebracht?« Schließlich stellt die dreifache Mutter mir die am meisten kontroverse Frage: »Manchmal rutscht mir leider die Hand aus.

Deshalb muss ich jetzt endlich wissen: Was ist eigentlich von der ›gesunden Ohrfeige‹ zu halten, von der meine eigene Mutter immer wieder behauptet, dass sie ihr als Kind *nicht geschadet hat*?«

»Gratuliere, Frau L.!«, klinke ich mich einigermaßen beeindruckt ein, »schon allein der Umstand, dass Sie sich so aufrichtig diesen Fragen *stellen*, bringt Sie bereits auf den richtigen Weg für ein neues Verständnis und eine neue Beziehungsebene zu Ihren drei sicherlich ganz tollen Kids. *Dafür* haben Sie sich eigentlich schon eine von Herzen kommende Belohung verdient. Ja, natürlich sollten auch Eltern hin und wieder belohnt werden. Deswegen erzähle ich Ihnen jetzt eine Geschichte aus der Erwachsenenperspektive, anhand derer Sie noch viel besser nachvollziehen können, wie es Ihnen selbst erginge, wenn man *Sie* bestrafte. Schließlich gibt es für uns Erwachsene im Alltag ja auch jede Menge Sanktionen.«

Der lächelnde Cop

Ein sonniger Tag, eine ruhige Straße: Sie fahren mit Ihrem Auto gerade acht km/h zu schnell!
Nicht gut! *Sehr* böse sogar!
Das zeigt sich auch sogleich! *Zack*, die Falle des Gesetzes schnappt zu. Schon zückt ein überlegen lächelnder »Cop« seinen Strafblock. Zufrieden denkt er wahrscheinlich: »Du kleiner Verbrecher da in deinem Auto hast *keine* Chance gegen mich. Ich hab' dich, du gehörst mir!« Schon werden Sie von dem Straßenhüter so richtig heftig zur Kasse gebeten. Was schreibe ich da? Meinte ich tatsächlich »gebeten«? Wohl eher *getreten* ...
»Ungerecht!«, denken Sie, »diese harte Strafe habe ich nicht verdient! Nicht für diese winzige Übertretung!« Jetzt keimt in Ihnen obendrein auch noch spontaner Zorn auf: »Wieso muss gerade *ich* jetzt so viel blechen, wo ich mich fast immer brav an die Regeln gehalten habe?«
Kaum vorstellbar, dass Kinder in ähnlichen Situationen *denselben* Unmut verspüren, oder etwa doch?

Lern- oder Angsteffekt?

Mit dieser bildhaften Geschichte will ich lediglich klarstellen, dass Bestrafung bei uns *allen*, egal ob Erwachsener oder Kind, unweigerlich Emotionen auslöst. Meistens scheinen diese von zweierlei Grundempfindungen dominiert zu sein: Einerseits kann sich, wie vorhin schon angedeutet, alles in uns gegen das übermächtige Gefühl von *Ungerechtigkeit* sträuben, andererseits können die nach einer Bestrafung aufkommenden Empfindungen durchaus mit *Angst* zu tun haben. Wir können es kaum verhindern, dass wir uns schlicht und einfach *fürchten*, in einer anderen vergleichbaren Situation erneut bestraft zu werden. Somit verhalten wir uns wahrscheinlich eine Zeit lang »besser«, aber aus Furcht, nicht aus eigenem Antrieb! So etwas bezeichnet dann manch einer vielleicht als »erfolgreiche Erziehungsmaßnahme«. Bloß gibt es dabei ein kleines Dilemma: Angst ist für uns Menschen noch *niemals* ein guter Lehrmeister gewesen ...

Angst vor Strafe bewahrt uns zwar davor, das Unrechte zu tun,
veranlasst uns aber noch lange nicht, das Rechte zu tun.
Alfred Adler

! Es kann sich durchaus lohnen, zuweilen zu hinterfragen, ob eine aktuell verhängte Sanktion den erwünschten *Lerneffekt* oder eher einen *Angsteffekt* erzielt haben könnte.

Der Cop lächelt noch immer ...

Das eigentliche Dilemma wird also unser amtshandelnder Cop, auch wenn er noch so überlegen lächelt, wahrscheinlich nicht erkennen: Seine eben verhängte Geldbuße erzeugt *nicht* die nachhaltige Einsicht in Ihnen, die er vielleicht vermutet. Sie werden durch seine Strafe wohl kaum zu einem *besseren* Autofahrer. Wenn wir dennoch einige Zeit etwas weniger aufs Gas drücken, hat das weniger mit einem nachhaltigen Lerneffekt als eher mit dem beschriebenen Angsteffekt zu tun.
Kaum vorstellbar, dass Kinder in ähnlichen Situationen *dieselbe* Angst verspüren, oder etwa doch?

Fair oder unfair?

Wer sich bis hierher von Herzen auf diese bildhaften Vorstellungen eingelassen hat, kann wahrscheinlich schon leichter nachvollziehen, wann eine Bestrafung sich für ein kindliches Gemüt »unfair« anfühlt.
Dennoch sind wir wahrscheinlich immer noch genauso ratlos wie Friederike L. zu Beginn unserer Sitzung. Irgendwie *müssen* wir Fehlverhalten doch wahrnehmen und darauf reagieren.
Ja, schon! Aber bitte möglichst *»fair«*!

Um diesen Ansatz zu verstehen, kann es manchmal bereits genügen, unserem Nachwuchs einfach *gut zuzuhören*, wenn wir gerade irgendein rigoroses Verbot erteilt haben. Wahrscheinlich klingt das dann in etwa so: »Ej, Mom, das ist ja voll *ungerecht*!«, oder: »Aber Papa, das ist ja uur-unfair!« – »Wieso immer ich?« Noch nie gehört? Glaub' ich jetzt nicht!
Wie auch immer: Herzlich willkommen auf diesem Planeten! Autofahrer, Cops, Kinder und wir Übrigen bewohnen dieselbe gleichermaßen strafende wie ungerechte Welt, und sie fühlt sich für *alle* gleich an.

Daraus ergibt sich ganz von selbst die Frage: Warum erwarten wir von unseren Kindern, dass *sie* völlig unpassende Strafen als »Lernhilfe« akzeptieren und sich danach auch noch wunschgemäß verhalten, wenn *wir selbst* so etwas niemals hinnehmen würden?
Ein wenig paradox, wie erstaunlich leicht es uns mitunter zu fallen scheint, unsere Kinder in »unfaire Gefühlskonflikte« zu bringen, die *wir* aus eigener bitterer Erfahrung zu verabscheuen gelernt haben.

! Die typisch instinktgesteuerte Denkweise von Kindern setzt »unlogisch« oder »unpassend« ganz automatisch mit »unfair« gleich.

Ein neuer Begriff

Mit dem neuen Wissen möchte ich an dieser Stelle, wie schon öfter in diesem Buch, wieder eine neue Begrifflichkeit einführen, die aber diesmal gar nicht aus meiner eigenen Feder stammt. Große Vordenker auf dem Gebiet der Verhaltenspädagogik, wie Alfred Adler, Rudolf Dreikurs und Thomas Gordon, haben die Begriffe *logische Folge* bzw. *vertragslogische Folge* anstelle von *Strafe*, *Bestrafung* oder auch *Sanktion* eingeführt und damit völlig neue Blickwinkel auf das Sanktionieren von kindlichem Fehlverhalten eröffnet: Genau diese Sichtweisen sollen *uns* nun auch zugute kommen.

! Anstatt uns im Ernstfall Bestrafungen auszudenken, die nur wenig mit dem »Vergehen« zu tun haben, kann es viel einfacher sein, nach einer weitestgehend *logischen Folge* zu suchen, die sich tatsächlich direkt aus dem Fehlverhalten ergibt. So wird fast jede »Konsequenz« für ein Kind leicht akzeptierbar gemacht.

Jetzt, da wir erste Werkzeuge wenigstens schon mal theoretisch zur Hand haben, ist es wohl wiederum an der Zeit, aus der »harten« Praxis zu berichten ...

Fall 31: »Volltreffer«

Der zwölfjährige Florian ist leidenschaftlicher Fußballer. Noch kein Grund für mich, einzuschreiten. Doch der kommt gleich: Soeben endet ein kraftvoll getretener Schuss, *klirr*, im dreifach verglasten Fenster der Nachbarin und hinterlässt eine Spur der Verwüstung, als das harte Leder seine Bahn quer durch den Raum bis hin zum Wohnzimmertisch zieht. An dem sitzt gerade die Bewohnerin und denkt an nichts Böses, als leider genau *das* über sie hereinbricht und der netten, alten Dame den Schock ihres Lebens beschert.

Szenenwechsel

Schon sind wir im Bestrafungsmodus angekommen: »Flo«, schimpft wenig später Patrick W., der alleinerziehende Vater, »du verschwindest sofort auf dein Zimmer und kommst mir heute nicht mehr unter die Augen! Dort kannst du nachdenken über ...! Außerdem setzt es ab heute drei Wochen Fernsehverbot!«

Wie bitte? Zimmer? Nachdenken? Fernsehstopp? *Was* hat das alles mit dem Fußballschaden zu tun?

Florian setzt sich trotz dieser Gedanken nur schwach zur Wehr: »Äh! Voll unfair! Wieso muss ich ...? Es war doch gar keine ...!« Doch unter Vaters wütendem Blick erlischt die Flamme der Ungerechtigkeit, vielmehr die der »Unlogik« augenblicklich. Der Bub trottet in sein Zimmer, die Tür fällt heftig ins Schloss! *Rumms!* Na ja: Fußballer haben eben da wie dort kräftige Muskeln.

Lösungsansatz

Ein erster Ansatz könnte sich für Vater Patrick sofort eröffnen, sobald er erfährt, was Kinder und Jugendliche im selben Augenblick, in dem Sie etwas Folgenschweres angestellt haben, gleichermaßen instinktiv wie spontan empfinden ...

> Nach selbst verursachtem Missgeschick wollen Kinder und Jugendliche am liebsten das Geschehene sofort *rückgängig*, also »wieder gut« machen. Allerdings wird ihnen nur allzu häufig gar nicht die *Gelegenheit* dazu gegeben.

Aus dieser Erkenntnis heraus reagiert Florians Vater nun logischer: Er weiß jetzt, dass er seinem Sohn tatsächlich keine Gelegenheit gegeben hat, sich in eine Wiedergutmachung einzubringen. Deshalb begibt Patrick sich zu seinem Sohn aufs Zimmer und macht sich gemeinsam mit dem Buben auf Ideensuche. Hoffnungsvoll wendet er dabei übrigens gleich das Home-Coaching-Modell an: »Ich brauche *deine* Hilfe. Was würdest *du* denn jetzt tun?«
Vater Patrick staunt nicht schlecht, als die logischen Folgen aus seinem Sohn nur so heraussprudeln: »Also zuerst gehe ich mich entschuldigen … dann nehme ich den Besen und … das Loch könnte ich doch mit einem Karton … dann suche ich im Internet eine Glaserei … hilfst du mir dabei, Vati? Außerdem hab' ich noch ein wenig Taschengeld. Damit könnte ich …!«

Auch Patrick W. findet, dass jetzt *mehr als genug* lehrreiche Konsequenzen für seinen verunglückten kleinen Fußballstar anstehen. Augenblicklich verraucht sein Zorn. Das ist vorher noch *nie* so gewesen: Nach früheren harten Bestrafungen hat die Abkühlungsphase sowohl beim Vater als auch beim Sohnemann sonst immer ziemlich lange gedauert. So gesehen war der Blattschuss ins Nachbarfenster ein wahrer Glückstreffer für Florian und seinen Paps.

Es passt jetzt einfach alles zusammen: Mit seinen ebenso ernsthaften wie kreativen Angeboten ist der Bub nun weitgehend *freiwillig* eine Art »Vertrag« mit seinem Vater eingegangen. Das macht nun auch den neuen Begriff »vertragslogische Folge« besser verständlich, den übrigens meines Wissens der Psychologe Rudolf Dreikurs geprägt hat.
Wenig später staunt Paps aber noch viel mehr: Florian erfüllt seinen Vertrag perfekt, indem er noch am selben Nachmittag *alle* seine Ankündigungen wahr macht! Mit Begeisterung übrigens …

Klingt das alles nicht viel *logischer* als die klassischen drei Wochen Fernsehverbot?

Unlogische Klassiker

Ja, es gibt sie immer noch, die echten Klassiker unter den Sanktionen, und die erfreuen sich mitunter sogar zunehmender Beliebtheit …

Da wäre, außer dem allenthalben so beliebten Fernsehverbot, der noch hitverdächtigere *Hausarrest*, welcher im Sonderangebot oft schon nach kleinen Regelübertretungen erteilt wird. Der scheint sogar die pädagogische Maßnahme Nummer eins zu sein.

Kaum weniger beliebt ist der fiese *Taschengeldentzug*, der etwa nach einer versauten Schularbeit oder einer unerlaubten Fernsehnacht ausgesprochen wird. Wie wir aber schon anhand unseres Cop-Beispiels erkannt haben, passt Geldentzug nach einer Regelverletzung meistens eher wie die berühmte »Faust aufs Auge«.

Auch der Mythos über die »*gesunde Ohrfeige*« ist leider immer noch sehr lebendig! »Gezielt« auf eine geduldig wartende Wange oder sonst irgendeine Backe platziert, ist sie für manche augenscheinlich eine mächtig wirksame »Waffe« gegen die dritte, einigermaßen freche Antwort in Folge. *Aua!* Die Frage ist allerdings: Werden die Äußerungen wirklich ab nun von Herzen freundlicher ausfallen? Wo also bleibt der Lerneffekt?

Diese Fragen darf man sich selbstverständlich auch beim nächsten Klassiker, dem *Essensentzug* stellen, der sich in etwa so anhören kann: »Heute gehst du zur Strafe ohne Abendessen ins Bett!«

Doch gerade an diesem Beispiel möchte ich weiter unten aufzeigen, dass es in der Pädagogik niemals nur entweder Schwarz oder Weiß gibt, sondern es bloß darauf ankommt, wie man Kindern eine Maßnahme »verkauft«.

Freuen Sie sich darauf: Das Beispiel »Nichtesser« wird spannend! Wenn man es nämlich »richtig« macht, verwandeln sich auf einmal auch zuvor noch unlogische Konsequenzen in ...

Logische Klassiker

Was spräche beispielsweise dagegen, vielleicht *doch* eine Portion Taschengeld zu entziehen, wenn etwas unmittelbar bezahlt werden muss, das durch mutwilligen »Einsatz« kaputtgegangen ist? Besonders wirkungsvoll ist das natürlich, wenn man den Übeltäter die notwendige Zahlung höchstpersönlich vornehmen lässt. Jetzt aber zum gemütlichen Nachdenken: Wäre Taschengeldentzug auch noch logisch, wenn Junior eine Prüfung versaut oder eine rotzfreche Antwort gegeben hat?

Alles klar so weit?
Dann können wir uns ja endlich genüsslich dem versprochenen *richtigen* Blickwinkel auf den fiesen Essensentzug widmen …

Fall 32: »Nichtesser«

Der fünfjährige Raphael ist mal wieder in Hochform: »Wäh, das schmeckt mir nicht!«, plärrt er quer über den Tisch, dazu platscht er bekräftigend in das durchaus leckere, weil *echte* Kartoffelpüree. Als der Bub trotz Ermahnung auch noch mit den Röstzwiebeln zu werfen beginnt, trifft Mutter Gerda eine Entscheidung: »Mein Spatz, es sieht so aus, als hättest du heute *gar* keine Lust auf Essen! Auch gut! Dann wartet jetzt schon dein Bett auf dich!«

Lösungsansätze

Gerda interpretiert das Verhalten ihres Sohnes also durchaus kindgerecht: Wenn Raphael die guten Lebensmittel ablehnt und als Draufgabe auch noch damit herumwirft, darf man doch daraus glasklar folgern, dass er satt ist oder diesmal überhaupt nichts essen will. Damit geht sie eigentlich gut nachvollziehbar direkt auf das Fehlverhalten ihres kleinen Sonnenscheins ein.
Unter uns Profis: Natürlich steckt etwas ganz anderes, schlichtweg »Hausgemachtes« hinter Raphaels trotzigen Tischmanieren: Mama Gerda gerät halt ziemlich oft in eine klassische NAGUFA, wenn es Diskussionen rund ums Essen gibt: »Na gut, dann koche ich dir halt etwas anderes!«
Doch dazu soll es ab jetzt nicht mehr kommen.

Um ihr völlig neues, konsequentes Vorgehen noch weiter zu erleichtern, hat Mama Gerda für sich bereits einen winzigen, aber entscheidenden Vorsprung herausgeschlagen: Sie hat ihrem kleinen Speisenkritiker schon *vorher* angekündigt, dass schnell Schluss mit Essen sein könnte, wenn er an allem herumnörgelt oder er mit den leckeren Zutaten spielt. So richtig ins Staunen kommt der süße Nichtesser aber erst, als Gerda schon beim nächsten Anlass ihre Ankündigung wirklich wahr macht und kurzerhand den ganzen Tisch abräumt. Der Erfolg stellt sich sofort ein: Weil er darauf vorbereitet ist, scheint es Raphael auf einmal ganz leicht zu fallen, die verhängte Maßnahme zu akzeptieren, die nun obendrein genau mit seinem Fehlverhalten zusammenhängt. Zwar mit beleidigter Miene, aber erstaunlicherweise ohne jeden Protest verzieht sich der Bub in Richtung Kinderzimmer. Dumm gelaufen! Selber schuld …

So wird aus der grundsätzlich fiesen Bestrafung Essensentzug mit einem Mal eine *gelungene Mischung* aus Vorbereitung, Eingehen auf das Kind, völlig entspanntem Tonfall und konsequenter Handlungsorientierung, zu der sich nun auch noch ein toller Sonderbonus gesellt: Ein Lerneffekt für Nörgler Raphael ist in Sicht! *Hurra!*

Heute
Der Lerneffekt hat sich soeben deutlich gezeigt, während der Bub erneut bei Tisch ein ungnädiges Gesicht macht: Ohne Kommentar, vor allem aber *ohne* mit irgendwelchen Zutaten zu jonglieren, macht er sich über einen Teller Risotto her, zwar erstmal zögerlich, dann aber immer zügiger. Es ist wohl *doch* angenehmer, wenn man nicht hungrig ins Bett gehen muss. »Außerdem schmeckt das, was Mami kocht, eigentlich eh immer ganz toll!«, denkt der kleine Naseweis und ist selber überrascht wegen dieser Einsicht.
Na also! Geht doch ...

Einfordern oder zugeben?

So, nun sind wir ein gutes Stück weiter. Deshalb ist das, was jetzt kommt, schon für Fortgeschrittene oder schlichtweg die ziemlich Mutigen. Im vorigen Beispiel ist Ihnen bei ausreichender Sensibilität sicher eine Diskrepanz aufgefallen: Obwohl der allgemeine Unmut beim Essen eigentlich hausgemacht, also durch die erwachsene Bezugsperson selbst verursacht war, hat Raphael die Konsequenzen weitgehend *allein* zu tragen gehabt: »Junior muss halt lernen, sich zu benehmen!« Schön, daran ist ja vordergründig nichts auszusetzen. Doch was wir gleich im nächsten kurzen Fallbeispiel erleben, ist ein ganz anderer Ansatz, der wahrlich einigen Mut erfordert, dafür aber ein ganz neues Universum für »logische Konsequenzen« eröffnet. Dazu nehme ich gleich mal vorweg: Was könnte logischer sein als die *reine Wahrheit*?

⏭ Fall 33: »Zugegeben«

Vor zehn Tagen
»Meine elfjährigen Zwillinge Martha und Nina räumen ihr Zimmer einfach nie auf«, beschwert sich Marianne E. am Telefon. »Es sieht bei den Mädchen wirklich furchtbar aus. Da helfen nur noch *ganz harte Strafen*, wie wochenlanger Hausarrest. *So* kann das nicht weitergehen, bitte helfen Sie mir!«
Na gut! Da helfe ich doch gerne!

Doch als Familien-Coach kann ich nicht immer nur Freude verbreiten, ich muss zuweilen auch mal schonungslos die Wahrheit aufdecken. Als mir die perfekt aufgeräumte Wohnung ins Auge fällt, stelle ich deshalb eine knifflige Frage: »Liebe Frau Marianne, wie *oft* haben *Sie* schon selber das Kinderzimmer auf Vordermann gebracht, *obwohl* Sie diese Tätigkeit eigentlich von ihren beiden süßen Gören eingefordert haben?«
Schweigen im Gerichtssaal ...
Zarte Röte steigt Marianne ins Gesicht. *Das* wollte ich nun auch wieder nicht, aber sei's drum: Dieses vermaledeite Rotwerden auf Menschengesichtern hat schon viele Wahrheitsfindungen in Gang gebracht. Diesmal funktioniert es auch ...
»Nun ja!«, zögert die ertappte Frau, um schließlich kleinlaut zuzugeben: »Wohl schon Hunderte Male. Genau genommen, schon *immer.*« Gratuliere, Frau Marianne! Hausgemachte Faulheit!
Noch Fragen?

Lösungsansatz

Was ich Marianne nun erklären werde, wird sicherlich nicht nur für sie, sondern genauso für unzählige Eltern in anderen erzieherischen Ausnahmesituationen hilfreich sein. Auch Gerda und ihrem kleinen Nichtesser könnte der folgende mutige Ansatz wohl nicht schaden: »Wie wäre es, liebe Frau E., wenn Sie der Wahrheit die Ehre gäben und sich dafür *entschuldigten*, dass *Sie* die Faulheit Ihrer Mädels bisher immer ungewollt unterstützt haben? Wäre das nicht viel einfacher, als andauernd das ›unmögliche‹ Verhalten der Zwillinge zu bekämpfen und sie schließlich mit Spannungen und harten Sanktionen zu belegen?«

»Wie bitte?», ruft Marianne erschrocken aus, »*was* sagen Sie da? *Ich* muss mich entschuldigen, wenn die Kinder ...?«
Weil ich natürlich auf Reaktionen wie diese vorbereitet bin, halte ich dem entsetzten Blick der geschockten Frau ganz ruhig stand. Schließlich mache ich so einen krassen Vorschlag nicht zum ersten Mal. Für besonders Neugierige darf ich gleich vorausschicken: Dieser Ansatz hat sich bisher immer *bestens* bewährt!
Deshalb erkläre ich nun in aller Ruhe meine Sichtweise zu Ende: »Zu allererst: *Nein!* Sie *müssen* sich natürlich nicht entschuldigen! Aber Sie *dürfen*, sobald Sie das für richtig halten und vor allem: sobald Sie wirklich dazu *bereit* sind!«

Marianne hört mir auf einmal aufmerksam und ohne weiteren Einspruch zu. Ein gutes Zeichen.

»Mit dem folgenden Verständnis für die Sache wird Ihnen das Ganze wahrscheinlich sogar ziemlich leichtfallen: Kinder lernen alles, was sie für ihr Leben benötigen, fast ausschließlich von uns, also auch die im Alltag brauchbaren oder unbrauchbaren Verhaltensmuster. Können Sie mir so weit folgen? *Gut!* Jetzt kommen wir zum Kern der Sache: Wenn die beiden Mädchen nun von klein auf gelernt haben, dass sie auch nach eindringlicher Ermahnung zur Ordnung nichts anderes zu tun haben, als auf Mamas eigenen Arbeitseinsatz zu warten, wie sollen sie dann nachvollziehen können, dass sich das alles nun plötzlich ändern soll?«

Sie, liebe Leserinnen und Leser, können sich bestimmt noch daran erinnern, dass ich Kinder im Fallen-Teil als *erzkonservative Wesen* beschrieben habe. Die kleinen Seelen lieben es, wenn alles beim Alten bleibt, woran sie sich einmal gewöhnt haben: Das ist mit erworbenem Fehlverhalten nicht anders.

Ich ernte erneutes Schweigen. Marianne ist jedenfalls im Augenblick sprachlos. Trotzdem bin ich noch nicht fertig: »Es gäbe also nun kaum etwas Authentischeres, als wenn Sie Ihre beiden Lieblinge zu sich holten und sagten: ›Dafür, dass ihr nie zusammenräumt, möchte *ich* mich jetzt mal *bei euch entschuldigen*! *Ich* habe es immer zugelassen und möchte jetzt aber so gerne, dass sich das ändert. Wie wär's, wenn ihr mir dabei helft?‹«
Sie erkennen es? *Home-Coaching* lässt schon wieder grüßen …

Kinder müssen mit großen Leuten sehr viel Nachsicht haben.
Antoine de Saint-Exupéry

Nach einer schöpferischen Pause stelle ich Marianne eine abschließende Frage: »Wie fühlt sich das für Sie an? Besser als vier Wochen Hausarrest, die man verhängen und dann aber auch täglich einhalten muss? Entspannter, als von zwei ständig kichernden Doppelgängerinnen immerzu Wohlverhalten erkämpfen zu müssen? Kindgerechter als harte Konsequenzen? Angenehmer für die Kids, als dass sie ständig das Gefühl verspüren müssen, vielleicht nicht mehr so sehr lieb gehabt zu werden, wenn sie nicht perfekt *funktionieren*?«
Wenn sich nur *eine* dieser Fragen mit »Ja« beantworten ließe, wäre es dann nicht allemal wert, sich mit dem Thema Konsequenzen aus unserem völlig

neuen Blickwinkel auseinanderzusetzen? *Selbstreflexion*, *Einsicht* und *Authentizität* sind mächtige Stichworte, auch, wenn sie zunächst vielleicht nur für einen ersten kurzen Denkanstoß ausreichen.

Neues Universum?
Spüren Sie gerade das Universum, das sich auftut, wenn man sich seinen eigenen hausgemachten Verhaltensmustern stellt und sie vor den Ohren seiner eigenen Kinder aufrichtig zugibt? Erkennen Sie das *unglaubliche* Potenzial, welches hinter diesem Ansatz steckt?

Wieder Schweigen im Saal! Das ist gut! Denn jetzt *höre* ich förmlich nicht nur geschockte Mütter wie Marianne und Gerda nachdenken, sondern auch manch einen aufmerksamen Leser ...

Gesichtsverlust
Übrigens haben mir Marianne und Gerda unabhängig voneinander folgende Fragen gestellt: »Verliere ich denn gegenüber meinen Kindern nicht das Gesicht, wenn ich mir solch eine Blöße gebe?« – »Soll ich mich jetzt für *jedes* Fehlverhalten meiner Kids entschuldigen?«
Nein, *sollen* Sie nicht! Aber Sie dürfen!
Die Gegenfrage lautet: Haben Sie es überhaupt schon *ein einziges Mal* versucht? Nein?
Na, dann los! Nichts spricht dagegen.
Sie werden staunen, was passiert, zumal es überhaupt nicht wehtut, versprochen! Schlussendlich wird sich die Frage nach einem eventuellen Gesichtsverlust in den allermeisten Fällen gar nicht stellen. Eher wäre ein Gedanke wie dieser zulässig: »Sobald ich zur Abwechslung mal einen *eigenen* Fehler ehrlich zugebe, kann ich später wohl auch von meinem Kind einsichtiges Verhalten erwarten. Fachleute nennen so etwas ein »Equity-Muster«, was bedeutet, dass Kinder sich instinktiv dem gezeigten Verhaltensmuster einer geliebten Bezugsperson angleichen wollen. Ein *Gewinn*, kein Verlust!«
Gefällt Ihnen das? Mir auch!

Zurück bei Marianne
Vorige Woche
Martha und Nina, den beiden schlampigen Zimmergenossinnen, ist keine Sekunde lang so etwas wie »Gesichtsverlust« in den Sinn gekommen. Vielmehr haben sie so richtig darüber gestaunt, wie aufrichtig ihre Mut-

ter zu ihnen gesprochen hat. Das Staunen ist schnell in Begeisterung umgeschlagen: »Ja, Mami!«, sprudelt wenig später Nina nach einem kurzen Blickwechsel mit ihrer Schwester hervor, »klar helfen wir dir! Komm in unser Zimmer, aber erst, wenn wir dich laut rufen, ja?« Schon flutschen die beiden zur Tür hinaus und man hört sie wenig später im Zimmer rumoren. War da nicht eben auch ein Kichern zu hören …?
Was soll ich von diesem tollen Ereignis noch erzählen? Mama Marianne ist gerade schon wieder rot geworden. Aus Freude!

Heute

Seit einer Woche ist das Zimmer der Zwillinge unverändert ordentlich. Die Stimmung ist entspannt. Vor allem, weil gerade niemand irgendeine Sanktion einhalten oder deren Einhaltung überwachen muss.
Schöne, neue Welt!
Nur Henning E., der Vater, zeigt sich noch skeptisch, ob der neue Zimmerfriede auch anhält.
Gut so! Nichts einzuwenden …

> **!** Zahlreiche herausfordernde erzieherische Situationen ließen sich rasch entspannen, sobald man den Fokus auf eventuell selbst verursachte Verhaltensmuster richtet, anstatt darauf, Sanktionen erteilen zu müssen. Ohne den Druck einer Bestrafung erweitert sich letztendlich der kindliche Handlungsspielraum.

Handle stets so, dass sich die Möglichkeiten des anderen zu handeln vermehren.
Heinz von Foerster

Schöner könnte *ich* es auch nicht ausdrücken.

Entspannende PRAXISTIPPS

Bevor Sie das Verhängen einer »Strafe« in Erwägung ziehen, halten Sie kurz inne, um sich Fragen wie die folgenden zu stellen: »Hat das *Vergehen* meines Lieblings *tatsächlich* den Schweregrad, den es gerade emotional in mir ausgelöst hat?«; »Bin ich in diesem Moment überhaupt ›cool‹ genug, um *angemessen* reagieren zu können?«

Sollten Sie den Begriff »Strafe« bisher verwendet haben, schicken Sie ihn ab jetzt einfach in den Ruhestand, sowohl beim Reden als auch beim Handeln.

Auch so knackige Worte wie »Konsequenz« oder »Sanktion« haben im entspannten Kinderzimmer weitgehend ausgedient.

Führen Sie im Denken und Sprachgebrauch lieber den Begriff »Folge« oder »logische Folge« ein.

Verbannen Sie klassische Maßnahmen, die nicht unmittelbar mit dem Fehlverhalten zu tun haben. Seien Sie stattdessen kreativ beim Erkennen einer einfachen logischen Folge, die Sie dann wie einen »Vertrag« vereinbaren können.

Denken Sie daran, dass auch von *Ihrer* Seite stets der »Ton die Musik« macht. Alles, was Sie entspannt und in aller Ruhe verkaufen, kann auch viel leichter als logische Folge akzeptiert werden.

Erkennen Sie *rechtzeitig* die Zeichen einer sich abzeichnenden Konfrontation und stimmen Sie Ihr Kind schon im Vorfeld auf mögliche Folgen ein.

Mein Bonus-Tipp: Nehmen Sie im Konfliktfall hin und wieder das »Home-Coaching-Modell« aus dem ersten Buchteil zu Hilfe.

Auch diese Tipp-Liste könnte noch lange fortgeführt werden. Allein es fehlt der Platz. Dafür gibt es zum Ausklang unserer Betrachtungen über Strafen und Folgen sowie als Belohnung fürs Mitmachen nun noch einen besonders spannenden Blickwinkel …

Neugierig auf Folgen

Sie haben ja sicher schon erkannt, wie wichtig es mir ist, stets die Stärken und positiven Anlagen der Kinder zu *fördern*, anstatt deren Schwächen *austreiben* zu wollen. Wir wollen deshalb eine ganz besondere Fähigkeit fördern, welche die allermeisten Kinder dieser Welt sowieso schon im Überfluss besitzen.
Sie wissen, welche ich meine?
Richtig! Ich spreche von der unersättlichen *kindlichen Neugier!*

Wahrscheinlich enthält der nun folgende Merksatz eines der stärksten Entspannungspotenziale für die tägliche Erziehungsarbeit ...

> **!** Da jedes Kind die Anlagen zu unersättlicher Wissbegier hat, braucht man es nur konsequent darin zu bestärken, instinktiv und mit einiger Neugierde darauf zu achten, dass *jede* eigene Handlung ganz natürliche Folgen hat, und darauf, ob diese negativ oder positiv sind.

Praxiseinsatz

In Ihrer täglichen Praxis könnte das so aussehen: »Weißt du, mein Schatz: Wirklich *alles,* was du machst, oder auch, was du *nicht* machst, löst irgendetwas aus. Meistens etwas Gutes, manchmal aber auch etwas Schlechtes. Bei *mir* ist das genauso. Deswegen bin ich oft schon *vorher* neugierig, welche Folgen mein Handeln vielleicht haben könnte. Dann kann ich manchmal verhindern, dass ich etwas Schlechtes auslöse oder jemandem wehtue. Magst du ab jetzt *auch* so neugierig sein wie ich?«

Seien Sie mal gespannt, was auf solche oder ähnlich klingende Ansagen nun für eine *neugierige Reaktion* von Ihrem Sprössling kommt.
Genau *jetzt* haben Sie die Gelegenheit, gemeinsam mit Ihrem Kind zu beginnen, verschiedene »Folgen-Situationen« spielerisch einzuüben.
Keine Idee, wie das gehen soll?
Na gut, dann hier noch rasch zwei Vorschläge: Sie spielen beispielsweise »gegenseitiges böses Anschauen« und fragen dann: »Was hat das mit dir gemacht?« Oder Sie klopfen einfach zehn Sekunden lang laut auf den Tisch und denken gemeinsam nach: Hat das Gepolter jetzt eigentlich *Folgen* gehabt? Wiederum könnten Sie ins Staunen geraten: Kinder und auch Jugendliche haben ja so unendlich viele Ideen und sind dabei stets neugierig auf noch mehr ...

Noch skeptisch? Gut so! Das darf sein. Aber ich sehe es so: Dieses kleine »Risiko« ist es allemal wert, sich ab jetzt nur noch selten den Stress mit dem Bestrafen antun zu müssen.

Die starke Liebe will für große Fehler nur bestrafen,
und dann doch vergeben.
Jean Paul

Vom Loben und Belohnen – Entspannung durch Anerkennen

Nach all den Strafen und logischen Folgen sind endlich mal Lob und Belohnung angebracht. Deshalb werden wir diese wichtigen Werkzeuge zum entspannten Erziehen auch erwartungsvoll aus dem Schrank holen, nur um sogleich dahinterzukommen, dass Loben und Belohnen gar nicht so einfach zu handhaben sind, wie die allermeisten denken. Deshalb wird es sicher hilfreich sein, wenn wir uns diese beiden Facetten der Anerkennung getrennt ansehen.
Bei unserem Streifzug treffen wir zunächst den süßen, quirligen Basti, während er gerade mitten auf dem Esstisch tanzt. Ob er wohl für dieses Verhalten gelobt wird? Später begegnet uns gleich eine ganze Kindergruppe, deren wunderliche Mitglieder allesamt auf die tollsten Belohnungen verzichten wollen. Da fragt man sich doch: Sind Kinder wirklich so schwierig zu belohnen oder brauchen bloß wir Erwachsene einen neuen Blickwinkel?

Die Kinder finden im Nichts das Gesamte,
die Erwachsenen im Gesamten das Nichts.
Giacomo Graf Leopardi

Zwei Seiten einer Medaille

Lob und Anerkennung sind derart wesentliche Bestandteile in der kindlichen Lebenswelt, dass Kinder wie Jugendliche ohne diese Variante elterlicher Zuwendung schlichtweg emotional verhungern. Fehlen Lob und Anerkennung, verlieren die jungen Seelen obendrein nicht nur das Vertrauen zu ihren Bezugspersonen, sondern vor allem zu *sich selbst*. Nun ja, bei uns Erwachsenen ist das meist auch nicht anders: Wie viele von uns sehnen sich förmlich danach, dass ihr Chef sie wenigstens *einmal* im Jahr lobt, damit sie ein bisschen an ihrem Selbstwertgefühl basteln können? Gibt es für uns keinerlei Anerkennung in unseren Berufen, »verhungern« auch wir emotional.

Das wäre die *eine* Seite einer hübschen Medaille, auf welcher kunstvoll graviert steht: *»Loben ist gut!«* Nun drehen wir das wertvolle Goldstück aber einmal um. Siehe da! Hier steht eine *andere* schwungvolle Prägung: *»Zu häufiges Loben ist weniger gut!«*

Diese *Kehrseite der Medaille* kann man für unser Thema wohl so zusammenfassen:
Erleben Kinder ein Übermaß an Lob, entfernen sie sich mit der Zeit von der Realität und geraten in ein gefährliches Maß an Selbstüberschätzung. Obendrein können sie sowohl den Glauben als auch das Gespür für wirklich herzlich gemeinten Zuspruch verlieren. Zu häufiges Lob können Kinder und Jugendliche bald nicht mehr ernst nehmen und schließlich nur noch so empfinden, als würde man sie andauernd belügen.

Überlistungsversuche

Aber nicht nur Überfluss, sondern auch eine Zweckentfremdung des Stilmittels Loben, beispielsweise als Überlistungsversuch, kann durchaus das Prädikat »weniger gut« verdienen ...

⏭ Fall 34: »Tischflamenco«

Zeitig am Morgen werde ich zu einer alleinerziehenden Mutter und deren fünfjährigem Sohn Sebi gerufen, die ich zuvor schon einige Male betreut habe. Ich solle diesmal ein besonderes Fehlverhalten beobachten, welches der kleine Mann seit einiger Zeit regelmäßig zelebriere. Und wirklich: Der quirlige Bub tanzt nach Beenden seines Frühstücks zwischen Müslischalen und Tellern lustvoll auf dem Esstisch. Einfach so! Mutters Empfinden für gutes Benehmen ist ausgereizt, weil sie schon Tage zuvor hoffnungslose Kämpfe gegen dieses *schlimme Verhalten* ausgefochten hat. Heute aber versucht sie tapfer, nicht zu schimpfen, vielleicht um mir zu demonstrieren, wie sehr sie meine positiven Ansätze bereits verinnerlicht hat. Jedenfalls scheint sie gerade fieberhaft zu überlegen, welchen *positiven Aspekt* sie aus diesem ungehörigen Tischflamenco wohl herausholen könne: »Lob! Ja, das ist wohl die Lösung! Ich muss meinen Spatz für irgendwas loben! *Das* lenkt ihn dann sicher von dem Unsinn ab.« Kaum gedacht, ist es auch schon heraus: »Heute hast du aber *brav* aufgegessen!«
Der Erfolg dieses Ablenkungsversuches zeigt sich sofort: Der Dancing Star strahlt seine Mom kurz begeistert an und wirbelt dann noch wilder herum, bedrohlich nahe dem Marmeladentopf.
Ob Loben wohl tatsächlich so gut ist, wie alle sagen?
Ich hoffe, Sie fragen sich jetzt reflexartig, warum der Bub überhaupt nicht reagiert hat. Meine spontane Gegenfrage: Hat er wirklich *nicht*?
Reflexartige Antwort: *Doch*, hat er! Deutlich sichtbar sogar!

Spannender Blickwinkel
Erinnern Sie sich an die spannenden Blickwinkel auf kindliche Fehlverknüpfungen und dass die Winzlinge ziemlich oft die momentane Grundstimmung ihrer geliebten Bezugspersonen mit ihrem aktuellen Handlungsstrang in Verbindung bringen? Sebi tut gerade genau *das*, indem er auf die anerkennenden Worte und den freundlichen Gesichtsausdruck seiner Mutter mit klassischer Regula-Falsi-Denkweise reagiert: »Was höre ich da? Ein Lob? Aha, Mami gefällt's also! Tanzen auf dem Tisch ist gut. Fein!«
Ausgerechnet diese unterbewussten Erkenntnisse scheinen jedenfalls Auslöser dafür zu sein, dass der kleine Flamenco-König seine Tanzschritte sogar noch beschleunigt.
Marmeladetopf-Alarm!
Eine *mehr* als deutliche Reaktion auf das Lob, finden Sie nicht?

Schön und gut: Jetzt haben zwar *wir* alles toll analysiert, das hilft aber Sebis Mama keinen Tanzschritt weiter. Die Gute braucht nun dringend eine möglichst »geschmeidige« Lösung.

Lösungsansatz
Da in der akuten Situation klarerweise keine Zeit für ein Mama-Training bleibt, muss ich diesmal spontan selbst eingreifen: Erstmal passe ich mich ganz professionell der Denkweise meiner Klientin an und setze vorerst *auch* auf so etwas wie Überlistung. Jedoch wähle ich eine pfiffige Variante, die das Kind sicher nicht als List empfinden wird. Außerdem bin ich ja schon zum dritten Mal hier und habe bei Sebi bereits ein paar Beziehungs-Bonuspunkte: Der Kleine hat schon lang entschieden, dass er mich mag! Deshalb vertraue ich jetzt voll darauf: Ich nehme daher Blickkontakt mit dem Solotänzer auf und lege mit strahlendem Grinsen und großem Interesse in meiner Stimme los: »Wie *weit* kannst du denn von da oben springen? Zeig doch mal! Aber mach das bitte so leise, wie du nur kannst.« Dieser letzte Beisatz ist erstens ein kleiner, fieser Trick von mir, um das Verletzungsrisiko für den Buben zu minimieren. Zweitens wird die Sache dadurch für das Kind noch interessanter. Das macht sich sofort bezahlt: Wie erwartet erwacht, gemeinsam mit dem Ich-mag-dich-Bonus, der Ehrgeiz in dem Buben. *Hopp*! Schon ist der kleine Springinsfeld herunter vom Tisch.
Verzögerungsfrei und *kampflos!*
So einfach kann es gehen!

Vielleicht nicht immer, aber *immer öfter!*

Schon spüre ich, wie die spontan begeisterte Mutter ihren Sonnenschein jetzt für den guten Sprung loben möchte! Doch das würde das vorherige Fehlverhalten erneut fördern ...
Also winke ich rasch ab. Was wir jetzt *eher* brauchen, ist ein Lerneffekt, wenn möglich eine logische Folge für die illegale Tanzeinlage, kein erneutes unpassendes Lob.

»Wie wäre es mit einer sorgfältigen Säuberung des Tisches?«, schlage ich ganz offen vor. Achtung: *Feind hört mit!* Na und?
Haben wir etwa erzieherische Geheimnisse vor dem Kind?

Schließlich sollte es *immer* so sein, dass man gefälligst wieder sauber macht, was man zuvor mit seinen Füßen beschmutzt hat. Gut so! Das reicht allemal! Strafe? Standpauke? Vorträge, dass man nicht auf Tischen tanzen sollte?
Ja, okay! Aber wozu?

Jetzt ist allerdings ein wirklich guter Zeitpunkt, das Kind passgenau zu loben. Mami klinkt sich deshalb auf ein Zwinkern von mir ein: »Wow! Das hast du aber wirklich schön sauber gemacht, das freut mich! Ich freue mich aber noch mehr, wenn du das nächste Mal lieber auf dem Fußboden tanzt!«
Kleiner Mama-Bonus fürs nächste Mal!
Der scheint auch zu klappen: Sebi, unser kleiner Wirbelwind, nickt zustimmend und grinst breit ...
Fall gelöst! Sehr lobenswert!

Eine schöne Handlung aus vollem Herzen loben heißt,
in gewissem Sinne an ihr teilhaben.
François VI. Duc de La Rochefoucauld

Entspannende PRAXISTIPPS

Natürlich *sollen* und *dürfen* Sie Ihr Kind loben, wann immer Ihnen danach ist. Achten Sie aber darauf, dass es weder zu oft geschieht noch dass Ihr Lob als falsches Signal verstanden werden könnte.

Sprechen Sie ein wörtliches Lob nur dann aus, wenn Sie es von Herzen *absolut ehrlich* meinen. Ihr Kind spürt das sofort!

Loben Sie möglichst wortkarg!
Mein Entspannungs-Tipp dazu ist sehr einfach: Je *weniger* Inhalt, desto *mehr* Wirkung.

Als »Fortgeschrittene« sollten Sie Ihr aufrichtiges Lob am besten durch bloße Körpersprache ausdrücken: Stummes Staunen, oft auch nur ein *anerkennendes Hinschauen* sind für die kindliche Wahrnehmung bereits Lob genug.

Übersetzen Sie für sich doch einfach mal eine Zeit lang den Begriff »loben« mit »positiv wahrnehmen«! Schon tun sich ganz neue Möglichkeiten für herzliche Anerkennung Ihres Lieblings auf.

Wirklich Belohnung?

So! Ich finde, das ist vorerst genug des Lobes gewesen. Unser nächstes Thema, »Belohnung«, ist sowieso viel spannender. Was nämlich manch einer, der seinem Kind, Enkel, Schüler, Schützling usw. etwas Gutes tun will, unter dem Begriff *Belohnen* so zu verstehen glaubt, erscheint mir in unserer materiell orientierten Welt eher weniger lobenswert.
Die allermeisten Erziehenden, zumindest jene, die *mir* so über den Weg laufen, scheinen diesen Begriff aus irgendeinem mysteriösen Grund fix mit dem Wort *Süßkram* zu verbinden: »Toll gemacht, mein Spatz! Da hast du jetzt ein Gummibärchen verdient!«
Hilfe!
Denkt tatsächlich irgendjemand, dass Gelatine-Viecher, Milchschnitten und Co. etwas mit kinderkompatibler *Belohnung* zu tun haben?
Ja, wirklich?
Na, dann seien Sie mal auf *meine* inkompatiblen Blickwinkel gefasst, die ich hier gleich mal um den Faktor »Geld« erweitere.

Über all die gut gemeinten Klebezeug-Gaben hinaus scheint vor allem bei Großmüttern und -vätern, aber auch bei allen übrigen Anverwandten und sonstigen Wohltätern das *Bezahlen* von »bravem Verhalten« ein beliebtes Mittelchen zum herzhaften Belohnen zu sein. Damit meine ich nicht nur Geld, sondern auch all die vielen anderen Geschenke, die über Kinder ständig herunterregnen: »Na, wenn sich unser Liebling halt so sehr darüber freut …!« Wirklich? *Wessen* Freude ist hier wohl maßgeblicher beteiligt?
Wie? Das ist *jetzt schon* unerhört? *Finden Sie?*
Na, dann habe ich's jetzt noch dicker! In vielen modernen Familien scheint es sogar eine Art ungeschriebenes Gesetz zu sein: Positiv verlaufene Dinge – vor allem die so begehrte gute Zensur – in der Schule *müssen* einfach mit bestimmten Geldbeträgen belohnt werden. »Sonst wird sich unser Schatz beim nächsten Mal vielleicht nicht mehr so toll anstrengen! Wo bliebe denn sonst die Motivation?« *Das* darf ich jetzt gleich beantworten: »Sie geht *verloren*! Aber nicht *ohne* Belohnung, sondern *durch* sie …«

Das Glück wohnt nicht im Besitz und nicht im Gold,
das Glücksgefühl ist in der Seele zu Hause.
Demokrit

! Ließe man Kindern die unvoreingenommene Wahl, sie würden aufgrund ihres inneren Werte-Verständnisses ohne Zögern jede rein materielle Belohnung ablehnen.

Wie jetzt? *Das* glauben Sie mir nicht? *Dann* darf ich Ihnen hier die Story über einen achtjährigen Buben erzählen, die mich tief berührt hat …

⏭ Fall 35: »Weisheit«

Justin ist der Sohn britischer Eltern, die beide hier in der Wiener UNO-City gut bezahlte Jobs innehaben. Der Vater befindet sich nahezu ständig auf Auslandsreisen und bringt von diesen fast jedes Mal tolle Geschenke für sein einziges Kind mit. Da Justin »wirklich brav« in der Schule sei, so der spendierfreudige Vater, gäbe es sowieso immer einen Grund, ihn zu belohnen.
Wahrlich ein braver Daddy!
Hätten es nur *alle* Kids so gut wie der kleine Justy!

Doch *der* scheint das ganz anders zu sehen: Als ich den auffallend stillen Buben interessiert frage, was ich als sein Coach denn speziell für *ihn* tun könne, sieht er mich lange und nachdenklich an. Was er dann von mir erbittet, treibt mir fast die Tränen in die Augen, obwohl ich so etwas beinahe schon erwartet habe: »Kannst du bitte meinem Papa irgendwie erklären, dass er mir nicht *jedes Mal* Spielzeug mitbringen soll, wenn er heimkommt? Aber bitte, ohne dass er böse wird!«
Zur Erinnerung: Das kommt von einem *Achtjährigen!*

Ich schlucke hart, weil ich Justins geradezu weises Anliegen nur allzu gut verstehen kann: Das riesige Kinderzimmer, in dem wir uns befinden, ist rundum und bis hinauf zur Decke mit Plastikboxen, Schachteln und Kästen voller »hochwertiger«, weil sicherlich teurer Spielsachen angefüllt. Dabei fällt noch etwas anderes auf: Keines dieser Spielzuge ist ausgeräumt oder scheint »in Arbeit« zu sein. Inmitten dieser erdrückenden Szene wirkt Justin verloren und irgendwie deplatziert. Nur allzu deutlich spüre ich den Druck, der auf dem Buben lastet. Schließlich ist es nicht nur mein Job, sondern wohl auch meine Gabe, mich tief in die Erlebenswelt von Kindern und Jugendlichen einfühlen zu können. Das versuche ich wenig später natürlich auch den Eltern zu vermitteln …

Der Vater scheint allerdings für ein Umdenken noch nicht ganz bereit zu sein: »Sie sagen, ich würde Justy *zu häufig* belohnen? Die vielen Spielsachen würden meinen Sohn überfordern, meinen Sie? Das sehe ich nicht so: Er spielt doch ohnehin immer nur jeweils *mit einem einzigen* Spielzeug!«
Sorry! *Daran* habe ich nicht gedacht, Dad! Wie *dumm* von mir!

Glauben Sie mir *jetzt*?
Wie? Das sei ja nur *ein* einziges Kind gewesen, meinen Sie? Bloß ein Sonderfall? Na gut, ich lasse ja mit mir reden! Reichte es, wenn ich zum endgültigen Beweis meiner abwegigen Anti-Belohnungs-Theorie eine ganze Kindergruppe antreten ließe?

⏭ Fall 36: »Knopfjäger«

Ein Erlebniscamp in den Bergen mit knapp 70 Teilnehmern. Ich bin dort als Programmleiter im Einsatz. Die Gruppenbetreuer kennen die Kinder im Alter von sieben bis elf Jahren schon ziemlich lange und haben bereits routinemäßig ein ausgeklügeltes Belohnungssystem etabliert: Jedes Kind, das im Laufe des Tages irgendetwas *gut gemacht* hat, bekommt dafür abends nach dem Essen vor aller Augen jeweils einen Hosenknopf. Das kann sowohl für »braves Einschlafen« am Vorabend sein als auch für ein »sauberes Abwischen des Tisches«. Ebenso regnet es Knöpfchen für besondere Hilfsbereitschaft oder weitgehend protestfreies Zähneputzen und so weiter ... *Cool!* In *meiner* Kindheit habe ich so etwas bei Feriencamps leider nie erleben dürfen ...

Szenenwechsel

Das erste Wochenende ist gekommen und meine Ahnung erfüllt sich: Heute dürfen die Kids für die Anzahl ihrer Knöpfe nach Herzenslust Goodies »einkaufen«. Da gibt es kleine Spritzpistolen, Luftballons, Konfetti und Co. Selbstverständlich stehen für den Einkauf auch die erwarteten Massen von mundgerecht abgepacktem Gummizeug zur Verfügung. *Mmmhh!* Ebenso lecker wie kerngesund. Was für ein *Hallo* unter Kindern und Betreuen! Was für ein Gerangel!

Was für ein Unsinn!

Konsumerziehung vom Feinsten!

Schön, dass ich mit diesem wirren Resümee nicht allein bin, denn ...

Schon wieder Szenenwechsel

Tage später. Ich stehe mitten in einer Gruppe, nachdem ich gerade ein Geländespiel erklärt habe: Irgendwie kommt die elfjährige Manuela auf das Thema Knöpfe zu sprechen. Reflexartig, allerdings mehr zu mir selbst murmle ich: »Na, das mit der Knopf-Belohnung ist wahrlich nicht so *mein* Ding.« Wider Erwarten scheinen einige der gut geölten Kinderohren mein Gemurmel gehört zu haben, denn wie aus der Pistole geschossen kommt Manuelas Antwort: »Ja genau! *Ich* mag das *auch* nicht so besonders!«

»Wie bitte?«, würde manch einer jetzt wohl antworten, »für euch Kids muss das doch das Paradies sein, so toll belohnt zu werden!«

Mitnichten, Freunde!

Ich schweige und höre zu, denn ich spüre, dass auf einmal ein Bann gebrochen ist. Von allen Seiten stürmt es unvermittelt auf mich ein: »Ja! Wir machen alles *nur* noch, damit wir Knöpfe bekommen! Voll öde, ej ... Ja! Ich find' das ist *nicht* lustig ... Stimmt: Mir macht das *auch* keinen Spaß mehr ... Unfair: Ich hab' schon zwei Tage keinen *einzigen* Knopf bekommen ... Echt blöd: Mir sagen sie immer *vor* allen Leuten, dass ich mir *keinen* Knopf verdient habe!«, beklagt sich zuletzt Felix, der jüngste der Buben, sieben Jahre alt.

Da fragt man sich doch: Was ist nur mit diesen undankbaren Kindern los?
Oder sollte man ganz anders fragen: Können Kinder mit dieser Art der Belohnung überhaupt etwas anfangen? Daraus ergibt sich als Umkehrschluss: Wären die Kleinen auch *ohne* all den Tand dankbar, ja sogar vielleicht *viel dankbarer*?
Wenn dem so wäre, dann täte sich mit einem Mal ja wohl ein ganzes Universum an neuen Möglichkeiten für uns auf.

! Anerkennung in Form von rein materiellen Zuwendungen hat weniger mit *Belohnung* als vielmehr mit *Entlohnung* zu tun, womit wiederum Kinder aufgrund ihres inneren Wertesystems eigentlich gar nichts anfangen können.

Sie glauben mir noch *immer* nicht so ganz? Dann wird es Zeit für zwei überzeugende Kurzbesuche in der Erwachsenenwelt. Sie kennen das ja nun schon: Sobald Sie sich vertrauensvoll auf diese Bilder einlassen, haben Sie es hinterher viel leichter, durch den direkten Vergleich mit *unserer eigenen* auch die kindliche Gefühlswelt von Herzen zu verstehen ...

⏭ Fall 37: »Ehrenamt«

In den Räumlichkeiten eines Elternvereins: Die Familienväter Herbert und Hannes sowie die Mütter Gabriela, Ulrike und Jacqueline bereiten schon wochenlang ehrenamtlich eine Großveranstaltung vor. Viele intensive Arbeitsstunden sind ebenso eingeflossen wie eigenes Geld, jedoch hat sich bisher keiner der Fünf beschwert. Im Gegenteil: Die Arbeit hat ihnen *viel* Freude bereitet, gepaart mit der fieberhaften Erwartung auf den Erfolg ihrer Aktion. Keiner von ihnen wird dafür materielle Entschädigung erhalten, doch *das sei gut so*, meint irgendwann die zweifache Mutter Ulrike leichthin.
Schließlich hätten sie alles aus Begeisterung für die Sache getan, weshalb ihnen kein Arbeitseinsatz zu viel gewesen sei. Auch Hannes, Vater zweier Mädchen, schlägt stellvertretend für die anderen in die gleiche Kerbe: »*Diese* Arbeit macht mir viel mehr Spaß als mein Job in der Firma!«

Im Jahr darauf

Doch ausgerechnet Hannes ist im Lauf des Jahres zum Hauptfunktionär des Dachverbandes bestellt worden. Für diese aufwendigere, aber gleichartige Tätigkeit gibt es nun ein kleines, leistungsabhängiges Salär. Hannes, der nun entlohnt wird, stellt immer öfter insgeheim Aufwand-Nutzen-Rechnungen an. Genau wie sonst auch in seinem profanen Job. Der Familienvater bemisst seinen Erfolg jetzt nicht mehr nach innerer Zufriedenheit, Zuspruch und Gemeinnutz, sondern nach Ziffern. *Spaß* macht ihm seine Aufgabe in letzter Zeit übrigens immer weniger!

Obwohl den allermeisten sicherlich schon deutlich ist, wo das hinführt, erlaube ich mir, zugunsten der Authentizität für den versprochenen zweiten Ausflug wieder einmal kurz aus *meinem* Nähkästchen zu plaudern …

Fall 38: »Tanzkarriere«

Mir selbst ist während meines ersten Langzeit-Hobbys – ich war ab meinem 16. bis zum 33. Lebensjahr begeistertes Mitglied in einer Showtanzgruppe – ganz Ähnliches widerfahren.

In den ersten Jahren ist für uns zwölf Tänzer alles von reiner Begeisterung an der Sache durchdrungen gewesen: Hartes Training? *Na und?* Bis zu vier Auftritte pro Woche, in Spitzenzeiten sogar drei während einer einzigen Ballnacht? *Kein Problem!* Wir haben damals wahrlich viel Spaß gehabt und jeden einzelnen Erfolg in vollen Zügen genossen. Keiner von uns hat sich über Stress, Zeitaufwand oder gar über den anfänglichen Geldeinsatz für teure Kostüme, Tanzschuhe und Reisespesen beschwert. Doch als ab dem fünften Jahr ein neuer Trainer erstmals bezahlte Engagements für uns aufgetan hat, ist unsere Formation flugs auf dem Tanzparkett der freien Marktwirtschaft einmarschiert. Der erste Streit um Honorare und sogar um die Anzahl *einzelner* zu verrechnender Tänze hat nicht mehr lange auf sich warten lassen. Was für ein mentaler Stress in dem ohnehin schon anstrengenden Showbusiness! Missgunst und Geldneid haben natürlich bald ebenfalls Einzug in unsere zuvor so harmonische Gruppe gehalten.

Mir persönlich ist eine materielle Entlohnung für mein Lieblings-Hobby allerdings stets herzlich egal gewesen. Zum Glück hat meine großartige Tanzpartnerin damals genauso gedacht. Für mich ist klar, das wir beide nur aus *diesem* Grund schließlich insgesamt mehr als 16 Jahre voll anhaltender Begeisterung der gleichen Formation angehört haben, während alle ursprünglichen Mitglieder zuvor schon ausgeschieden sind.

Spätestens nach diesen beiden anschaulichen Fallbeispielen sollte uns bewusst sein, dass sich unsere Denkmuster als Erwachsene in vielen Dingen kein bisschen von denen der Kinder unterscheiden. Sind wir mit regelmäßigen materiellen Belohnungen konfrontiert, treten unsere inneren Werte kontinuierlich in den Hintergrund. Dieser Vorgang hat sogar einen wohlbekannten Namen ...

Achtung, Korruption!

Sicher haben Sie den Ausdruck »Korrumpieren« schon gehört. Wenn Sie bis jetzt gedacht haben, dieses Wort wäre bloß für die äußerst selten korrupte Politik oder Wirtschaft reserviert, muss ich Sie schmunzelnd enttäuschen: Auch unsere lieben Kleinen sind überaus empfänglich für Bestechung. Das merkt man aber erst, wenn bestimmte Pflichten nur noch über den Weg der angemessenen Belohnung einigermaßen befriedigend erledigt werden. Gut gemeinte, aber rein materielle Anerkennungen werden so zu gleichermaßen ungewollten wie weitreichenden Einflussfaktoren für die Selbstwahrnehmung.

Es kann also nicht schaden, sich gelegentlich bewusst zu machen, dass Kinder, gemessen an ihrer Grundorientierung, mit »Geschenken« überhaupt nichts anzufangen wissen. Erst von *uns* lernen sie, physische Waren, insbesondere Geld irgendwann als *wichtig* einzustufen, weil wir selbst das von der Gesellschaft so gelernt haben. Deshalb muss uns klar sein, dass eigentlich nur *wir Erwachsene* es sind, die gute Leistungen andauernd mit mess- und angreifbarem Tand bewerten wollen. Wir fühlen uns dadurch anscheinend irgendwie als »bessere« Bezugspersonen. Annähernd jeder Elternteil fährt deshalb irgendwann mal die »Entlohungsschiene« entlang. Doch genau damit nimmt der Prozess des Korrumpierens, anders gesagt: der Verlust des typisch kindlichen Wertesystems, schon seinen schleichenden Anfang. Kommen die Entlohnungen auch noch regelmäßig, kann die kindliche Wahrnehmung bald nicht mehr ermessen, was Leistung überhaupt noch für einen Sinn haben soll, wenn sie nicht belohnt, vielmehr *entlohnt* wird.
Hart, aber nachvollziehbar, oder?

Das soll nun keineswegs heißen, dass Sie sich das Erlebnis des physischen Schenkens *nie* mehr gönnen dürfen.
Keine Sorge: *Meine* Erlaubnis haben Sie!
Aber die eine oder andere selbstkritische Frage darf man sich ja wohl beizeiten stellen ...

Beispielsweise diese hier: Ist es wirklich *das*, was ich meinem Kind vermitteln will oder vielmehr was ich *glaube*, in unserer eindeutig konsumorientierten Gesellschaftsform vermitteln zu *müssen*?

! Je öfter Kinder materielle *Entlohnungen* für ihr Wohlverhalten bekommen, desto mehr lichtet sich der unvergleichliche Zauber der ursprünglichen »inneren Werte«, was zumeist auch die kindliche Begeisterungsfähigkeit für bestimmte Handlungen merklich einschränkt.

Es liegt ganz an Ihnen, wie viel Zeit und Mühe Sie investieren wollen, Ihrem Kind so lange wie nur irgend möglich ganz andere Werte zu vermitteln, als die Gesellschaft sie vorgibt. Doch seien Sie versichert: *Die* Mühe lohnt sich mehrfach! Übrigens: Das sicher notwendige Erlernen des Umgangs mit Geld wird Ihrem Kind durch dieses Vorgehen eher *erleichtert* als erschwert!

Die gute Nachricht

Kinder zu belohnen ist viel einfacher, als manch einer vielleicht denkt – und nebenbei auch noch viel billiger! Ich darf es kurz und bündig so formulieren:

Den höchsten Lohn für Kinderseelen können Sie ausschließlich aus Ihrem Herzen hervorholen, nicht aus Ihrer Geldbörse.

Für manch einen könnte also ein neuer Vorsatz lauten: Schluss mit *reich machen*, anfangen mit *glücklich machen*. Kinderglück ist jedoch genau dann am größten, wenn die lieben Kleinen entweder auf etwas *stolz* sein können oder schlichtweg *Spaß an der Sache* haben.

Wahrnehmen, stolz machen

Sobald Kinder oder Jugendliche das Gefühl erleben, *stolz* auf ein »gelungenes Werk« sein zu können, haben sie im praktischen Kombipack ganz automatisch auch schon Spaß an der Sache. Wenn aber einmal etwas Spaß bereitet, dann macht man es nicht nur *besonders gut*, sondern auch immer wieder *gern*. Die Freude am erfolgreichen Erledigen der Aufgabe bedeutet schon mehr als jede sonstige Belohnung.
Sie wollen Ihr Kind trotzdem belohnen?

Na schön: Dann brauchen Sie jetzt nur noch gut sichtbar *positiv wahrzunehmen*, was Ihr Sonnenschein da geleistet, gut gemacht, durchgehalten hat. Wenn es geht, bitteschön mit möglichst *ehrlicher* Freude. Davon zehrt Ihr Junior oder Ihre Prinzessin dann ganz sicher den ganzen restlichen Tag, die nächste Woche, einen ganzen Monat, schließlich jahrelang. Der Kreis zum Thema »Loben« hat sich geschlossen.
Noch Fragen?

Klar gibt es da noch welche und sie sind mir schon unzählige Male gestellt worden: »Wie bitte ist das dann mit Zimmer aufräumen? Wie mit Schularbeiten schreiben? Lernen? Beim Abwasch helfen?

Es spricht absolut nichts dagegen, dass einem Kind *jede* beliebige Tätigkeit, vom Mithelfen im Haushalt bis zur kompliziertesten Schularbeit, auch Spaß machen kann.

Bei *uns* zu Hause leben jedenfalls zwei solcher Prachtexemplare, die ungesunderweise total *gerne* in die Schule gehen und noch viel lieber daheim mit anpacken, sogar selbstständig Verantwortung übernehmen. Allerdings wird unser Nachwuchs nun sehr bald flügge. *Schade!* Wo nehmen wir zwei armen Eltern nun die quirligen, stets hilfsbereiten Geister für daheim her?
Meine Kinder jedenfalls haben es uns durch ihr Handeln immer wieder bestätigt:

Es liegt nur an der richtigen Anerkennung, nicht an der richtigen Belohnung.

Entspannende PRAXISTIPPS

Lassen Sie für sich selbst zuweilen den Gedanken zu, dass Ihr Kind Geschenke und Leckereien vor allem anfangs möglicherweise nur annimmt, um *Sie* damit zufriedenzustellen.

Belohnen Sie ohne Geld, aber *von Herzen* hauptsächlich mit *nicht* materiellen Dingen. Anregungen dazu finden Sie am Anfang dieses Kapitels.

Machen Sie sich bewusst: Mit Geld für guten Schulerfolg kann man mühelos jeden Lernwillen zum Erliegen bringen.

Den richtigen Umgang mit Geld erlernt ein Kind durch immer gleich hohes und regelmäßiges Taschengeld – nicht durch ständiges wundersames Vermehren!

Vermeiden Sie verstecktes Belohnen: Wenn Ihr kleiner Liebling morgens schon ganz allein zum Bäcker läuft, ist das kein Grund, dass er sich dafür jedes Mal einen Lutscher kaufen darf.

Übrigens: Damit Kinder als gleichberechtigte Familienmitglieder aufwachsen, darf und soll man von ihnen erwarten, auch ohne jede Belohnung, altersgemäß zur alltäglichen Hausarbeit beizutragen. Kein Kind braucht mit der Aussicht auf ein Eis geködert zu werden, damit es in der Küche hilft.

Dass diese Belohnungstipps ein wenig *mehr* Zeit kosten können, als kurz in die Brieftasche zu greifen oder die dritte Playstation in Folge einzukaufen, ist völlig klar. Aber der »geplante Zeitverlust« für unsere Kids bringt uns viel mehr, als sich noch zusätzlich 40 Überstunden im Büro aufzwingen zu lassen. Glauben Sie mir: Für die Bonuszeiten der Anerkennung daheim werden Sie um ein *Vielfaches* mehr belohnt als für die nächste Million, die Sie für Ihre Firma hereinholen.

Haben Sie all die bisherigen neuen Blickwinkel ein wenig entspannen können?

Dann bedanke ich mich *jetzt* schon für Ihr herzliches Lob in Ihrem ersten Leserbrief!

Ein Lächeln ist oft das Wesentliche.
Man wird damit belohnt oder belebt.
Antoine de Saint-Exupéry

Von Wortklaubern und Samurais – Entspannung durch Präzision

In diesem Kapitel erkunden wir unter anderem, was ein Samurai mit unserem Rollenbild als Bezugsperson zu tun hat. Davor aber dürfen wir uns die Feststellung gefallen lassen, dass wir Erwachsene es mit Genauigkeit und Verlässlichkeit allesamt nicht besonders ernst nehmen. Ein Ausflug in die Welt unglaubwürdiger Redewendungen sollte schließlich jedem von uns zu denken geben. Das gleichermaßen einfache wie effiziente Ultra-Präzisionsspielchen »Tick-Tack-So« kann aber vielleicht helfen, eine neue Ära des gegenseitigen Vertrauens einzuleiten.

Wer Vertrauen hat, erlebt jeden Tag Wunder.
Peter Rosegger

Ungenaue Erwachsenenwelt

Entspannung durch Präzision? Wie soll *das* denn gehen? Ja, gut: So steht's in der Überschrift. Jedoch: Passen diese zwei Begriffe überhaupt zusammen? Warum soll ausgerechnet mühsame Genauigkeit zur Entspannung führen, wenn man doch in der Erziehung eher flexibel und locker sein sollte? Auf diese verständlichen Fragen passen drei *präzise* Antworten:

- weil Genauigkeit gleichzeitig *Verlässlichkeit* bedeutet,
- weil Verlässlichkeit ganz automatisch zu gegenseitigem *Vertrauen* führt,
- weil gegenseitiges Vertrauen selbstredend alle Beteiligten zutiefst zu *entspannen* vermag.

Ein guter Anfang, *das* schon mal zu wissen, oder? Aber ist das auch so einfach, wie es sich anhört?
Leider nicht!

Wir Erwachsene sind nämlich allesamt geradezu *notorisch ungenau* – teils aus jahrelanger Gewohnheit, teils deshalb, weil es keine unmittelbaren disziplinären Folgen für uns hat, wenn wir andauernd in höchstem Maße unpräzise bei unserem Sprachgebrauch sind. Jeden Tag platzieren wir »ungestraft« zahlreiche unüberlegte oder hastige Aussagen und bemerken es nicht einmal. Kurz gesagt: Wir *meinen* nur allzu oft gar nicht wirklich, was wir sagen.

Zu ungenau? *Damit* habe ich gerechnet ...

Floskeln

»In einer Sekunde hab' ich Zeit für Sie!«, meint der nette Verkäufer.
Ah ja!
»Zwei Minuten noch!«, ruft der gerade intensiv am Telefon diskutierende Chef unwirsch aus seinem Büro.
Zwei Minuten? Tatsächlich?
»Fahren Sie hundert Meter, dann links ...«, weist der kundige Ortsansässige ein.
Woher weiß er, dass es wirklich *hundert* Meter sind?
»Die Reparatur wird ein paar Euro mehr kosten ...«, orakelt der Automechaniker und verrechnet später eiskalt das Doppelte.
»Ich ruf' dich an!«; »Ich komm' dann rüber!«; »Wir seh'n uns dann!«; »Dauert nicht mehr lange!«
Floskeln dieser Art könnten mühelos mehrere Seiten füllen, weil alle diese höchst unpräzisen, halbherzigen und unüberlegten Redewendungen oder Ankündigungen einfach zu unseren Umgangsformen mit unserem jeweiligen erwachsenen Gegenüber gehören und genau genommen *nichts bedeuten*. Das Problem ist nur: Unser Gegenüber *ist* eben leider nicht immer ein Erwachsener.

Für Kinder haben wir dann vielleicht Aussagen wie diese auf Lager: »Wir sind eh bald da!«; »Gleich komm' ich dir vorlesen«; »Es tut sicher gar nicht weh!«; »Bald gehen wir in den Zoo!«; »Streng dich mehr an!« usw.
Einen echten Knüller unter den beliebtesten Exklusiv-für-Kinder-Ungenauigkeiten habe ich übrigens noch: »Wenn du mal *groß* bist ...!«
Warum wir so etwas machen? Klar: Damit wir fürs Erste mal ein bisschen Ruhe von unseren kleinen, ewig fragenden Tyrannen haben. Menschlich verständlich, aber bedauerlicherweise nicht besonders hilfreich für entspanntes Erziehen.

! Manch ein Versuch, Grenzen zu setzen, führt allein deshalb zu Spannungen und Misserfolg, weil er *unpräzise* ausformuliert und oft noch ungenauer eingefordert worden ist.

In Worten sei wahrhaft und zuverlässig,
im Handeln gewissenhaft und rücksichtsvoll.
Konfuzius

Notorische Wortklauber

Wiederum lohnt es sich, nachzufragen, wie sich diese kleinen, unbedeutenden Ungenauigkeiten auf die Wahrnehmung und damit auf die Gemüter unserer Kinder eigentlich auswirken. Darum stelle ich gleich mal eine mutige Frage: Würden Sie mir unbesehen glauben, wenn ich hier kurz und bündig verkündete, dass Kinder *notorische Wortklauber* sind?
Noch nicht ganz?
Dann wird wohl eine Beweisführung notwendig ...
Haben Sie vielleicht von eigenen oder anderen Kindern schon Aussagen wie diese gehört: »Aber du hast doch *gesagt*, dass ...!«; »Aber der *Papa* hat's doch erlaubt ...!«; oder: »Geh, du hast es mir doch *versprochen* ...!« usw.

Ja, gut: Vielleicht haben Sie Ihrem Kind gegenüber so etwas wie eine *vage* Zusage gemacht. Aber das haben Sie doch nicht gleich als hundertprozentiges Versprechen gemeint.
Sie als Erwachsener könnten das ja noch verstehen. Aber Ihren kleinen Sonnenschein scheint diese Nuance nicht die Bohne zu interessieren. Für ihn war Ihre beiläufige Ankündigung *absolut verbindlich*. Genauso, als wäre diese über die Lippen eines Samurais gekommen ...

Wie bitte?
Warum sich auf einmal ein japanischer Krieger in einen Eltern-Ratgeber einschleicht? Nun, das hat erstens mit meinem großen persönlichen Interesse für die Geschichte Japans zu tun. Zweitens mit einem wunderschönen Zitat, das ich vor einiger Zeit im historischen Samurai-Handbuch »Bushido – Der Weg des Kriegers« entdeckt habe ...

Ein Samurai gibt niemals ein Versprechen. Denn wenn seine Lippen sich zu einem Wort öffnen, ist es bereits ein Versprechen.

Ich könnte das nicht annähernd so gut formulieren. Kinder scheinen es tatsächlich genauso zu empfinden: Wenn ihre geliebte oder geachtete Bezugsperson den Mund aufmacht, um etwas anzukündigen, *hat* das gefälligst wie ein Versprechen – möglichst auch wörtlich genau – einzutreffen. Punktum!

Ja, darin scheinen sie tatsächlich kompromisslos wie die alten Samurais zu denken, unsere kleinen Wortklauber.

Es kann durchaus lohnend sein, sich immer öfter *vorher* genau zu überlegen, was man gerade ankündigt, in Aussicht stellt, zusagt oder gar androht. Ihr Kind könnte es *wörtlich* nehmen.

Fall 39: »Lesestunde«

Die siebenjährige Susi liegt abends im Bett und freut sich auf ihren Papa, der ihr soeben versprochen hat: »In zehn Minuten komme ich dir vorlesen!« Was das Mädchen immer wieder allzu leicht vergisst: Ihr Vater leitet eine Firma. Gerade eben hat er *noch einmal schnell* seinen Geschäftsführer angerufen.

Gut eine Stunde später: Susi ist schon mehrmals eingenickt, oben in ihrem kleinen Zimmer. Noch immer wartet sie sehnsüchtig auf ihren geliebten Papi: »Das mit den zehn Minuten hat er mir doch versprochen ...!« Jetzt kommt er endlich die Treppe herauf, setzt sich sichtlich erschöpft an den Bettrand. »Na also, ist doch alles in Ordnung: Mein Kind lächelt!«, denkt der Workaholic.

Doch was der gute Mann wahrscheinlich nie erfahren wird, ist, dass seine Tochter in der Zwischenzeit zweimal geweint hat, weil »ich Papa eh total *egal* bin. Deswegen lügt er mich auch dauernd an!« Sie erinnern sich an die Egal-Falle?

Ein weiterer Kreis schließt sich.

Jede Ankündigung mit ungenauem oder unhaltbarem Inhalt wertet ein Kind nicht bloß als schlampige Redewendung oder eventuell logisch erklärbaren Ausrutscher, sondern schlichtweg als *Lüge*.

An diesem Beispiel lässt sich eindrucksvoll festmachen, wie *sehr* Sie als Bezugsperson in der Vorstellung Ihres Kindes so etwas wie ein möglichst immer wahrhaftiger *Samurai* sein sollten. Dieser Heldenstatus ist aber ganz schnell wieder dahin bzw. macht fatalen kindlichen Fehleinschätzungen im Regula-

Falsi-Stil Platz, wenn nicht ziemlich genau eintrifft, was kurz zuvor noch über Ihre Lippen gekommen ist ...
Dass aufgrund dieser Denkweise schon ganz kleine Ungenauigkeiten *sehr wehtun* können, darf nicht weiter verwundern.

Selbstbewusstsein im Aufwind

»Wie bitte?«, wird nun manch einer entsetzt denken, »ich muss ab jetzt *jedes* Wort gegenüber meinem Kind auf die Waagschale legen?«
Nein! Das müssen Sie nicht! Obwohl ... nun ja, Sie *dürfen*, wenn Ihnen danach ist. Keine Sorge: Auch *daran* würden Sie sich ziemlich schnell gewöhnen. *Mir* selbst ist das auch erstaunlich mühelos gelungen. So wunderbar flexibel und anpassungsfähig sind wir tatsächlich gestrickt.
Selbst wir Eltern!
Ich hoffe, Sie können sich nun sogleich wieder entspannen, wenn ich Ihnen aus eigener Erfahrung sage, dass es nach kurzem Training sogar richtig Spaß machen kann, mitunter *besonders sorgfältig* auszuwählen, was man gleich darauf tatsächlich ankündigt. Das fördert nicht nur die entspannte Kommunikation mit Ihrem Kind, sondern auch *Ihr* Selbstbewusstsein ganz entscheidend.

Doch Dauergenauigkeit ist nur etwas für die besonders Ehrgeizigen unter uns. Deshalb will ich das überhaupt nicht einfordern, sondern möchte auf etwas ganz anderes hinaus: Jetzt, da wir die gar wunderliche Samurai-Sichtweise unserer Kids kennen, spricht doch nichts dagegen, diesen Wunsch nach Präzision gleich in unseren nächsten »Fünfjahresplan« zum entspannten Erziehen einzusetzen.
Mit anderen Worten: Verwenden Sie Ihr neues Wissen doch einfach als präzises *pädagogisches Stilmittel.*

Ich möchte Ihnen dazu wie immer anhand eines Fallbeispiels gerne eine Anregung inklusive detaillierter Schritt-für-Schritt-Anleitung geben.
Viel Spaß mit der neuen Genauigkeit ...

⏭ Fall 40: »Tick-Tack-So«

»Jeden Abend mache ich mit meinem Sohn denselben Stress durch!«, klagt Roswitha K., alleinerziehende Mutter des elfjährigen Emil. Jeden Abend veranstaltet der Bub unglaubliches Theater beim Abdrehen des Schlafzimmerlichts. Wenn Mama sagt, dass die Lampe gefälligst »in 20

Minuten abgedreht« werden solle, dann passiert genau das … eben *nicht*! Emil weiß ganz genau: Seine Mom hat ihre 20-Minuten-Ansage wie immer überhaupt nicht wörtlich gemeint. Unter uns gesagt: Genau *das* ist es, was der Bub mit seinem täglichen Fehlverhalten eigentlich unbewusst aufzeigen will. Die Beiläufigkeit der gesetzten Grenze gibt dem sensiblen Kind das Gefühl, *nicht wichtig genug* zu sein. Wie alle Kinder wären ihm deshalb klare Grenzen, Struktur und vor allem *Genauigkeit* lieber.
Spannende Blickwinkel, oder?
Jedenfalls dauert es immer ziemlich lange, bis Emil endlich nach mehrmaligen Diskussionen mit seiner Mutter völlig erschöpft einschläft – viel zu spät für einen gesunden Kinderschlaf.

Das war's auch schon! Situationen wie diese dürften den allermeisten Eltern ohnehin nur allzu gut bekannt sein.
Mir geht es diesmal hauptsächlich um einen sehr präzisen …

Lösungsansatz

Ich schlage Roswitha deshalb eine radikale Präzisionskur namens »Tick-Tack-So« vor, die aus meiner langjährigen Praxis mit Gruppen von bis zu 18 wenig einschlaffreudigen Kindern entstanden ist. Das Wortkonstrukt beschreibt eine spielerische Methode, die aufzeigt: »Ich kann auch anders! Ich schaffe es sogar *ultra-genau*!«
Deshalb nenne ich diesen Ansatz gerne das »Ultra-Präzisionsspielchen«. Die Mutter wird also ab morgen ihren Sohnemann mit einer besonderen Zeitvorgabe überraschen …

Tick-Tack-So, Schritt 1: Zeitvorgabe

Mama Roswitha bringt Emil, der gerade widerwillig ins Bett gekrochen ist, mit einer fantasiereichen Ansage zum Staunen: »In genau 12 Minuten und 34 Sekunden schalte ich das Licht ab!« Die Sekundenangaben sind wichtig. Das macht die Sache erst so richtig rund und spannend. Schon jetzt kann die junge Mutter spüren, dass statt des üblichen Gezeters einige erstaunliche Dinge mit ihrem Sohn geschehen.

Später berichtet sie mir davon: »Ich habe sofort Emils aufflammende Aufmerksamkeit bemerkt. Bisher hat mein Bub mir abends noch nie zugehört. Auf einmal war so etwas wie große Neugierde in ihm zu spüren!«
»Na klar!«, erkläre ich, »er ist eben ein Kind. Er *kann* gar nicht anders, als

neugierig zu werden, wenn Sie ihm so eine unerwartete Herausforderung vorsetzen. Deshalb *muss* er jetzt auch ganz genau kontrollieren, ob Sie Ihre eigene steile Vorlage auch einhalten können.«

Genau das tut der Knabe dann auch, als seine Mutter das Zimmer verlassen hat: Er drückt auf das Timer-Icon seines Smartphones. Schon läuft die Stoppuhr, inklusive persönlichem Zweifelalarm: »Das hält Mami doch *niemals* ein!«
Na, *das* wollen wir doch mal sehen!
Roswitha wird sich diesmal nämlich *nicht* von anderen Dingen ablenken lassen, um dann wie bisher auf die Zeit zu vergessen. Heute gilt es, zu beweisen, *wie wichtig* ihr alles ist, was ihren kleinen Sonnenschein betrifft. Die Stoppuhr läuft jedenfalls ...

Tick-Tack-So, Schritt 2: Selbstprüfung
Was der Bub natürlich gar nicht bewusst wahrnimmt: Durch das ständige Nachsehen auf der Handy-Uhr überprüft Emil die ihm noch verbleibende Kunstlichtzeit praktischerweise gleich selber und stellt sich damit unbewusst darauf ein. Der sonstige Dauerwiderstand gegen das Einschlafen verschwindet nun aus dem Fokus, weil die Mama-Verlässlichkeits-Prüfung nun viel interessanter ist. Dass sogleich das Licht ausgehen wird, ist damit schon so gut wie akzeptiert. Ohne jede Diskussion ...
Praktisch, nicht?

Tick-Tack-So, Schritt 3: Vorbereitung
Ich habe Mama Roswitha erklärt, dass Kinder sich noch viel leichter auf etwas einstellen können, wenn man sie rechtzeitig darauf *vorbereitet*. Ursprünglich schwer akzeptierbare Grenzen in mundgerechten Häppchen servieren – *das* ist Entspannung vom Feinsten.
Eine leichte Übung für die eifrige Mutter: Kurz schaut Roswitha jetzt zur Kinderzimmertür herein und deutet auf ihre eigene Uhr: »Noch vier Minuten und zwölf Sekunden, mein Schatz!« Schon ist sie wieder weg, ohne einen Kommentar abzuwarten. Der Bub ist jetzt noch viel mehr verblüfft, kommt nach einem Blick aufs Display aber aus dem Staunen gar nicht mehr heraus: »Die Zeit stimmt ja voll! Wow! Was'n hier los? Wer hat meine Mom ausgetauscht?«

Tick-Tack-So, Schritt 4: Countdown

Mamas letzter Auftritt für heute: Lächelnd steht sie erneut in der Tür, hat die Hand bereits am Lichtschalter und beginnt rückwärts zu zählen: »zwölf, elf, zehn …« Es überrascht nicht, dass Emil bei neun auf einmal in den Countdown mit einstimmt. Kinder zählen nämlich überaus gerne rückwärts. Besonders dann, wenn sie das zusammen mit einer geliebten Bezugsperson machen dürfen. Wieder ist dem Buben gar nicht bewusst, dass er brav seine eigene Schlafenszeit anzählt. *Fieser* Trick! Ich weiß! Er kann sich, genau wie alle Kinder dieser Welt, der Verlockung eines gemeinsamen, entspannten Spiels unmöglich entziehen.

So *ticken* Kids nun mal!

Roswitha ist jetzt endlich auf dem Planeten ihres Buben gelandet.

Ist doch wunderschön: Grenzen setzen, ganz ohne Spannungspotenzial!

Tick-Tack-So, Schritt 5: Finale

Zum Schluss führt Roswitha ihr neues Ultra-Präzisionsspielchen konsequent zu Ende: Exakt mit der letzten verstrichenen Sekunde drückt ihr Finger gut hörbar auf den Schalter. *Klick!*

Roswitha lauscht in die entstandene Stille: Jetzt hat es deutlich spürbar auch im Herzen ihres geliebten Söhnchens *klick* gemacht. Emils Unterbewusstsein schlägt nun wahre »Purzelbäume«. Er ist glücklich, weil er jetzt die beiden Beweise hat, die ihm so wichtig gewesen sind: Er spürt, dass er sich von nun an auf Mamas Aussagen und Ankündigungen *präzise* verlassen kann, und fühlt sich obendrein auf wunderbare Weise ernst und wichtig genommen. Eine Diskussion um Verlängerungsmöglichkeiten will er deshalb heute gar nicht riskieren.

Von nun an wird es einfach sein, die abendliche Schlafenszeremonie durchzuführen. Roswitha wird das Ganze vielleicht noch ein-, zweimal üben, dann kann das neue Tick-Tack-So-Spielchen auch schon wieder eine Zeit lang Pause machen.

Als die Mutter ihrem fast ehrfürchtig und still daliegenden Buben ihren zärtlichsten Gute-Nacht-Kuss auf die Stirn drückt, der zurzeit lieferbar ist, flüstert sie mit strahlendem Blick und voller Wärme: »Das hast du *toll* gemacht. Weißt du was? Morgen darfst *du selber* bei Null den Schalter drücken! Nachti!«

Emil ist bereits eingeschlafen, als seine Mama die Zimmertür schließt.

War da nicht ein Lächeln auf seinen Lippen?

Universell einsetzbar

Wenn Sie dieses friedvolle Finale genauso entspannt genossen haben wie ich, dürfen Sie ruhig eine Weile die Augen schließen und sich vorstellen, wie toll der neue Ansatz auch bei *Ihnen* daheim bald funktionieren wird. Natürlich ist »Tick-Tack-So« nicht nur bei eventuellen »Gute-Nacht-Spannungen« einsetzbar, sondern ganz universell: Das Genörgel um den Fernsehschluss eignet sich beispielsweise schon mal ganz hervorragend dazu, oder ein *Game-Over* beim Computerspiel, präzise Vorgaben beim Badeschluss, beim Start zum Schulweg, beim Aufräumen ... Sogar für punktgenaue Beendigung von übermütigem Lärm habe ich es schon angewendet: »In genau drei Minuten und zwölf Sekunden lasst ihr drei eure beste Flüsterstimmung einkehren. *Ich* mach' das natürlich *auch*! Schaffen wir das alle zusammen?«

Bei jüngeren Kindern hat es sich übrigens bewährt, die präzisen Zeitangaben durch andere spür- und messbare Zeitabläufe zu ersetzen: »wenn das Pendel stehen bleibt«; »wenn der Schatten die Ecke berührt«; »sobald ich aufhöre zu singen« und so weiter. Ihre Kreativität ist gefragt ...

Klar gäbe es noch viele Beispiele. Gerne dürfen Sie mich danach fragen, wenn Sie das möchten, am Besten natürlich per E-Mail: Leiter@kiddycoach.com

! Das Setzen von Grenzen wird durch überzeichnet angewendete Präzision in der kindlichen Wahrnehmung meist sofort spielerisch und damit *positiv besetzt*. Es ist der leichteste Weg zum entspannten Umgang mit Grenzen.

Langzeiteffekte

Ich habe die Erfahrung gemacht, dass Kinder es oft kaum erwarten konnten, dass »Tick-Tack-So« beginnt. Auch wenn es um noch so ungeliebte Tätigkeiten gehen mag ...

Ein wunderbarer Nebeneffekt stellt sich dabei nahezu immer ein: Ihr Kind wird Ihnen gegenüber bald *von sich aus* präzisere Angaben machen und aus eigenem Antrieb versuchen, diese genau einzuhalten. Kleine wie große Kids empfinden nämlich bald Freude und Ehrgeiz, *ebenso* präzise sein zu können wie ihre Bezugspersonen. Fachleute nennen diesen Wunsch nach Gleichwertigkeit »Wert-für-Wert-Verhalten« oder, wie wir schon einmal erfahren haben, »Equity-Muster«.

Gegenseitiges Einhalten von Vorgaben und Versprechen beginnt nun ganz eigendynamisch.

Eine Frage drängt sich Ihnen sicher gerade auf: »Muss ich so etwas wie ›Tick-Tack-So‹ ab jetzt etwa täglich durchziehen?«
Nein! Natürlich nicht.
Außer Ihr Kind *verlangt* dieses Spiel täglich. Dann werden Sie es wohl eine Weile durchziehen müssen. Der Preis ist aber gering für die positiven Langzeiteffekte, die sich ergeben. Im Normalfall ist lediglich ab und zu eine Auffrischung angebracht, um zu beweisen, dass Sie jetzt *immer* verlässlich und glaubwürdig sein können.
Dadurch setzt auch schon die nächste positive Entwicklung für entspannten Umgang miteinander ein: Vertrauensaufbau. Schließlich gibt es kein schöneres Gefühl in einer Eltern-Kind-Beziehung als die Gewissheit: »Ich kann mich auf dich verlassen!«

Vertrauen: der Liebe einzig verlässliches, aber gern missbrauchtes Unterpfand.
Peter Rudl

Entspannende PRAXISTIPPS

Nehmen Sie sich ab jetzt immer öfter ein wenig Zeit, *bevor* Sie Ihrem Kind etwas ankündigen oder von ihm einfordern. Dazu genügt oft ein kaum merkliches Durchatmen, bevor Sie »loslegen«.

Wenn Ihr Kind genaue Voraussagen einfordert, die Sie jedoch gar nicht machen können, haben Sie einfach den Mut, zu sagen: »Das *weiß* ich nicht!« Es ist authentischer, als schnelle Antworten zu geben.

Setzen Sie überzeichnete Genauigkeit ganz bewusst als pädagogisches und spielerisches Stilmittel ein.

Geben Sie Ihren Anforderungen kreative Namen und somit eine Spiel-Identität. Anstatt zu fordern: »Du musst jetzt gleich Zähne putzen ...!«, darf es gerne ein »Wisch-Wasch-Spiel« werden. Das leidige Schlafengehen kann kurz und bündig »Klick-Spiel« heißen. Was dagegen spricht? Überhaupt nichts!

Achten Sie von nun an darauf, wie häufig Ihr Gegenüber mit *Ihnen* unpräzise umgeht. *Sie werden staunen.*

Jetzt passen die beiden anfangs so konträren Begriffe *Präzision* und *Entspannung* auf wundersame Weise plötzlich *doch noch* zusammen.

Präzise seit vier Minuten und neun Sekunden bin ich mit dem Kapitel fertig und völlig entspannt ...

In der Sprache muss man immer
ein bißchen Genauigkeit der Gefälligkeit opfern.
Samuel Johnson

Von Inhalten und Gesten – Entspannung durch Körpersprache

Mit diesem vielleicht wirkungsvollsten Schritt in Richtung entspannter Erziehung lernen wir die lautlose Sprache unseres Körpers kennen und welch hohen Stellenwert sie für uns alle hat. Jonas und seine Mutter machen uns rasch klar, wie wunderbar es sein kann, einander auch ohne Worte zu verstehen. Nachdem ich meine eigenen, bereits verfeinerten Körpersignale vor einer ganzen Kindergruppe auch noch einem rigorosen Härtetest unterzogen habe, werden Sie sicher ohne Scheu und voller Tatendrang eine neue, absolut spannungsfreie Sprache erproben: Ihre Körpersprache!

Am besten ist die Erziehung, die man nicht merkt.
André Malraux

Offenes Buch

Ist Ihnen schon einmal so richtig bewusst geworden, dass Ihr Kind Sie *immer* durchschaut, indem es bloß in Ihrer Mimik und Gestik, ja sogar in Ihrem Tonfall wie in einem offenen Buch liest? Eigentlich beherrschen *alle* Kinder diese erstaunliche Gabe ganz hervorragend, man kann ihnen also im Grunde genommen keine Gefühlslage verheimlichen.
Geradezu beängstigend, nicht?

Entspannen Sie sich gleich wieder: Drei ziemlich stichhaltige Argumente sprechen nämlich *gegen* jede Furcht vor diesem feinen Gespür ...

Zum Ersten können Kinder zwar exakt unsere jeweilige Grundstimmung erspüren, was sie unter anderem unschlagbar beim Erkennen von Unaufrichtigkeiten macht, dafür liegen sie aber meistens ebenso punktgenau falsch, wenn es gilt, die jeweiligen *Stimmungsursachen richtig* zu interpretieren. So erklärt sich zum Beispiel, warum unsere kleinen verkappten Gedankenleser fast immer die Schuld auf sich selbst beziehen, wenn es ihren geliebten Bezugspersonen gerade sichtbar schlecht geht. Was dann in der Gedankenwelt unserer Lieblinge zuweilen vorgehen kann, haben wir ja schon zur Genüge kennengelernt.

Kinder sind gute Beobachter, aber schlechte Interpreten.
Rudolf Dreikurs

Zum Zweiten verfügen wir Erwachsene *ebenfalls* über die gleiche erstaunliche Einschätzungsfähigkeit: Wir interpretieren beispielsweise die Wahrhaftigkeit unseres Gegenübers schließlich auch viel deutlicher anhand dessen Körpersprache als aufgrund des wörtlichen Inhalts. Diese wunderbare Gabe können Sie gleich bei nächster Gelegenheit ganz bewusst für sich selbst überprüfen.

Zum Dritten tut sich mit diesem Wissen für uns als Erziehende ein wunderbares neues Betätigungsfeld auf: Wenn Kinder schon unsere Körpersprache so deutlich lesen können, setzen wir doch ab jetzt ganz bewusst auf Elemente der nonverbalen Kommunikation. Das ist nicht nur viel kräfteschonender, weil wir ohnehin meistens viel zu viele »mühevolle« Worte machen, sondern macht auch noch *Spaß* – ein Element, das dem entspannten Erziehen spürbar auf die Füße hilft.
Zweifel?

Dann überlassen wir die Beweisführung doch kurzerhand der Wissenschaft ...

Körpersprache in Zahlen

Die Macht der Körpersprache, vielmehr die »Ohnmacht« des gesprochenen Wortes ist durch anerkannte Studien sogar schon in Zahlen gefasst worden: Jede Botschaft, die wir an unser Gegenüber »aussenden«, sei es nun eine Aufforderung, eine Zusage, eine Frage, die wir stellen, oder eine Antwort, die wir geben, setzt sich aus 70 Prozent Körpersprache, 24 Prozent Tonfall und nur zu 6 Prozent aus dem wörtlichen Inhalt zusammen.
Erstaunlich, nicht?

Natürlich trifft das vor allem auf jede Art *gespannter Situationen* zu, bei denen nicht unbedingt wie in einem ruhigen Gespräch der sachlich-informative Inhalt im Vordergrund steht.
Jetzt haben Sie es wenigstens schwarz auf weiß, warum Ihnen Ihr Kind *überhaupt nicht zuhört*, wenn Sie es mit verbalen Plattitüden überschütten. Hier schließt sich der Kreis zu unseren Betrachtungen über »Handlungsorientierung« und »Gelaber« im ersten Buchteil.

Meine eigene Tochter hat es übrigens mit ihrer typisch schelmischen Art vor einigen Jahren einmal auf den Punkt gebracht: »Du weißt doch, Papa, zu 94 Prozent ist es schnurzegal, *was* du sagst!«
Ich mag es *gar* nicht, wenn die Kinder *meine* Studien lesen! Andererseits: *Recht* hat sie ja, unsere liebenswert-vorwitzige Göre ...

> **!** Für uns alle hat die Aussagekraft der Körpersprache instinktiv einen höheren Stellenwert als das gesprochene Wort. Ein Überbleibsel aus der Kleinstkinderphase, in welcher scharfe Beobachtung noch wesentlich wichtiger gewesen ist als der Gebrauch von Sprache.

Nicht Worte sollen wir lesen, sondern den Menschen,
den wir hinter den Worten fühlen.
Samuel Butler

Was spricht also dagegen, diese fundierte Erkenntnis ab nun sinnvoll und bewusst zur Interaktion mit Ihrem Kind einzusetzen? Klar können Sie sich vor allem in Spannungssituationen auch weiterhin den Mund fusselig reden. Die klassische Standpauke soll ja immer noch sehr beliebt sein. Aber die Aussicht auf mehr als 90 Prozent Kraftersparnis bei gleichzeitiger Aussicht auf 100 Prozent Erfolg ist schon sehr verlockend, oder?

⏭ Fall 41: »Tellermuffel«

Vor einigen Wochen

Der achtjährige Jonas zeigt in letzter Zeit gerne seine faule Seite: Bei Tisch räumt er beispielsweise seinen Teller nicht mehr ab, obwohl ihn Daniela, seine Mutter, immer wieder deswegen ermahnt. Sie ist nicht allein darum so geschlaucht, weil das Reden jedes Mal so anstrengend ist, sondern weil es überhaupt *nichts* bringt: Der kleine Wirbelwind lässt, sobald er satt ist, einfach sein Besteck fallen, springt auf und trollt sich in Richtung Kinderzimmer, noch während Daniela auf ihn einredet.
Auch Vorbereitungsversuche sind erfolglos: »Jonas, heute räumst du aber deinen Teller selber ab! Wenn du wieder zu faul dazu bist, gibt's jetzt keine Nachspeise!«
Wirkungslos! Den Pudding hat sich der Pfiffikus sowieso schon gekrallt ...

Lösungsansatz
Vorige Woche

Nach drei eingehenden Gesprächen setzt Mama Daniela auf nonverbale Intervention. Die einzelnen Schritte unseres Verhaltenstrainings möchte ich Ihnen jetzt gerne genauso haarklein erklären wie der staunenden Mutter …

Schritt 1: Aufmerksamkeit

Knapp vor Juniors Blickfeld schnippen Sie deutlich mit den Fingern oder klopfen leise auf den Tisch, vielleicht klingeln Sie mit zwei Gabeln. Egal womit, Hauptsache, Sie erregen Jonas' Aufmerksamkeit diesmal gänzlich *ohne Worte*. Schon *dabei* werden Sie wahrscheinlich staunen, um wie viel leichter das geht. Dieser kleine »Trick« funktioniert übrigens in *allen* Situationen, in denen Sie die Aufmerksamkeit Ihres Kindes erlangen wollen: Bei versunkenem Spiel, das Sie leider unterbrechen müssen, sogar beim Streiten und Raufen erzeugen Handzeichen, Geräusche und andere lautlose Signale meist schnellere Aufmerksamkeit als die strengste »Schau endlich her«-Ansage.

Den Unterschied möchte ich anhand eines häufigen Streitpunkts erläutern, dem endlosen Fernsehen. Anstatt zu nörgeln: »Es ist schon spät! Wie lange willst du denn noch? Ich habe doch gesagt, dass …«, genügt ein Fingerzeig auf die Fernbedienung. Dazu liefern Sie ein klares, aber langsames Kopfschütteln und als Krönung ein lustvolles, ruhiges, gedehntes »Neeein!«.

Versuchen Sie das doch einfach mal! Aber bitte mit Selbstvertrauen …

Schweigen ist ein Argument, das kaum zu widerlegen ist.
Heinrich Böll

Schritt 2: Zeichensprache

Es kann allerdings nicht schaden, für sich wiederholende Aufforderungen, wie zum Beispiel »Zähne putzen«, »Sachen wegräumen« usw., gemeinsam mit Ihrem Kind schon *vorher* unverwechselbare Zeichen vereinbart zu haben. Doch wir wissen ja nun schon, dass Kinder unsere Körpersprache nur allzu genau lesen können. Deshalb können wir uns wahlweise auch ohne jede Ankündigung auf die eindeutige Erkennbarkeit unserer Gestik und Mimik verlassen. So kann es beispielsweise gehen: Sie zeigen langsam auf den Teller, dann auf Jonas und deuten danach mit zwei Fingern eine Art »Gehbewegung« in Richtung Küche an oder wo immer Sie den benutzten Teller haben möchten. Ein wenig Fantasie ist halt immer gefragt …

Schritt 3: Reaktion

Jonas wird nun wahrscheinlich schon aus Verblüffung über Ihren neuen, wortlosen Stil sofort handeln. Diese Reaktion dürfen Sie, sobald Sie fertig sind mit dem Staunen, natürlich ausgiebig genießen: Genau an diesem Punkt beginnt das Setzen von Grenzen nämlich, genau wie versprochen, *Spaß* zu machen …

! Es ist ziemlich schwierig, mit jemandem zu diskutieren, der gar nichts gesagt hat, und genauso unpassend, sich auf eine bloße Geste hin ablehnend zu verhalten.

Schritt 4: Standhaftigkeit

Sollte Jonas eventuell *doch* nicht gleich beim ersten Mal erwartungsgemäß reagieren, liegt das wahrscheinlich an mangelnder *Selbstwirksamkeits-Erwartung*. Das ist ein soziologischer Fachbegriff, der aussagt, dass Sie *selbst* nicht ganz an die Wirksamkeit Ihres Handelns glauben können und sich das natürlich *sofort* in Ihrer Körpersprache ausdrückt. Diese winzige Unsicherheit wiederum spürt Jonas mit untrüglichem Instinkt augenblicklich, was bei dem Knaben eher spontane Abwehr erzeugt als Zustimmung. Aber auch *dann* ist noch nichts verloren: Jonas testet lediglich ein wenig seine Grenzen aus: »Wie weit kann ich gehen? Wird Mom noch unsicherer, wenn ich jetzt auf stur schalte?« Gerade *jetzt* bitte nicht locker lassen: Wiederholen Sie ungerührt die gleiche deutliche Geste. Vielleicht mit etwas ernsterer Miene oder, für echte Profis, mit *besonders strahlendem Lächeln*? Das würde nämlich noch viel deutlicher zeigen, wie *sicher* Sie sich Ihrer Sache sind, ganz abgesehen davon, dass ein freundlicher Ausdruck sowieso immer die eleganteste Art ist, zu kommunizieren.

Die kürzeste Brücke zwischen zwei Menschen ist ein Lächeln.
Chinesische Weisheit

Beobachten Sie Jonas dabei ganz genau. Mit etwas Übung sehen Sie sofort, in welchem Moment der Bann gebrochen ist.

Schritt 5: Festigung

Erleben Sie jetzt intensiv diesen schönen Augenblick der stressfreien Reaktion Ihres Kindes und staunen Sie, mit wie wenig Aufwand es Ihnen diesmal gelungen ist, Juniors Teller plötzlich »Beine« zu machen. Mit diesem Gefühl im Herzen werden Sie den letzten, sehr wichtigen Schritt besonders authentisch vermitteln können: Nehmen Sie Jonas' Wohlverhalten jetzt *deutlich positiv wahr.* Ein grandioser Bonus für die nächste Abräumaktion. Ob Sie diese Festigung ebenfalls wortlos machen, beispielsweise mit »Daumen hoch«, oder lieber auf inhaltsreiches Loben setzen, überlasse ich Ihnen. Hierbei könnte es hilfreich sein, nochmals beim Kapitel »Vom Loben und Belohnen« in diesem Buchteil nachzuschlagen. Ich persönlich setze auch beim Anerkennen lieber weitgehend auf Körpersprache ...

Heute

Seit mehr als acht Tagen räumt Jonas seinen Teller nun schon *ohne* jeden Widerstand ab. Seit gestern nimmt er unaufgefordert sogar noch den seiner Mutter mit. Daniela ist völlig platt! Fast kann sie es nicht glauben: Die gerade neu erlernte nonverbale Aufforderung war dazu nämlich gar nicht mehr notwendig. Vielleicht braucht es in ein paar Tagen wieder einmal eine kleine lautlose Auffrischung. Das kann und *darf* auch so sein. Aber wortreiche Ermahnungen oder gar Diskussionen für so eine Routinehandlung sind ab jetzt kein Thema mehr.
Ein Traum! Was für ein tolles Kind! Was für ein entspannter Umgang miteinander. Was für ein nutzloser Aufwand das frühere Gelaber doch gewesen ist ...

»Ist doch schön, liebe Frau Daniela«, fasse ich beim aktuellen Gespräch lächelnd zusammen, »dass Ihre Stimme bereits eine ganze Woche lang Schonzeit gehabt hat, oder?«
Daniela strahlt mit Sohnemann Jonas gerade um die Wette ...

Vorschuss-Vertrauen

Bevor wir den Ansatz mit der nonverbalen Kommunikation zum Abschluss noch einem »Härtetest« unterziehen, möchte ich Ihnen einen wundervoll positiven Blickwinkel ermöglichen: Wie gefällt Ihnen die Perspektive, dass das Anwenden von lautloser Kommunikation schon im Ansatz nichts anderes als *tiefes Vertrauen* gegenüber Ihrem Kind bedeutet? Sobald Sie nämlich erwarten, dass Ihr Kind überhaupt wunschgemäß reagieren wird, sollten Sie zumindest schon mal eine Portion Vertrauensvorschuss in Ihrem Herzen mitbringen.

Genau *das* spürt Ihr Kind sofort! Dadurch erklärt sich auch schon die hohe Wirksamkeit dieses Vorgehens, die natürlich nur dann gegeben ist, wenn Sie auf die schon besprochene *Authentizität* nicht ganz vergessen haben. Zusammen mit der richtigen Selbstwirksamkeits-Erwartung ergibt das ein mächtig starkes Praxis-Tool.

Die meisten Eltern werden vielleicht dennoch sagen: »Mein Kind reagiert mit Sicherheit *nie*, wenn ich gar nichts sage!« Damit haben Sie natürlich punktgenau recht – mit *diesem* Gedanken im Hinterkopf wird Ihr Sonnenschein *tatsächlich nicht* reagieren. Dann könnte schon Ihr allererster Versuch der nonverbalen Kommunikation einen Rückschlag bereithalten. Das heißt natürlich nicht, dass es dann Zeit ist, aufzugeben.

Vielleicht hilft Ihnen ja das folgende wunderschöne Zitat weiter:

> *Egal, ob du sagst: »Ich schaffe es!«, oder ob du sagst:*
> *»Ich schaffe es nicht!« – Du hast recht!*
> George Bernard Shaw

Härtetest

In den vielen Jahren als Gruppenbetreuer und Lehrer bei verhaltenskreativen Jugendlichen habe ich die Methoden der lautlosen Anweisung immer weiter verfeinert und schließlich zum Hauptbestandteil meines Umgangs gemacht. Von einem dieser täglichen harten Praxistests möchte ich Ihnen jetzt mit dem letzten Fallbeispiel gerne berichten …

⏭ Fall 42: »Mini-Max«

In einem Krisenzentrum für schwer verhaltensauffällige Jugendliche: Ich sitze mit einer 16-köpfigen Rasselbande im Alter von 13 und 14 Jahren am langen Esstisch. Während die Kollegen an anderen Stellen lautstarke Kämpfe um Nachschlag und Verhaltensprobleme ausfechten, herrscht indes an *meinem* Tisch dauerhafte Flüsterstimmung.

Mein einziges Stilmittel: *minimale* Bewegung mit *maximaler* Wirkung. Dazu habe ich schon im Vorfeld mit den Kids das Erkennen und Reagieren auf *winzige* Augenbewegungen und *kaum noch wahrnehmbares Kopfnicken* als Zustimmung zum Holen von Nachschlag, Nachtisch oder Erfüllen sonstiger Bedürfnisse spielerisch eingeübt. Für die Jungs ist die hohe Konzentration auf derart minimale Bewegungen rasch zu einem dermaßen interessanten Spiel geworden, dass sie sich nur allzu gerne darauf eingelassen haben. Erstaunliche Stille am Tisch inklusive. Wunderbar geradezu! Mein Mini-Max-Spiel ist oft sogar zu einem regelrechten Wettbewerb geworden: »Wer entdeckt die Mini-Bewegung als Erster und darf sich Nachschlag holen?« Oder: »Wer interpretiert die verschiedenen Zeichen als Erster richtig?«
Das Schönste daran: Auch *mir* hat das lautlose Körpersprachespielchen richtig Spaß gemacht, zumal ich während des Essens gar nicht gerne rede.

Zwischensumme

Nonverbales, also weitgehend lautloses Kommunizieren ist nicht nur einprägsamer, klarer verständlich und weitestgehend frei von Emotionen, es vermittelt überdies um ein Vielfaches mehr persönliche Stärke und Selbstbewusstsein als jeder noch so gut durchdachte Wortschwall.

In langen Sätzen haben zumeist nur kurze Gedanken Platz.
Hans Kasper

Das Schönste daran: Mit dem »Klang der Lautlosigkeit« kann es kaum noch passieren, dass man sich gegenüber seinem Kind gänzlich im Ton vergreift, übermäßigen Druck oder gar Zwang erzeugt. Auch wenn Sie noch so böse dreinschauen, kann das niemals so verletzend wirken wie heftige Worte. Schon deshalb wird Ihr Kind eher *stressfrei reagieren* und das erwartete Wohlverhalten auch noch gerne zeigen.

Es *sieht* sehr genau, *wobei* es Sie ernst nehmen muss, und akzeptiert diese Tatsache somit viel schneller. So sollte es ja schließlich sein: *Akzeptanz* als Lösung für Spannungen. Nicht *Unterordnung*!

! Durch den unschlagbar entspannenden Zustand, einander mitunter ganz *ohne Worte zu verstehen*, steigt auch die emotionale Bindung zu Ihrem Kind enorm.

Ist *das* nicht für uns alle ein erstrebenswerter Idealzustand in der Partnerschaft mit einem geliebten Menschen?

Entspannende PRAXISTIPPS

Proben Sie, wie es wirkt, wenn Sie wortlos eine Sanktion oder »Anordnung« setzen, am besten zunächst vor dem Spiegel.

Verwenden Sie immer öfter eindeutige Körperbewegungen, Handzeichen und Mimik für bestimmte Anforderungen, um diese klar zu transportieren.

Ideal wäre es, wenn Sie die neue Form der nonverbalen Kommunikation mit Ihrem Partner abstimmten.

Trotz der »Ernsthaftigkeit« der lautlosen Aufforderungen spricht absolut nichts gegen Spaß. Verpacken Sie das Ganze doch möglichst *humorvoll.*

Versuchen Sie, Ihre Elemente der nonverbalen Kommunikation auf ein lustvoll-spielerisches Niveau zu heben. Es ist die beste Verquickung von pädagogisch wertvollem Zugang und gegenseitiger Entspannung.

Sofern Sie Ihre Körpersprache lieber *doch* verbal bekräftigen möchten, beachten Sie, dass die zumeist hocheffiziente Wirkung sofort verpufft, sobald erneut ein Wortschwall hinzukommt. Mein Tipp: Maximal ein bis vier Wörter zur Unterstützung verwenden. Daniela hätte beispielsweise ihre Handzeichen sehr wortkarg verstärken können: »Teller? Jetzt! Danke!«

Wie immer Sie es anlegen: Mit gleichermaßen bewusstem wie gezieltem Einsatz der Körpersprache können Sie tiefgreifend Ihren Erziehungsstil verändern. Für mein Gefühl liegt darin schon eines der *größten* Potenziale für entspanntes Erziehen.

Von Erfahrungen und Eigenschaften – Entspannung durch Sicherheit

Die meisten von uns wissen es bereits: Am besten merkt man sich Neues, indem man das Gelernte konsequent wiederholt. Also tun wir das zum Abschluss in aller Kürze. Lassen wir einige wichtige Inhalte aus dem neuen »Entspannt erziehen« Revue passieren, um diese zu festigen. Je öfter Sie die in diesem Buch besprochenen Begriffe lesen und somit verinnerlichen, desto sicherer fühlen Sie sich bei deren Anwendung. Wahrscheinlich ist genau dieses ausgestrahlte Selbstverstrauen das wichtigste persönliche Hilfsmittel zur nachhaltigen Entspannung.

Supermarkt

»Entspannt erziehen« möchte ich wie folgt verstanden wissen: Mit meinen Erkenntnissen und zahlreichen Praxistipps habe ich Ihnen so etwas wie einen »pädagogischen Supermarkt« eingerichtet. Nehmen Sie sich nun bitte aus dessen Regalen lediglich jene Angebote, die Sie *besonders ansprechend* finden. Greifen Sie dabei aber ruhig beherzt zu. Schließlich ist *jede* Art von mutigem, aber entspanntem Umgang mit den täglichen Erziehungsaufgaben schon ein kleiner Erfolg. Besonders Ehrgeizige erstellen vielleicht für sich eine Art Best-of-Liste, mittels der sie einzelne Erkenntnisse und Tools nach ihrer bisherigen Umsetzbarkeit einstufen. Es spricht natürlich nichts dagegen, dass so eine persönliche Liste mit der Zeit immer länger wird, weil mit wachsender Sicherheit immer mehr Ideen aus unserem kleinen Supermarkt umsetzbar werden. Nun kommt aber noch ein kleiner Wermutstropfen, der am Ende eines Buches, dessen »Erschaffung« so viel Spaß gemacht hat, manchmal eben auch übrig bleibt:

Irgendwie scheine ich mich bei der Errichtung meines kleinen, aber hoffentlich feinen Supermarktes verplant zu haben, denn die Filiale hier platzt aus allen Nähten. Die Regale sind bereits übervoll mit Tipps, Blickwinkeln, Beispielen, Themen und ich bringe nicht noch mehr unter. Dabei gäbe es noch ganz tolle Sonderangebote im Themenspektrum: Diskussionen, Frechheiten, »häusliche Sklavenhaltung«, aber auch viel zum Thema »Spaß«!

Deshalb habe ich mich entschlossen, diese wichtigen Kapitel hier nicht nur kurz zu erwähnen, sondern in meinem Fortsetzungsbuch »Kinder im Tyrannenmodus – Kann Erziehung noch Spaß machen?« doch noch eine Zweigstelle unseres »Supermarktes für Entspannungsprofis« einzurichten.

Meine herzliche Einladung zu Ihrem nächsten »Einkauf« bei mir steht!

Was wir erfahren haben

»Coachen« statt erzwingen – handeln statt reden – kindlich denken statt erwachsen – erklären statt »labern« – Dauervertrauen statt Dauerkontrolle – fördern statt überfordern – Einigkeit statt Diskussion – Loslassen statt »Overprotection« – logische Folgen statt Strafen – anerkennen statt belohnen – lautlos werden statt laut – Körpersprache statt Wortschwall – Präzision statt Unklarheiten – Spaß statt Ernst – Augenzwinkern statt ärgern ... und vieles mehr.

Was wir pflegen dürfen

Um all diese Tipps und Erkenntnisse auch anwenden zu können, darf eine Betrachtung unserer ganz *persönlichen* Fähigkeiten erlaubt sein, welche Kinder von uns Eltern eigentlich ganz automatisch einfordern. Sie zu kennen, ist schon mal ein guter Anfang, sie in der täglichen Erziehungsarbeit auch noch zu pflegen, stellt allerdings eine große Herausforderung dar:
Geduld – Humor – Nachsicht – Voraussicht – Warmherzigkeit – Aufmerksamkeit – Mut – Demut – Respektfähigkeit – Wertschätzung – Sensibilität – Genussfähigkeit – Konfliktfähigkeit – Lösungskompetenz – Kommunikationsfähigkeit ... und so einiges mehr.

Ganz schön viel, nicht wahr? Erziehen ist eben eine sensible Mischung aus Anspruch und Anteilnahme. Dafür erhalten Sie von Ihrem Kind aber auch ein Übermaß an Hingabe und unerschütterlicher Liebe, das Ihnen in *keiner* anderen Lebenssituation jemals wieder zuteil werden wird. Die Intensität dieser wundervollen Jahre können Sie nur dann in vollen Zügen genießen, wenn Sie in Ihrer Eltern-Kind-Beziehung, aber beispielsweise auch in Ihrer Lehrer-Schüler-Beziehung persönlichkeitsstark, aber dennoch locker und launig agieren – mit anderen Worten: wenn Sie *entspannt erziehen!*

Aus erster Hand

Ich selbst lese Sachbücher am liebsten aus dem Sektor Primärliteratur: Das sind Werke, die inhaltlich in der Hauptsache aus *eigenen Erkenntnistheorien* des Autors und selbst entwickelten Ansätzen bestehen. Bücher, die fremde

Quellen zitieren oder interpretieren, nennt man hingegen »Sekundärliteratur«. Auf diese Weise entstehen auch wissenschaftliche Werke wie Diplomarbeiten. Dagegen ist absolut nichts einzuwenden. *Mir* ist es allerdings immer schwergefallen, mich bei diversen Abschlussarbeiten daran zu halten.

Am meisten habe ich also stets Autoren vertraut, bei denen ich das Gefühl gehabt habe, ihr erworbenes Wissen »aus erster Hand« zu bekommen. Mir ist es deshalb ein Anliegen, Ihnen mit »Entspannt erziehen« dieses Vertrauen ebenfalls zu vermitteln.

Um die geschilderten Fallstudien herum habe ich viele eigene Theorien aufgestellt sowie möglichst praxisnahe Methodenpakete entwickelt, die aber dennoch jeder ernsthaften pädagogischen Prüfung standhalten. Schließlich sollte alles auch »Hand und Fuß« haben, wie man so schön sagt. Die verhaltenspädagogischen und erziehungswissenschaftlichen Komponenten habe ich darum selbstverständlich auch in meine Ausführungen mit einbezogen. Doch um ehrlich zu sein: Dies habe ich stets erst in *zweiter* Linie getan. Eher bloß zur nachträglichen Überprüfung. Wichtiger war mir bei jedem Thema der Bezug zur harten Praxis, die sich zum Teil »einen Teufel« um irgendwelche wissenschaftlichen Erkenntnisse schert.

Wie auch immer *Ihre* ganz persönliche Ansicht dazu ist, liebe Leserin, lieber Leser: Dieses Buch stammt garantiert, sieht man von den sorgfältig ausgewählten Zitaten und einigen wissenschaftlichen Fachbegriffen ab, weitestgehend »aus erster Hand«.
*Primär*literatur eben!

Vieles in der häuslichen Erziehungsarbeit wird Ihnen vielleicht nun, nach der Lektüre von »Entspannt erziehen«, leichterfallen. Ganz sicher bin ich aber, dass Sie meinen Theorien und Tipps wesentlich mehr Vertrauen schenken werden in der Gewissheit:
»Das *alles* hat schon irgendwo anders vielfach funktioniert! Also kann es auch bei *mir* daheim klappen!«

Feedback

Urteilen Sie doch bitte einfach selbst, ob Ihre eigene Praxis die »Treffsicherheit« meiner Theorien bestätigt. Danach liegt es an Ihnen, mir ein persönliches Feedback zu geben. Ich freue mich jedenfalls über Ihre Zuschriften und

werde diese gerne beantworten, sobald es mir möglich ist. E-Mail-Adresse: Leiter@kiddycoach.com
Websites: www.kiddycoach.or.at; www.kiddycoach.de; www.kiddycoach.ch

Entspannung schenken

Mein letzter Tipp gilt der *Verbreitung* der sicher für viele Familien wertvollen Botschaften in diesem Werk. Sollten Sie mithilfe meines Buches nunmehr tatsächlich selbst mehr Entspannung in Ihrer täglichen Erziehungsarbeit erleben, so liegt es doch nahe, dieses Wissen auch anderen zuteil werden zu lassen. Schließlich kann es wohl kaum Schöneres und Herzlicheres geben, als denen, die man mag, Entspannung zu schenken!
Es spricht jedenfalls nichts dagegen, wenn Sie als begeisterte Leserin oder begeisterter Leser ein oder zwei Exemplare nachbestellen und verschenken. Zum Beispiel an jene, die daheim noch immer ihren persönlichen »Einsatz am Limit« erfahren, oder, was mich sehr freuen würde, an die jeweils wichtigste Bezugsperson Ihres Kindes in der *Schule*!
Auch fände ich es schön, wenn die Begeisterung für meine Ansätze möglichst oft den umgekehrten Weg in manch trautes Heim fände: als *Empfehlung von Lehrern* an zahlreiche liebe, aber immer noch »leidgeprüfte« Eltern.

So erreichen wir gemeinsam ein großes, vielleicht begeistertes, mit Sicherheit aber bald entspanntes Publikum.

Trotzdem kann es nicht schaden, sich noch *eines* vor Augen zu führen ...

Denn wir können die Kinder nach unserem Sinne nicht formen;
so wie Gott sie uns gab, so muss man sie haben und lieben.
Sie erziehen aufs Beste und jeglichen lassen gewähren.
Johann Wolfgang von Goethe

Ihr
Gerhard Spitzer

Danksagung

Mein erster, tief empfundener Dank gilt natürlich meinem akademischen Mentor und Verfasser des Vorworts, dem Erziehungswissenschaftler Univ.-Prof. Dr. Friedrich Buchberger und seiner Gattin, Frau Prof. Dr. Tünde Kovacs-Cerovic, die sich beide ohne zu zögern mit Begeisterung und wissenschaftlicher Akribie auf mein Manuskript »eingelassen« haben und mir mit ihrem festen Glauben in meine Fähigkeiten als Pädagoge viel Motivation und nachhaltiges Wissen mitgegeben haben.

Weiters gilt mein Dank erneut Prof. Werner Hanzal, der den Anstoß zu diesem Werk gegeben hat und stets »am Ball« geblieben ist. Für ihre hoch kompetente, vor allem aber begeisterte Mitarbeit möchte ich besonders der engagierten Bildungswissenschaftlerin Susanne Payer sowie dem begnadeten Freizeitpädagogen und »Entspannt erziehen«-Anwender der ersten Stunde Thomas Wieselmayer danken. Nicht zuletzt gilt mein Dank außer meinem gleichermaßen kongenialen wie stets geduldigen Lektor Dr. Arnold Klaffenböck drei weiteren Menschen, die sich ebenso begeistert auf meine Texte eingelassen haben, um trotz eigenem dichten Terminplan detaillierte Inputs und Rezensionen zu verfassen: Dr. Dieter Zani, Kinder- und Jugendpsychiater, Felicitas Grübl, Gründerin und Leiterin des Kindertierkreis Artemins, sowie der einfühlsamen Pädagogin und Medizinerin Anna Füreder. Sie alle haben mir stets Mut gemacht, indem sie gleichermaßen aufrichtig wie fest an mich geglaubt haben und liebevoll-kritisch mit meinem Werk umgegangen sind.

Eine letzte, aber wichtige Anerkennung muss ich meinen zwei wunderbaren Mitarbeitern im Verein KiddyCoach angedeihen lassen: Susanne Erlmoser, Dipl.LSB, und Ludwig Schiermayer, Volksschulpädagoge. Beide setzen nicht nur mein Gesamtwerk in ihrer Beratungsarbeit konsequent um und helfen so, meine pädagogischen Ansätze täglich aufs Neue zu bestätigen, sondern sie haben sich zuverlässig und hoch kompetent nicht nur ihrer eigenen, sondern auch *meiner* Klienten angenommen, während ich selbst monatelang am »Schreibpult gestanden« habe.

Vieles, das all diese besonderen Menschen mir bisher mitgegeben haben, hat schlussendlich hier Platz gefunden.

Gewidmet unseren drei großartigen Kindern sowie meinem jüngsten »Probeleser«, dem sprachlich hochbegabten zehnjährigen Nicolas Theuer, die allesamt mit ihrer stets genial-pfiffigen Sichtweise der Dinge nicht unwesentlich zu den konsequent kindgerechten Blickwinkeln in diesem Werk beigetragen haben.

Gerhard Spitzer, im Jänner 2015